RESEARCH AND APPLICATION OF
KEY TECHNOLOGIES OF SMART URBAN RAIL

智慧城轨

关键技术研究与应用

胡明伟　陈湘生　阮大为　秦晓琼　等◎编著

人民交通出版社

北京

内 容 提 要

本书深入探讨了智慧城轨的关键技术，系统梳理了其发展历程、核心内容和实际应用。本书基于对前沿技术、行业标准规范、代表性实践案例的全面分析，对比了国内外先进城市轨道交通系统的智慧化建设和运营经验，揭示了我国在智慧城轨领域的创新与优势。同时，本书深入探讨了智慧城轨在复杂运营环境下面临的挑战与发展趋势，并对多项关键技术的实际效能进行了量化评估。

在智慧城轨技术体系构建方面，本书概述了支撑其发展的新一代信息技术基础。针对核心应用场景，本书重点研究了智慧城轨脑库、智慧乘客服务、智能基础设施、列车全自动运行、智能运输组织体系和智能运维安全等关键技术的现状与趋势、工程实践与创新应用成果。书中既有对技术发展现状的定性研判，也构建了定量分析模型与评估方法，旨在为科研院所、规划设计及建设运营企业提供理论参考与实践指导。

本书主要面向智慧城轨领域的科研人员、工程技术专家、高校相关专业师生以及致力于智慧城轨规划设计、建设与运营管理的行业从业者。

图书在版编目（CIP）数据

智慧城轨关键技术研究与应用 / 胡明伟等编著.

北京 ：人民交通出版社股份有限公司, 2025. 8.

ISBN 978-7-114-20137-0

Ⅰ. U12

中国国家版本馆 CIP 数据核字第 2025LA3649 号

Zhihui Chenggui Guanjian Jishu Yanjiu yu Yingyong

书　　　名：	**智慧城轨关键技术研究与应用**
著 作 者：	胡明伟　　陈湘生　　阮大为　　秦晓琼　　等
责任编辑：	高鸿剑
责任校对：	龙　雪
责任印制：	刘高彤
出版发行：	人民交通出版社
地　　址：	（100011）北京市朝阳区安定门外外馆斜街 3 号
网　　址：	http://www.ccpcl.com.cn
销售电话：	（010）85285857
总 经 销：	人民交通出版社发行部
经　　销：	各地新华书店
印　　刷：	北京建宏印刷有限公司
开　　本：	787×1092　　1/16
印　　张：	16.75
字　　数：	348 千
版　　次：	2025 年 8 月　第 1 版
印　　次：	2025 年 8 月　第 1 次印刷
书　　号：	ISBN 978-7-114-20137-0
定　　价：	138.00 元

随着城市化进程的加快，城市轨道交通系统面临越来越多的挑战。智慧城轨应运而生，它通过引入先进的信息技术、通信技术、控制技术和人工智能技术等，实现轨道交通系统的智能化、自动化和绿色化。

本书旨在对智慧城轨的关键技术进行深入研究，探讨其在实际应用中的价值和意义。全书共分为8章，内容涵盖了智慧城轨的发展历程、智慧城轨脑库、智慧乘客服务、智能基础设施、列车全自动运行、智能运输组织体系、城轨交通智能运维安全。

第1章概论对智慧城轨的概念、特点和发展趋势进行了简要介绍，为后续章节的展开奠定了基础。第2章回顾了智慧城轨的发展历程，展示了其从无到有、从简单到复杂的演变过程。第3章详细阐述了智慧城轨脑库的内涵、需求分析、总体技术框架及标准体系架构，为智慧城轨的发展提供理论指导。第4章至第7章分别从智慧乘客服务、智能基础设施、列车全自动运行和智能运输组织体系四个方面，对智慧城轨的关键技术示范应用进行了详细分析和阐述。第8章以城轨交通智能运维安全为主题，介绍了星载InSAR变形监测技术在智慧城轨中的应用。

本书编写由深圳大学陈湘生教授（中国工程院院士）全程指导，胡明伟教授领衔编著，依托中国工程科技发展战略广东研究院"轨道交通脑库战略研究"的项目成果数易其稿撰写而成。主要参与人员有阮大为、秦晓琼、赵千、蒋鹏、何国庆、施小龙、吴雯琳、杨文杰、廖文康、陈永生、杨永盛、邓萱、黎裕民、郭忠鑫、黄世文等，非常感谢他们的付出！项目研究得到中国工程院、中国工程科技发展战略广东研究院领导和工作人员的大力支持，许多院士和知名专家提出了宝贵意见和建议，部分研究内容得到华为技术有限公司方海林、黄剑琪等专家的指导，相关调研得到深圳市地铁集团有限公司等单位的大力支持与协助，在此一并深表谢意！

本书力求深入浅出地阐述智慧城轨的关键技术研究与应用，希望能为广大读者提供有益的参考和启示。由于作者水平有限，书中难免存在不足之处，敬请广大读者批评指正。

作　者
2025年4月

CONTENTS 目　　录

概论

智慧城轨
关键技术研究与应用

1.1　时代背景

1.1.1　经济与社会环境

《国家统计局关于 2022 年国内生产总值最终核实的公告》和《2023 年四季度和全年国内生产总值初步核算结果》显示，2023 年我国国内生产总值（GDP）126.0582 万亿元，较 2022 年 120.4724 万亿元的终核 GDP 数据计算，名义增长 4.64%。我国 GDP 增速在全球主要经济体中名列前茅，经济总量持续扩大，发展基础坚实，综合国力进一步增强。按年平均汇率折算，2023 年我国 GDP 达 17.8 万亿美元，稳居世界第二位。人均 GDP 为 8.94 万元，按年平均汇率折算达 1.27 万美元，继续保持在 1.2 万美元以上。如图 1-1 所示，2010—2023 年我国人均 GDP 保持快速增长，人民生活水平不断提高。

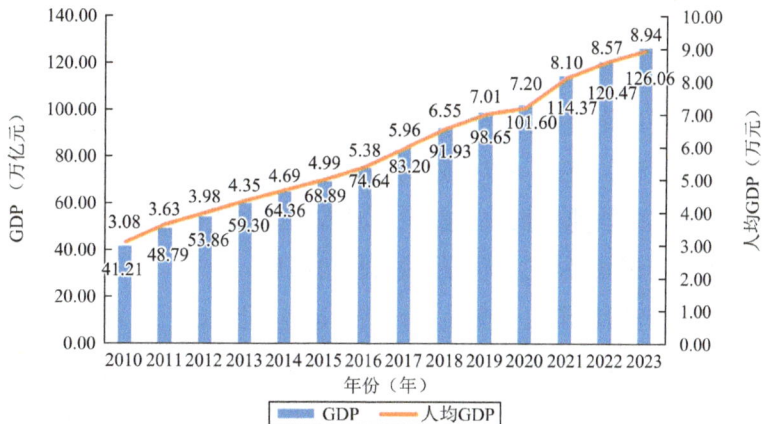

图 1-1　2010—2023 年我国 GDP 统计数据

随着经济的增长，我国城镇化率不断提高。国家统计局公布的第七次全国人口普查数据显示，我国城镇人口为 90199 万人，占总数的 63.89%。与 2010 年相比，城镇人口增加 23642 万人，乡村人口减少 16436 万人，城镇人口占比上升 14.21%。可见，我国城镇化率稳步提高，从 2010 年的 50% 上升到 2020 年 63.89%（图 1-2）。未来随着我国人口继续向中心城市、都市圈集聚，城镇化率将不断提高，城市人口骤增、交通出行压力变大的问题进一步凸显，城市轨道交通作为解决城市出行问题的最佳方案之一，有望迎来新一轮的黄金发展期。

1.1.2　城市轨道交通行业发展现状

《中华人民共和国国民经济和社会发展第十四个五年规划和 2035 年远景目标纲要》提出：以城际铁路和市域（郊）铁路等轨道交通为骨干，推动轨道交通"四网融合"，即通过推动干线铁路网、城际铁路网、市域（郊）铁路网、城市轨道交通网"四网融合"，打造轨道上的城市群、都市圈。国家发展改革委规划司提出："十四五"时期，新增城际铁路和市域（郊）铁路运营里程 3000km，基本建成京津冀、长三角、粤港澳大湾区轨道交通网，提高轨道交通的连接性和贯通性。

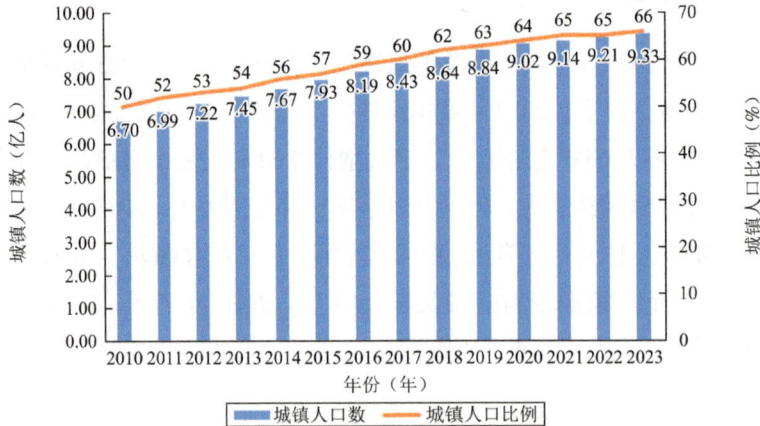

图 1-2　2010—2023 年我国城镇人口数量及占比情况

我国已进入轨道交通全面提速时代，各地都在筹划高铁、城际铁路、市域（郊）铁路、城市轨道交通的建设工作，将进一步扩充轨道交通市场容量，带动包括城市轨道交通行业及轨道交通装备产业实现快速增长。目前我国城市轨道交通行业发展呈现以下特点。

（1）运营线路长度增长较快，新一线城市积极布局

"十三五"期间，我国城市轨道交通累计新增运营线路长度为 4351.7km，年均新增运营线路长度为 870.3km，年均增长率 17.1%，5 年新增运营线路长度超过"十三五"前的总和；累计完成建设投资 26278.7 亿元，年均完成建设投资 5255.7 亿元；累计有 35 个城市的新一轮城市轨道交通建设规划或规划调整获国家发展改革委批复并公布，获批项目中涉及新增规划线路长度 4001.74km，新增计划投资约 29781.91 亿元。运营、建设、规划线路规模和投资呈跨越式增长，城市轨道交通持续保持快速发展趋势。

受益于政策支持，我国城市轨道交通行业整体快速发展，运营线路长度和数量快速增长。中国城市轨道交通协会公布的数据显示，截至 2022 年 12 月 31 日，我国 31 个省（自治区、直辖市）累计有 55 个城市投运城市轨道交通线路里程达到 10291.97km。其中运营线路共有 9 种制式，包括地铁 8012.85km，占比 77.86%。2022 年，新增南平、金华、南通、台州、黄石 5 个城市轨道交通运营城市，北京、天津、重庆、广州、深圳、武汉、南京、大连、西安、郑州、昆明、杭州、佛山、长沙、宁波、青岛、福州、合肥、绍兴、嘉兴 20 个城市有城市轨道交通新线、新段或既有线路延长项目开通运营。2022 年，共计新增城市轨道交通运营线路长度 1085.17km（图 1-3），新增运营线路 25 条，新开后通段或既有线路的延伸段 25 段，新开通运营车站 622 座。新投运 1085.17km 的城市轨道交通运营线路共涉及 4 种制式，其中，地铁线路 803.12km，占比 74.01%；市域快轨线路 212.39km，占比

19.57%；有轨电车线路 61.16km，占比 5.64%；导轨式胶轮系统线路 8.50km，占比 0.78%。

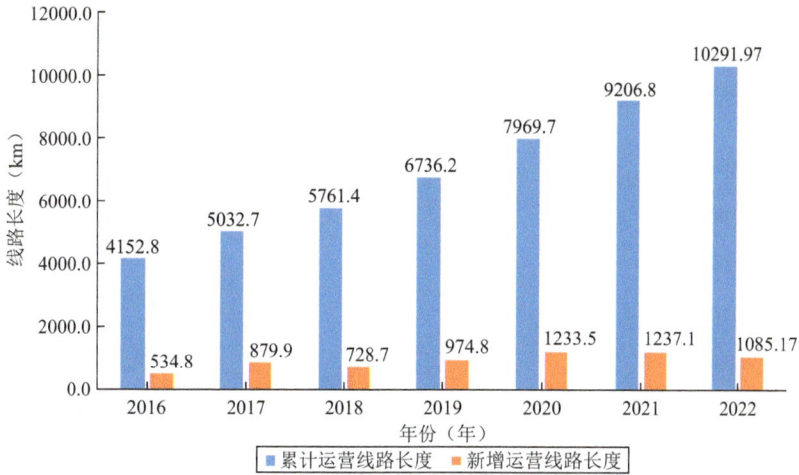

图 1-3　2016—2022 年累计和新增城市轨道交通运营线路长度

（2）线路以地铁、市域快轨制式为主

我国的城市轨道交通制式主要分为 10 类，分别为地铁、轻轨、市域快轨、磁浮交通、跨座式单轨、悬挂式单轨、自导向轨道系统、有轨电车、导轨式胶轮系统、电子导向胶轮系统。2023 年 9 月，国内首条悬挂式单轨交通系统在武汉光谷投入运营，至此 10 种制式均在运营。截至 2022 年，在除悬挂式单轨和自导向轨道系统外的 8 种制式中，城市轨道交通运营线路里程占比最高的是地铁和市域快轨，其中，地铁运营线路里程 8012.85km，占比 77.86%；市域快轨运营线路里程 1223.71km，占比 11.89%（图 1-4）。

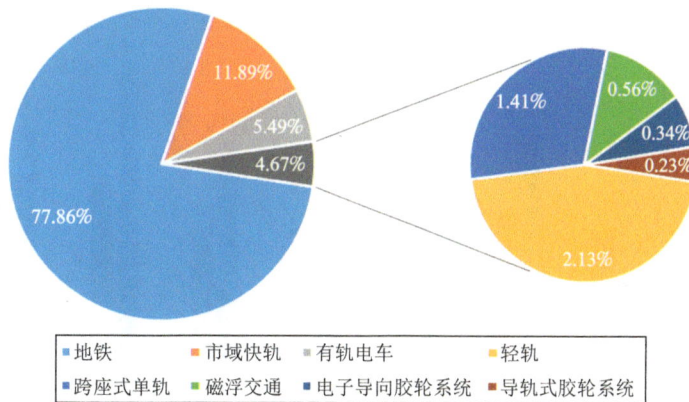

图 1-4　2022 年城市轨道交通运营线路制式结构

（3）城市群集聚效应明显

从城市群拥有城市轨道交通运营线网规模占有率看，截至 2022 年底，长三角城市群 17 市开通运营线路长度 3159.52km，全线网总长度占有率 30.7%，是开通运营城市最多且线网分布最为密集的城市群；京津冀城市群 3 市开通运营线路长度 1163.58km，占有率 11.31%；

珠三角城市群 5 市开通运营线路长度 1351.00km，占有率 13.13%；成渝城市群 2 市开通运营线路长度 1130.17km，占有率 10.98%，见图 1-5。随着城市群、都市圈经济的快速发展，高铁、城际铁路、市域（郊）铁路、城市轨道交通四网融合的推进，区域一体化、站城融合、多层次立体交通网络逐步形成。

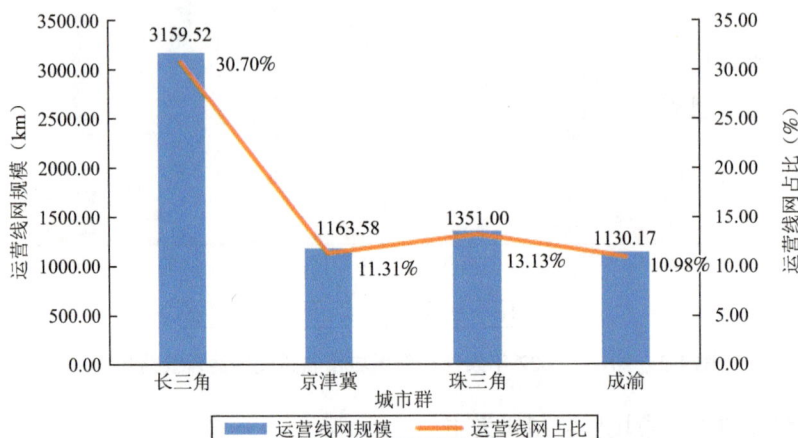

图 1-5 2022 年不同城市群运营线网规模及占比情况

（4）客运量稳步增长，公共交通分担比例提高

2022 年，城市轨道交通客运量 194 亿人次，较上年下降 18.1%。2022 年全年实际开行列车 3316 万列次，完成客运量 194.0 亿人次，完成进站量 116.9 亿人次，完成客运周转量 1560 亿人次公里。就近几年整体趋势而言，客运量整体呈现稳步增长的趋势。2016—2022 年城市轨道交通客运完成情况如图 1-6 所示。

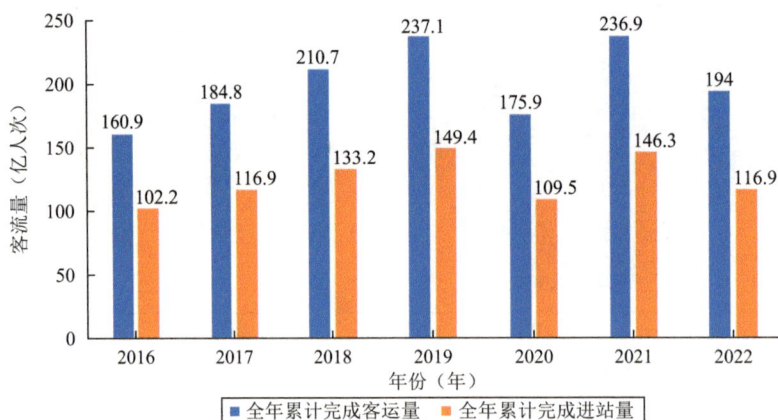

图 1-6 2016—2022 年城市轨道交通客运完成情况

随着城市轨道交通运营线路长度的快速增长，城市轨道交通客运量占全国公共交通客运总量的比例分别为 2020 年 38.72%、2021 年 43.37% 和 2022 年 45.82%，分担公共交通客流比例逐年提高。2022 年，上海、深圳、广州、杭州、成都、南京、南宁、南昌、北京、

武汉 10 市城市轨道交通客运量占公共交通客运总量的比例（分担率）超过 50%；上海分担率最高，达到 70.31%，南昌、武汉新晋超 50% 行列。2020—2022 年 10 市城市轨道交通客运量分担率对比见图 1-7。

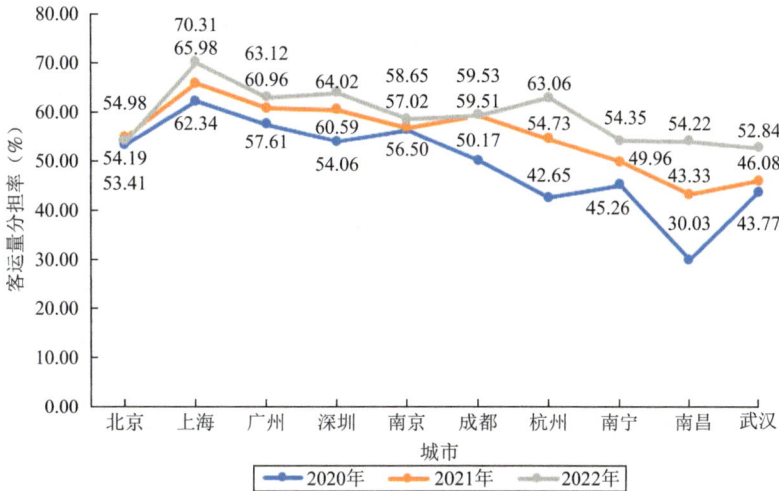

图 1-7　2020—2022 年 10 市城市轨道交通客运量分担率对比

1.1.3　城市轨道交通行业发展趋势

（1）在建规模稳中有升，中心城市持续发力

根据《城市轨道交通 2023 年度统计和分析报告》，截至 2022 年底，我国 31 个省（自治区、直辖市）共有 51 个城市（个别由地方政府批复项目未纳入统计）有城市轨道交通在建项目，在建线路总里程 6350.55km（含个别 2022 年当年仍有建设进展和投资发生的已运营项目和 2022 年当年建成投运项目）。从在建线路的条数来看，2022 年在建城市轨道交通线路共计 243 条，29 个城市在建线路不少于 3 条。其中，在建线路 5 条及以上的城市 22 个，在建线路 10 条及以上的城市 7 个。

从在建线路的规模来看，2022 年共有 25 个城市的在建城市轨道交通线路长度超过 100km。其中，深圳市建设规模超过 400km；郑州、青岛两市建设规模超过 300km；成都、广州、北京、宁波、南京、重庆、天津、杭州、佛山、合肥 10 个城市建设规模均在 200km 以上；建设规模在 150～200km 之间的有厦门、武汉、福州、沈阳、苏州、西安、济南 7 个城市；建设规模超过 100km 的还有上海、贵阳、石家庄、长春、无锡。可见，中心城市的城市轨道交通建设持续发力。

从在建线路的敷设方式来看，2022 年在建线路中，地下线 5326.88km，占比 83.88%，同比增加 2.33%；地面线 377.67km，占比 5.95%，同比下降 2.90%；高架线 646km，占比 10.17%，同比增加 0.57%。同比来看，地下线和高架线占比稳定增加。

从在建线路的车站规模来看，2022 年在建线路车站总数共计 3860 座（按线路累计计算），其中换乘站 1307 座（按线路累计计算），换乘站占比为 33.86%，同比略有增加。近年来在建项目的换乘站占比持续上升，反映出城市轨道交通总体网络化程度持续提升。

（2）5 种系统制式在建，市域快轨增长明显

从系统制式来看，在建线路共涉及 5 种制式。其中，地铁 5050.07km，占比 79.52%，同比下降 4.02%；轻轨 7.18km，占比 0.11%，同比增加 0.02%；市域快轨 984.17km，占比 15.50%，同比增加 5.38%；有轨电车 298.63km，占比 4.70%，同比下降 0.77%；悬挂式单轨 10.5km，占比 0.17%。

得益于都市圈、城市群多层级交通规划的落地实施，市郊（域）铁路的建设陆续启动，在建线路中市域快轨占比稳中略升，2022 年占比增加明显。随着《长江三角洲地区多层次轨道交通规划》（发改基础〔2021〕811 号）的推进，上海、南京、宁波、嘉兴等城市的市域快轨项目陆续开工建设；随着《成渝地区双城经济圈综合交通运输发展规划》（发改基础〔2021〕829 号）全面启动实施，重庆、成都两市及周边经济圈的城际铁路、市域（郊）铁路进入建设期。未来几年，随着几大都市圈、城市群多层级交通规划的全面实施，市域快轨系统将迎来稳中有升的持续发展阶段。

2022 年，随着武汉光谷空轨旅游线项目的建成，承担公共交通职能的悬挂式单轨系统首次进入城市轨道交通在建行列，低运能城市轨道交通系统的在建制式得到进一步丰富。

（3）2022 年全年完成建设投资超 5400 亿元，同比略有下降

截至 2022 年底，在建城市轨道交通线路可行性研究批复投资累计 46208.39 亿元，初设批复投资累计 39669.35 亿元。2022 年完成建设投资约占可行性研究批复总投资的 11.78%，占初设批复投资的 13.72%。

2022 年城市轨道交通车辆购置共计 500 余列，完成车辆购置投资共 251.17 亿元，约占年度完成建设投资总额的 4.61%。

2022 年共有 11 个城市完成建设投资超过 200 亿元，合计 3215.95 亿元，占全国城市轨道交通建设投资总额的 59.07%。其中，深圳、成都两市全年完成建设投资均超过 400 亿元；武汉、杭州两市全年完成建设投资均超过 300 亿元；广州、北京、西安、南京、重庆、郑州、苏州 7 个城市全年完成建设投资均超过 200 亿元；另有青岛、福州、上海、宁波、合肥、天津、厦门、长沙、沈阳、贵阳、长春 11 个城市全年完成建设投资均超过 100 亿元。

1.2 政策导向

1.2.1 国家、行业层面

2019 年 2 月，国家发展改革委发布《关于培育发展现代化都市圈的指导意见》（发改规划〔2019〕328 号），指出都市圈是城市群内部以超大、特大城市或辐射带动功能强的大城市为中心、以 1h 通勤圈为基本范围的城镇化空间形态，要推进都市圈基础设施一体化，

打造轨道上的都市圈。

2019年7月，交通运输部印发《数字交通发展规划纲要》（交规划发〔2019〕89号），提出促进先进信息技术与交通运输深度融合，以"数据链"为主线，构建数字化的采集体系、网络化的传输体系和智能化的应用体系，加快交通运输信息化向数字化、网络化、智能化发展，为交通强国建设提供支撑。

2019年9月，中共中央、国务院发布《交通强国建设纲要》，要求建设城市群一体化交通网，推进干线铁路、城际铁路、市域（郊）铁路、城市轨道交通融合发展；强化城市轨道交通与其他交通方式衔接；提高城市群内轨道交通通勤化水平；培育充满活力的市域（郊）轨道交通市场。优先发展城市公共交通，鼓励引导绿色公交出行。

2020年3月，中共中央政治局常务委员会召开会议，提出加快5G（第5代移动通信技术）网络、数据中心等新型基础设施建设。新基建以现代科技特别是信息科技为支撑，旨在构建数字经济时代的关键基础设施，轨道交通被列入其中。

2020年3月，中国城市轨道交通协会组织编制了《中国城市轨道交通智慧城轨发展纲要》，统筹谋划了1张智慧城轨的发展蓝图，8大关键核心业务建设体系，1个承载全部智慧城轨业务的云平台和1套智慧城轨技术标准体系。

2021年2月，中共中央、国务院发布《国家综合立体交通网规划纲要》。指出推动干线铁路、城际铁路、市域（郊）铁路融合建设，并做好与城市轨道交通衔接协调，构建运营管理和服务"一张网"，实现设施互联、票制互通、安检互认、信息共享、支付兼容。

2021年3月，《中华人民共和国国民经济和社会发展第十四个五年规划和2035年远景目标纲要》提出，要加快交通、能源、市政等传统基础设施数字化改造，优先发展城市公共交通，推动能源清洁低碳、安全高效利用，深入推进工业、建筑、交通等领域低碳转型。

2021年6月，国家发展改革委印发《长江三角洲地区多层次轨道交通规划》（发改基础〔2021〕811号），提出推进一体化服务，在各种轨道交通设施互联互通的基础上，推动信息互联、票务互认、安检互信、支付互容、管理互通，加快统一标识信息、信息平台、服务标准和评价体系，逐步实现一体运营、一体管理、一体服务。提出加快智能化变革。加强新一代信息技术在轨道交通领域的应用推广，加快5G、物联网、云计算、人工智能、区块链、大数据、北斗通信等技术与轨道交通深度融合发展，推动基础设施与运输工具的数字化、网络化，提升运营调度、运行控制智能化水平。实施既有轨道交通基础设施、管理控制系统的智能化升级，拓展手机等终端应用，推动运输组织方式和服务模式创新。

2021年11月，交通运输部印发《综合运输服务"十四五"发展规划》（交运发〔2021〕111号），其中"打造数字智能的智慧运输服务体系"板块提到加强大数据、云计算、人工智能、区块链、物联网等在运输服务领域的应用，加速交通基础设施网、运输服务网、能源网与信息网络融合发展，推进数据资源赋能运输服务发展。全面提升城市交通基础设施数字化管理水平，推动大数据、5G、人工智能等技术在城市出行服务领域的应用，构建城市交通运行监测与信息服务平台。深化基于大数据的多模式资源优化、协同调度技术应用，实现智能动态排班、跨模式的协同调度和各要素的全局优化配置。提升城市交通运行分析和预判能力，研究推进都市居民交通调查，构建城市交通数据采集体系，推动城市交通精准治理。

2021年12月，交通运输部印发《数字交通"十四五"发展规划》（交规划发〔2021〕102号），提出以数字化、网络化、智能化为主线，以改革创新为根本动力，以先进信息技术赋能交通运输发展，强化交通数字治理，统筹布局交通新基建，推动运输服务智能化，培育产业创新发展生态，加强网络安全保障体系和能力建设，有效提升精准感知、精确分析、精细管理、精心服务能力，促进综合交通高质量发展，为加快建设交通强国提供有力支撑。

2022年1月，国务院印发《"十四五"现代综合交通运输体系发展规划》。在智慧城市轨道交通方面，推进自主化列车运行控制系统研发，推动不同制式的轨道交通信号系统和有条件线路间的互联互通。构建智慧乘务服务、网络化智能运输组织调度、智慧能源管理、智能运维等系统。推广应用智能安检、移动支付等技术。

2022年1月，交通运输部联合科学技术部印发《交通领域科技创新中长期发展规划纲要（2021—2035年）》（交科技发〔2022〕11号），提出以构建适应交通强国需要的科技创新体系为主线，以科技研发应用为重点，以科技创新能力建设为基础，以营造创新政策制度环境为保障，全面提升交通运输科技创新发展水平，支撑加快建设科技强国、交通强国。研发干线铁路、城际铁路、市域（郊）铁路、城市轨道交通融合规划建设等技术及一体化运营服务标准。

2022年7月，住房和城乡建设部、国家发展改革委发布实施《"十四五"全国城市基础设施建设规划》（建城〔2022〕57号），提出"支持超大、特大城市为中心的重点都市圈织密以城市轨道交通和市域（郊）铁路为骨干的轨道交通网络，促进中心城市与周边城市（镇）一体化发展"。在重大行动中，提出了"推进轨道交通与地面公交系统化建设"，强化重点区域轨道交通建设与多网衔接，分类推进城市轨道交通建设，优化超大、特大城市轨道交通功能层次，加强轨道交通与城市功能协同布局建设，提升轨道交通换乘衔接效率。

2022年7月，国家发展改革委印发《"十四五"新型城镇化实施方案》（发改规划〔2022〕960号），提出提高都市圈交通运输连通性、便利性，统筹利用既有线与新线因地制宜发展城际铁路和市域（郊）铁路，有序发展城市轨道交通，推动市内外交通有效衔接和轨道交通"四网融合"。到2025年新增城际铁路和市域（郊）铁路运营里程3000km，基本实现主要城市间2h通达。推广以公共交通为导向（TOD）的开发模式，打造站城融合综合体，鼓励轨道交通地上地下空间综合开发利用。

2022年12月，中共中央、国务院印发《扩大内需战略规划纲要（2022—2035年）》，国家发展改革委印发《"十四五"扩大内需战略实施方案》，支持重点城市群率先建成城际铁路网，推进重点都市圈市域（郊）铁路和城市轨道交通发展，并与干线铁路融合发展，提高超大城市中心城区轨道交通密度。

2023 年 4 月，交通运输部、国家铁路局、中国民用航空局、国家邮政局、中国国家铁路集团有限公司联合印发《加快建设交通强国五年行动计划（2023—2027 年）》，提出要推动综合交通基础设施建设，推进一批交通基础设施重大工程建设，努力构建现代化综合交通基础设施体系。

1.2.2 地方层面

2019 年 4 月，广州地铁集团有限公司发布《新时代城市轨道交通创新与发展（广州2019）》白皮书，明确新时代广州先进轨道交通体系建设目标，将广州地铁全线网逐步提升为"智能感知、智能联动"的智慧地铁最高级别。

2019 年 10 月，上海申通地铁集团有限公司发布《5G+智慧地铁白皮书（2019）》，采用5G 技术构建智慧地铁运营体系的无线网络通道，构建从基础设施层、能力平台层到智慧应用层的一体化平台架构，实现智能感知、智能联动、智能分析的能力，支撑上层运营、服务、运维三大智慧场景及其中九大应用，用数据驱动安全、效率、效益和服务的提升。

2020 年 1 月，上海申通地铁集团有限公司正式发布《上海智慧地铁建设与发展纲要》，系统性地阐述了上海智慧地铁的建设蓝图、目标与主要实施内容，确立了智慧地铁"1135X"的架构：1 个地铁中枢轴、1 个地铁云、3 个智慧领域、5 层技术架构体系、X 类智能设备。

2020 年 7 月，广州市工业和信息化局、广州市发展改革委发布《广州市加快推进数字新基建发展三年行动计划（2020—2022 年）》，提出建设区域"智轨"。推动粤港澳大湾区交通一体化建设，基于 5G、工业互联网以及人工智能开放创新平台等，加快推动城市轨道交通数字化、智能化、网络化、协同化运营，实现自感知、自记忆、自认知、自决策、自进化以及智能支持。加快构建智慧轨道交通产业生态，推动粤港澳大湾区相关城市的城轨、城际铁路建设和运营，强化一体化便捷出行体验，打造大湾区"一小时生活圈"。

2020 年 11 月，北京市地铁运营有限公司发布《首都智慧地铁发展白皮书（2020 版）》。其中明确：新时代首都智慧地铁紧紧围绕新要求新使命，面向实际运营需求，推进运营管理和服务的网络化、数字化、信息化、智能化，构建智慧地铁新模式，建成世界一流的首都地铁网络体系、技术装备体系、治理体系和服务体系，打造人民满意、保障有力和国际最先进水平的"六型地铁"，实现首都地铁从优到强的高质量发展，持续实现首都地铁的提质、降本、增效、节能，技术装备跻身世界前列，运营效率和管理能力达到国际一流水平，安全保障能力和服务品质达到国际引领水平，综合运营能力处于国际领先地位。

2021 年 6 月，上海市人民政府印发《上海市综合交通发展"十四五"规划》，提出"十四五"期间，上海将打造"立体融合、人本生态、智慧高效"的高质量、现代化综合交通体系，持续完善以"枢纽型、功能性、网络化、智能化、绿色化"为特征的超大城市综合交通体系，加强轨道交通枢纽建设，加快推动站城融合，持续完善多模式轨道交通网络规划，推进交通管理数字赋能建设、应急响应智能化防控，建设集监测、响应、决策、管理于一体的交通应急指挥协同平台，加快推进交通枢纽、轨道交通车站等重点区域大客流智能研判预警技术应用；加强大数据应用，推进自动驾驶、车路协同等自动化技术应用，推动道路无人摊铺、智能施工、隧道巡检机器人等新装备、新工具应用；推进远程检测监测和运维技术应用，鼓励具备多维感知、高精度定位、智能网联功能的终端设备应用；加快推进物联网、5G 等技术与交通融合，深入推动北斗系统在交通行业的应用，积极探索量子通信、区块链等技术在出行服务、航运物流等多主体、多环节场景的应用。

2021 年 8 月，西安市轨道交通集团有限公司发布《西安智慧城轨发展纲要（2021—2035年）》。以城市轨道交通建设、运营单位的四大核心业务为导向，通过新兴信息技术的研究与应用，构建"12411"智慧城轨体系架构（图 1-8），打造先进技术赋能的轨道交通新模式。"12411"体系架构用一张西安智慧城轨发展蓝图覆盖区域内全部智慧城轨系统，以云平台、大数据平台为支撑底座，承载智慧服务、智能运行、智能运维、智慧管理四大核心业务，建立标准体系、网络安全体系，实现各业务的全息感知、互联融合、智能诊断及主动决策，提升服务水平、提高运行效率、降低运营成本、提升管理效能，形成安全、便捷、高效、绿色、经济的新一代智慧城轨体系。

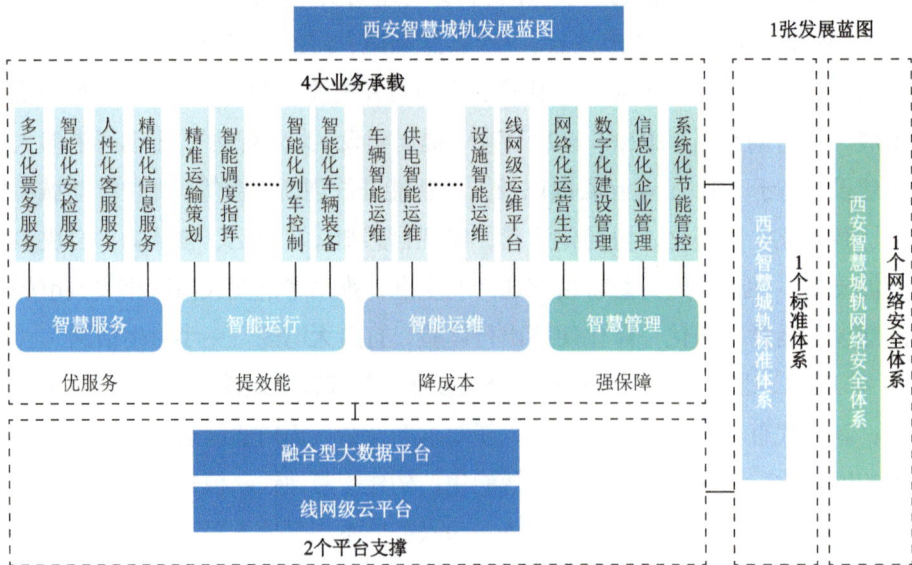

图 1-8　西安智慧城轨体系架构

2021 年 9 月 29 日，广东省人民政府办公厅印发《广东省综合交通运输体系"十四五"发展规划》，提出顺应新一轮科技革命和产业变革，全面提升交通运输智能化水平，打造适应智能经济和智能社会发展的智能交通系统。推进交通基础设施智能化升级，以大数据、移动互联网、人工智能、BIM、5G 和北斗导航系统等先进信息技术与交通基础设施深度融合为主线，推动城轨向数字化转型、向智能化升级。加快新一代信息技术在轨道交通领域的应用，完善轨道交通智能检测监测设施。积极拓展大数据、互联网、人工智能等在轨道交通领域的应用场景，打造智慧管理平台等。

2022 年 2 月，深圳市交通运输局发布《深圳市综合交通"十四五"规划》，提出推动新技术与交通行业深度融合，提升数据资源赋能交通发展水平。建设交通数字信息基础设施、推动智慧交通融合基建发展、推广新技术新业态应用场景、完善智慧交通行业创新发展软环境，形成基础设施数字感知、运行管理智能高效、新业态新模式深度示范、标准政策支撑有力的智慧交通发展体系。推动深圳城市轨道 NOCC（线网网络运营控制中心）二期项目、深圳城市轨道 BIM（建筑信息模型）全生命周期智慧应用示范线、轨道交通 10 号线智慧地铁等智慧轨道交通重点建设工程。

2022 年 4 月，广州市人民政府办公厅印发《广州市战略性新兴产业发展"十四五"规划》，指出推动轨道交通产业智慧化；加快智慧轨道交通新技术、新模式的创新应用；积极采用物联传感技术和自动控制技术嫁接改造传统产品，加快提升车辆、车站设备的智能化水平，推进产品升级换代。加强新型技术科研攻关，搭建智慧出行咨询、智慧客流管理、智能安检（防）、智慧车站、智能环境动态调控等智慧管理系统，丰富"AI（人工智能）+""5G+"等智慧轨道交通应用场景；加快城市轨道交通行业云建设，搭建智慧云平台，实现城市轨道交通从设计、建设到运营全环节的信息化业务全覆盖以及统一运维管理、安全管控；推动城市轨道交通智能运行系统中台、智能化票务系统及乘客服务、客流监测预测与运能分配、精准调度及智能化应急处置方案、关键设备智能诊断和健康管理、运营环境安全保障等技术研发，打通智慧轨道交通产业设计、施工、运维、服务等全产业链的技术流、信息流。

2022 年 5 月，北京市人民政府印发《北京市"十四五"时期交通发展建设规划》，强调推进轨道交通运营业务数字化转型、智能化升级，建设下一代智慧轨道交通，全面提升轨道交通运营安全、服务水平及运营效率。构建交通治理云脑、构建交管执法云脑、构建出行服务云脑，打造覆盖全生命周期的智慧轨道交通建设应用体系，构建高精度定位网、高精度时间同步网、高通量通信网和空间数字化信息服务平台。

2022 年 7 月，《南京智慧城轨规划（2022—2035）》通过专家评审。该规划从南京地铁发展需求出发，提出"1-1-6-1"的行动目标——铺画 1 张智慧城轨发展蓝图，打造 1 项智慧城轨示范工程，创建 6 大智慧城轨重点任务，形成 1 条智慧城轨创新产业链。

1.3 智慧城轨的内涵与实践

1.3.1 智慧城轨内涵

按照《中国城市轨道交通智慧城轨发展纲要》指导路线，智慧城轨的内涵是应用云计算、大数据、物联网、人工智能、5G、卫星通信、区块链等新兴信息技术，全面感知、深度互联和智能融合乘客、设施、设备、环境等实体信息，经自主进化，创新建设管理、服务、运营模式，构建安全、便捷、高效、绿色、经济的新一代中国式智慧型城市轨道交通。

1.3.2 智慧城轨实践

（1）北京

2022 年 6 月，《北京智慧轨道交通发展行动策划方案》发布，引领北京智慧城轨新征程。截至 2023 年底，北京地铁运营线路 27 条，里程 826km，日均客运量 943 万人次，跃居世界轨道交通前列；"双奥之城"的智慧地铁冬奥支线示范线开通运营，小营智慧轨道交通中心初步建成，铸就了北京城市轨道交通的"智慧大脑"。

2022 年 7 月 30 日，备受关注的北京地铁 19 号线一期贯通运营。作为贯穿北京南北方向的大运量快线和加密线，北京地铁 19 号线采用 8A 编组列车，相比普通地铁线路定员增加约 60%，速度提升 50%，其建设标准要求相对更高。北京地铁 19 号线项目中，智能城轨综合业务平台承载了 TIAS（行车综合自动化系统）、IBAS（智能机电管理系统）、CCTV（闭路电视监控系统）、PIS（乘客信息导引系统）等约 20 个专业应用，实现统一运营和维护，赋能城市轨道交通全生命周期管控。智慧城轨综合业务平台充分运用云计算、大数据、边缘计算、人工智能技术，实现多专业、多业务的高度集成。智能城轨综合业务平台带来了诸多优势：一方面，打通建设、运营、维护等环节，实现多专业和多业务间的联动协同；另一方面，进一步打破了信息孤岛，提高了建设、运营、维护效率。

2023 年 5 月 26 日，《2023 年北京市交通综合治理行动计划》发布，提出筑牢智慧交通底座；重点开展交通"码""图""感""网"基础建设，夯实智慧交通基础体系；在重点轨道线路开展三维空间数字化地图应用，试点推进地铁车站站内站外一体化导航；建设交通感知"一台账"，推进交通大数据中心、交通视频中心建设并开展数据安全升级改造，持续加强多领域交通数据常态化引接和拓展接入，深入挖掘综合交通、交管数据资源；织牢织密交通业务承载"一张网"，推进超高速无线通信（EUHT）技术系统在轨道交通既有线、在建线和规划线上的推广应用，推进 EUHT 技术在车联网上的应用示范。加快智慧交通大脑建设。推进交通运行监测调度中心（TOCC）三期建设，通过数据挖掘和智慧赋能，打造智慧监测、智慧预警、智慧决策、智慧调度"四位一体"的交通运行监测调度体系；加快智慧交通应用场景建设；推进智慧轨道建设，编制智慧轨道超级大脑方案，形成首都智慧地铁架构体系与技术体系；完成国家重点计划"超大城市轨道交通系统高效运输与安全服务关键技术"研发，打造智慧地铁样板；依托 11 号线西段和 19 号线，开展"智慧城轨新一代智能列车运行系统及平台"国家级示范工程研究攻关。

（2）上海

2018 年 3 月 31 日，浦江线（APM）通车试运营。这是上海首条胶轮路轨全自动驾驶的中运量城市轨道交通线路。2018 年 12 月 30 日，上海地铁 5 号线南延伸线和上海地铁 13

号线二、三期载客试运营，上海城市轨道交通运营总里程达到 705km、车站 415 座，首次覆盖奉贤区。2020 年 12 月 26 日，实现最高等级全自动驾驶（GoA4）的上海地铁 10 号线二期、18 号线一期南段（航头—御桥）开通运营。2021 年 1 月 23 日，第 4 条采用全自动驾驶模式的上海地铁 15 号线开通运营。2021 年 12 月，上海地铁 14 号线开通运营，使得上海地铁 GoA4 级全自动驾驶线路增至 5 条（14 号线是首条 8 编组全自动驾驶线路）。截至 2023 年 5 月 29 日，上海已建成城市轨道交通线路 20 条（含磁浮线），全网络运营里程达 831km，运营里程位居世界第一。上海地铁在行业中率先提出"智慧地铁"概念，并在 2020 年正式发布《上海智慧地铁建设与发展纲要》，系统性地阐述了上海智慧地铁的建设蓝图、目标与主要实施内容，致力于把新一代信息通信技术和城市轨道交通运营技术深度融合，将其贯穿于设计、建设、运维、资源开发等地铁运营业务活动的各个环节。目前，上海地铁已基本形成了以地铁云、高速数据通信网和大数据平台为核心的全网数字化基础设施，链接了一系列应用场景，初步实现智慧建设、智慧运维和智慧服务，并与城市运行的一网统管平台对接，形成联动，保障城市安全。

上海地铁已在三林、富锦路、浦江镇等 13 个车辆基地完成了光伏发电系统并网，总装机容量合计约 36MW，装机容量居国内行业首位；年均发电量超 3600 万 kW·h，减排二氧化碳超 2.8 万 t，相当于可为上海地铁 6 号线全线车站提供 1.5 年的用电量。预计到"十四五"时期末，上海地铁车辆基地库房屋顶分布式光伏总装机容量将达到 58.5MW，年均发电量达到 5850 万 kW·h，按 2020 年地铁全年用电量计算，可再生能源自给率将占上海地铁全年用电总量的 2.47%左右。

2022 年，上海市城市数字化转型工作领导小组办公室组织市级示范项目和标杆场景的推荐评估工作，经各区数字化办推荐，上海市城市数字化转型应用促进中心（上海市智慧城市建设促进中心）组织专家评审，遴选出一批典型案例，编撰成册形成《2022 上海城市数字化转型典型案例系列》。其中，主要将"云、大、物、移、智、安"等基础创新技术与智能化和协同化的列车运行、设备联控和运维管理，智能化的能源管理体系，以及智慧化和高品质的乘客服务场景等深度融合，促进城市轨道交通全产业链数字化应用落地。紧紧聚焦行车、乘客、设备三个维度，全面构建智慧交通场景，实现"安全、高效、便捷、绿色"的乘客出行服务，实现轨道交通数字化转型。

（3）广州

2019 年 4 月，广州地铁集团有限公司（简称"广州地铁"）发布《新时代城市轨道交通创新与发展（广州 2019）》白皮书，提出构建以"服务交通强国战略、支撑大湾区高质量发展、引领轨道交通科技进步、满足市民幸福出行"为总体目标，以"服务型、引领型、融合型、持续型"为总体思路，以"数字化、智能化"为技术发展方向，以"安全、可靠、便捷、精准、融合、协同、绿色、持续"为核心特征的新时代轨道交通体系，打造"一张网、一张票、一串城"的粤港澳大湾区轨道交通互联互通新模式。广州地铁集团与腾讯公司共同开展轨道交通智慧平台技术研发工作。

2019年9月，广州智慧地铁示范车站正式上线，同时全国首创的城市轨道交通智慧操作系统——穗腾OS1.0发布，该工业互联网智慧平台基于大数据和人工智能技术，可支持地铁运力和车站设施的场景化调度，为乘客提供全时空、场景化、个性化主动服务，推动轨道交通系统由工业产品化向工业互联网平台化转型升级，实现全息感知精准服务、高效安全运行保障、设备智能诊断和健康管理，提高服务质量、运维效率、运营效益，保障运营安全，标志着新时代广州城市轨道交通建设的起航，有效验证了新时代智慧城轨的设想，为全国大规模推广智慧城轨奠定了良好的基础。

2021年9月，最高运营速度达160km/h的广州地铁18号线首通段正式开通运营。该线路从智慧乘客服务、行车组织、调度指挥、车站管理、运营维护、安全保障及应急处置六大方面进行创新设计，打造成为广州地铁首条智慧化建设的地铁线路，实现了全数字化、智慧化管理和运营。同时，广州地铁在穗腾OS1.0的基础上，发布了新一代轨交智慧操作系统——穗腾OS2.0，并在广州地铁18号线横沥站和22号线市广路站进行示范应用，重点打造物联平台、策略引擎平台、大数据平台、算法平台和开放平台5大核心平台，开创了城市轨道交通业务系统标准化物联接入、低门槛、组件化开发、可迭代、可扩展、平台化发展的新局面，破解城市轨道交通数字化转型中面临的难题和痛点，为城市轨道交通线网建设、运营和管理模式带来全新的变革。下一步，广州地铁将全力推进在建线路、规划线路智慧城轨建设，持续迭代升级城市轨道交通智慧操作系统穗腾OS，着力推动城市轨道交通服务水平提升、数字化转型、智能装备系统产业壮大和高质量发展，助力粤港澳大湾区基础设施互联互通，为交通强国建设贡献智慧和力量，不断满足人民群众对美好出行的向往。

2023年8月27日，广州地铁与腾讯云计算（北京）有限责任公司（简称"北京腾讯云"）等签署合资协议，共同出资设立一家合营企业。合营企业主要从事智慧城轨系统集成服务，旨在以实现合作各方的优势互补和资源共享为目的，充分发挥各自的资源和优势，在智慧轨道交通领域进行深入布局，培育基于5G应用、大数据和人工智能的智慧地铁科技。

（4）深圳

从2019年起，深圳市地铁集团有限公司（简称"深铁集团"）以数据为核心，以增强乘客体验、提升运营管理效率和安全水平为核心目标，全面调研和梳理集团业务、组织、流程、数据、IT治理现状，明确了各业务领域数智化转型的优选场景、落地措施及预期社会经济效益，2020年编制完成《深圳地铁数字化蓝图规划报告》《深圳地铁数字化实施路径规划报告》等11项成果，形成与集团业务战略强挂钩的数字战略愿景和路线图设计。

针对原先"七国八制""烟囱林立"的信息化建设现状，深铁集团明确了集团一盘棋、安全一张网、建设一张图、运行一张表、服务一条线、管理一块屏的数智化转型"六个一"建设目标。以"打基础、补短板、建平台""建体系、聚生态、上应用""自动化、智能化、智慧化"三步走的实施路径，明确基于轨道建设、轨道运营、站城开发、综合经营等四大业务体系和统一 ICT（信息与通信技术）架构，实施全业务、全流程、全系统的数字化转型项目建设，实现资源、数据、应用三重整合。

一是深耕轨道交通建设领域。深铁集团大力推广 BIM 技术应用，为项目规划、设计、土建施工、站后施工、竣工移交和地铁运营全流程业务赋能；完成工程数字化管理平台搭建，全面监管轨道建设投资、进度、参建单位、安全、质量、人员、设备、绿色施工等情况，实现核心数据可视可管，开创一套轨道交通工程生产建设数字化、智慧建造应用落地方案，成为"全国轨道交通建设首创线网级工程数字化管理中心"，并荣获"2021 年深圳质量标杆奖"。

二是深耕轨道交通运营领域。深铁集团打造智慧示范线、试点智慧车站，实现车站节能降耗、效能提升。2021 年，深圳开通首条全自动运行线路深圳地铁 20 号线，如图 1-9 所示。2022 年开通的深圳地铁 12 号线、14 号线、16 号线三条地铁新线全部采用全自动运行。此外，深铁集团升级了官方应用程序，新增 100 余项便民功能，推出广深两地乘车码互联互通，助力粤港澳大湾区的轨道交通互融共通。

图 1-9　深圳地铁 20 号线列车

三是深耕安全应急领域。深铁集团建成全国首个集成 BIM、融合通信、大数据、AI、精准气象的应急指挥系统，为轨道交通建设和运营管理提供全方位数字化技术手段。此外，深铁集团在行业内首创"地铁＋城际"安全管理平台，首次将隐患排查治理、安全风险管控、盾构施工实时监控三大模块深度融合为一体，实现了工程建设安全风险、隐患、盾构施工管理的规范化、标准化及信息化。截至 2023 年 9 月 26 日，深铁集团完成所辖 15 条既有线路包括 346 座车站、360 段区间、4 座枢纽、25 座场段、21 座主变电所在内共计 756 个 BIM 模型创建工作，成为国内首家实现全市域运营线路 BIM 化的轨道交通企业。

四是深耕数字化管理领域。深铁集团集中上线新 OA（办公自动化）、财务共享、智能招采、成本大数据、纪检监察、决策分析等一系列智慧系统，基本实现集团全业务流程及管理信息化全覆盖和高度集成。深铁集团通过直观展示指标，精细化控制成本和进度为决策支持赋能，提升企业运作协同效率和管理效率。

（5）成都

成都地铁从运营到产业智慧建设不断创新和拓展。在智慧运营方面，对于乘客而言，感知度最强的就是智慧乘客服务。2021 年 9 月，成都地铁推出了刷脸乘车服务，顺应大线网高密度运营的管理需求，全面提升地铁运营智慧化管理水平。人脸识别技术可以实现包括人脸识别过闸、移动支付等在内的多元化智慧票务功能，也有利于减少乘客排队购票、过闸乘车的时间，提升进出站效率，避免实体票卡及纸币接触。而智慧票务只是成都轨道交通智慧乘客服务平台三个子系统之一，其他两个系统为智慧安检、智慧测温。在产业发展方面，"智慧化"更是不断"上新"。

2021 年 1 月，由成都轨道交通集团有限公司（以下简称"成都轨道集团"）、中车青岛四方机车车辆股份有限公司、中车成都机车车辆有限公司共建的"2025 智慧型全自动行车试验平台"在成都正式揭牌。该平台融合了 5G、大数据、AI、工业互联网等技术，创造了六项"国内首个"——国内首个开放式多系统多功能综合测试试验基地，致力于开展智慧乘客服务、智能列车运行、智能技术装备、智能运维等方面的研究测试和示范应用；国内首个列车信号、网络深度融合技术研发测试平台；国内首个多系统智能运维技术研究试验平台；国内首个基于 5G 车车通信智能列车运行研发测试平台；国内首个列车性能智能试验测试平台；国内首个基于云计算的新一代综合监控系统研究测试平台。

2023 年 8 月，成都轨道集团发布《绿色城轨发展行动方案》《数智化发展顶层规划》标志着成都地铁全面开启科技引领、绿智赋能的新征程。《绿色城轨发展行动方案》《数智化发展顶层规划》明确了成都地铁绿色、数智化发展的指导思想和工作目标，擘画了"1-6-4-1"的绿色城轨发展蓝图和"一底座支撑、七大业务赋能、一大脑统管"的数智化战略，将在成都地铁高质量发展中发挥重要引领作用，为城市轨道交通行业绿智发展贡献"成都方案"。

1.4 智慧城轨的目标愿景

1.4.1 总体目标

《中国城市轨道交通智慧城轨发展纲要》提出力争通过"两步走"实现智慧城轨建设的战略目标。

（1）第一步：2025 年，中国式智慧城轨特色基本形成，跻身世界先进智慧城轨国家行列。

总体目标是：中国城市轨道交通行业的信息化、智能化、智慧化水平进入世界先进行列，重点智能化关键核心技术得到应用，智能化产业初具规模。一是智能服务设施和智慧服务手段广泛应用，乘客满意度明显提高。二是智能运输组织水平显著提高，运输效率进入世界先进行列。三是全行业能源系统初步建立绿色建设运维体系，节能率普遍提高，进入国际先进行列。四是自主化列车全自动运行系统成熟完善并大面积推广应用，互联互通取得重大突破，具有自主知识产权的全自动运行系统开始进入国际市场。五是自主化的技术装备研发制造能力大幅提升，部分关键核心技术进入世界先进行列，LTE-M（应用于物联网的长期演进技术）综合承载广泛应用，5G+取得实质性的推广应用，通信技术进入世界领先行列。六是智能线桥隧技术管理体系建立，基础设施的数字化和智能化达到世界先进水平。七是建立完善的全生命周期智能运维体系，车辆、能源装备及信号等专业系统实现普遍应用，运营维护和安全保障水平跻身世界先进行列。八是健全网络级管理平台，发挥网络层级功能优势，企业网络化管理体系初步建立，运营效率、管理能力达到国际先进水平。九是中国标准的城轨云和大数据平台建设初具规模，和世界新兴信息技术同步应用。十是智慧城轨技术标准体系基本形成，部分关键技术标准走向世界。

（2）第二步：2035 年，进入世界先进智慧城轨国家前列，中国式智慧城轨乘势领跑发展潮流。

总体目标是：中国城市轨道交通行业的智能化水平世界领先，自主创新能力全面形成，建成全球领先的智慧城轨技术体系和产业链。一是建成世界领先的智慧乘客服务体系，乘客出行便捷、舒适、畅行。二是智能运输组织能力显著增强，运输效率进入世界先进行列。三是全行业绿色建设运维体系更加完善并取得显著成效，普遍采用绿色能源技术，全行业能源系统节能率大幅提高，达到世界领先水平。四是区域全自动、互联互通列车运行系统广泛应用，智能全自动运行系统关键核心技术进入世界前列。五是自主技术创新创优能力强盛，拥有世界著名自主品牌，主要关键核心技术装备达到世界领先水平。六是基础设施资源集约共享，数字化、全生命周期应用水平大幅度提高，关键技术应用进入世界领先行列。七是智能运维安全保障体系健全完善，全行业运营安全和设备保障等指标达到世界领先水平。八是持续完善网络管理体系和平台，企业网络化管理体系健全完善，运营安全、服务品质、综合效益和网络化管理水平跨入世界前列。九是城轨云与大数据平台实现行业全覆盖、应用业务全覆盖，以城轨云为标志的新一代信息技术应用进入世界领先行列。十是自主化智慧城轨技术标准体系完备，关键技术标准纳入国际标准序列，形成以智慧城轨系列规范引领城轨行业的态势，总体水平处于国际引领地位。

1.4.2　具体目标

（1）智慧乘客服务

2025 年目标：智能售检票的实名制乘车、生物识别、无感支付、语音购票等普遍采用，各城市间乘车畅行无阻，智能票检合一的新模式普遍应用；智慧车站的自动开关站、语音问询、信息服务、动态引导、环境调控等服务功能齐全；智能列车的信息服务温馨实用、个性化需求多样完善；紧急情况下智能管理、引导与应急疏散客流，乘客服务安全有序；智能线网运力服务精准匹配、安全、快捷、高效。

2035 年目标：新兴信息技术和城市轨道交通乘客服务全面融合，建成无感进出站、舒适便捷乘车、安全正点通达、网内换乘高效、网外衔接顺畅、智慧服务覆盖的世界领先的智慧乘客服务体系。

（2）智能运输组织

2025年目标：基本建立面向城市轨道交通网络化运营的智能运输组织理论，部分都市圈、城市群实现轨道交通网络化运营；部分城市建成基于共享数据、智能设备、智能软件的网络化运输组织系统平台，实现客流分布的实时预测、运输计划的智能化编制、运力与客流的精准匹配；智能调度与应急指挥中心深度融合，初步建成智能化线网运输组织辅助决策系统；智慧车站技术装备及运控体系推广应用；部分城市实现市区城市轨道交通、市域快轨、城际铁路"三网融合"，运输效率和智能化水平进入世界先进行列。

2035年目标：以智能化辅助决策系统为核心，实现线网运输组织的预测精细化、管理信息化和决策智能化，实现都市圈、城市群轨道交通网络高效智能运转；在市区城市轨道交通、市域快轨、城际铁路"三网融合"的基础上，实现城市轨道交通与铁路、公交、航空等其他运输资源的优化配置、运力匹配和联动调度，有机融入国家现代化综合交通运输体系；运输效率和智能化水平进入世界先进行列。

（3）智能能源系统

2025年目标：构建自主化轨道交通能源系统智能装备产业链，电能质量优化控制技术得到全面推广；再生制动、新能源等能量综合管理与再利用技术得到广泛推广应用；建立能耗-客流实时耦合模型和能源"供-用"评估体系；设备状态监测技术深度应用，建立智能化的故障预警系统；建立以关键设备在线故障监测和诊断为基础的智能运维和能源系统设备健康管理标准并示范应用；全行业能源系统节能率普遍提高，进入国际先进行列。

2035年目标：形成自主化的轨道交通能源系统智能装备产业链，实现能源系统技术装备制造全面自主化；永磁牵引及制动能量反馈技术得到普遍使用；电能质量优化控制技术得到全面推广；智能能源系统技术装备标准和能源评价评估标准在国际同行业应用；智能化的能源系统运维体系全面推广；全行业能源系统节能率大幅提高，进入国际领先行列。

（4）智能列车运行

2025年目标：城市轨道交通全自动运行系统持续完善优化，智能化、标准化、系列化水平进一步提升；全自动运行系统应用范围进一步扩大；兼容不同信号制式、不同线路设备的跨制式通用列控系统研发成功并示范应用；与其他信号制式轨道交通的区域互联互通取得突破性进展；建成环境状态感知、多源传感信息融合、多目标自动决策、协同运行控制的自主化列车控制系统；自主知识产权的全自动运行系统进入国际市场。

2035年目标：市区城市轨道交通、市域快轨、城际铁路"三网融合"跨线运营的全自动运行列控系统技术成熟，实现区域内不同制式的轨道交通互联互通，车辆通用、跨线运行以及网络统一调度；全自动运行的关键核心设备批量应用，实现列车运行设备健康管理；自主知识产权的全自动运行系统在国际市场占有率逐步提升，智能自动运行核心技术进入世界前列。

（5）智能技术装备

2025 年目标：实现城市轨道交通 A 型车、B 型车、D 型车智能化、简统化；应用新一代通信技术和人工智能技术，研制支持灵活编组和协同编队功能的车辆，实现运能运力的精准匹配；多制式中小运量新型城市轨道交通装备成熟运用；信号、牵引、制动等列车控制网络深度融合并广泛推广应用；开放式多网融合的列车网络及列车装备得到普遍应用，列车网络纳入城轨云网络安全等保障体系；牵引、制动及车载网络等主要产品达到国际先进水平。LTE-M 综合承载广泛应用，LTE-M 与 5G NSA 组网（5G 非独立组网）在城市轨道交通通信网的融合取得突破性进展；城市轨道交通通信技术达到世界领先水平。城市轨道交通装备制造业普遍采用先进的产品全生命周期管理、资源管理和制造执行系统，建成具有持续创新能力的创新体系，在主要领域推行智能制造模式；主持和参加国际标准修订，建成全球先进的现代化城市轨道交通装备产业链。

2035 年目标：城市轨道交通车辆实现智能化、系列化、标准化；多制式中小运量新型城市轨道交通装备按需运用；列车控制系统与车辆控制的深度融合技术广泛推广应用，列车智能化水平跻身世界前列。实现下一代通信网络在城市轨道交通应用，建成新一代智能通信网络，城市轨道交通通信系统整体处于世界领先水平。全行业采用智能制造技术，主要关键核心产品达到国际领先水平；主导部分关键核心技术国际标准修订；建成全球领先的现代化轨道交通装备产业链，占据全球产业链的部分高端市场。

（6）智能基础设施

2025 年目标：基本建立轨道、桥隧状态寿命及维护关键参数评估体系；构建智能化工务运行维护保障体系；初步建成安防智能化检测平台；初步建立振动噪声环境影响监测及智能化仿真分析平台；探索车辆、弓网、轨道、桥隧及环境多元耦合的综合评价分析平台；建设轨道、桥隧状态及振动噪声控制综合智能化管理平台，基础设施的运维数字化和智能化达到世界先进水平。

2035 年目标：建立完善的轨道、桥隧状态寿命及维护关键参数评估体系；建成智能化桥隧维护保障体系与管控平台和振动噪声仿真平台；建成安防智能化检测平台；建成高度集成的接触网（轨）、轨道、桥隧及环境多元耦合的综合评价分析平台，智能基础设施关键技术应用进入国际领先行列。

（7）智能运维安全

2025 年目标：车辆、能源、通信、信号等智能运维系统在全行业推广应用，日常检修效率和车辆整体可靠性达到世界先进水平；车辆运维行业技术标准和规范发布实施；建立基于大数据的线桥隧、通信信号以及机电设备等多专业设备智能运维体系和行业标准；基本建成列车调度指挥、运行控制、行车作业等关键系统安全保护和风险评估的标准化体系；建成与城市轨道交通客流特点相适应的智能安检新模式；建成基于乘客行为分析和市政交通的综合应急管理系统；全行业运营安全和设备保障等指标达到世界先进水平。

2035 年目标：覆盖城市轨道交通全行业的智能运营安全和综合运维体系全面建成；行业技术标准发布实施，部分技术标准进入国际标准体系；全行业运营安全和设备保障等指标达到世界领先水平。

（8）智慧网络管理

2025 年目标：城市轨道交通企业网络化管理体系初具规模，目标计划能力、预测预警能力、执行监督能力、决策管控能力大幅提升。由"自然成网"向"引导成网"的主动式网络化发展理念取得行业共识；涵盖建设管理、运维管理、资源应用、应急管控等网络层级管理架构体系基本建立，涵盖策略策划、计划统筹、运行协同、资源调配、应急指挥、信息共享、规则制定、监管评估、服务指导、联动共治等功能。以城轨云和大数据平台为支撑，普遍采用企业资源管理和全生命周期资产管理系统；打造知识管理系统，完善应用 VR/AR（虚拟现实/增强现实）等技术的智慧培训体系；城市轨道交通企业的智能运维安全、智慧乘客服务及智能决策水平全面提升，建成准确高效管理、智能辅助决策的现代化企业，实现城市轨道交通行业的高质量发展。

2035 年目标：建成完善的网络管理平台。全面覆盖建设管理、运维管理、资源应用以及其他基础支撑业务。企业网络化管理功能更加智能完善，与网络化管理需求高度匹配。企业网络化管理水平国际领先，网络综合效能位于国际前列，引领行业发展方向。

（9）城轨云与大数据平台

2025 年目标：完善城轨云与大数据平台的体系建设和应用落地。新建城市轨道交通城市全部采用城轨云；已经建成城市轨道交通的城市在新建线路采用城轨云及在既有线设备更新升级时移入城轨云与大数据平台；全面完成城市轨道交通信息化顶层设计标准，形成中国特色城轨云标准体系。城轨云实现对城轨业务的全覆盖，数据共享平台与城轨网络安全体系同步建立；建成城轨云的城市，大数据应用达到世界先进水平。

2035 年目标：城轨云成为全行业智慧城轨的支撑平台，网络安全全面达标；中国标准的城轨云走向世界；技术先进、数据准确、安全可靠的数据共享平台全面建成，大数据技术在城市轨道交通全行业深化应用，成为智慧城市的重要数据来源；城市轨道交通网络安全体系自主可控；以城轨云为标志的新一代信息技术应用进入世界领先行列。

（10）中国智慧城轨技术标准体系

2025 年目标：中国智慧城轨技术标准体系基本完备，实现智慧城轨业务的全覆盖，支撑中国智慧城轨可持续发展；部分自主化关键核心技术标准在国际性标准体系中有所突破；以标准体系和部分关键核心技术标准助力中国技术装备走向世界；智慧城轨标准的整体性、先进性、采纳率进入世界先进行列。

2035 年目标：建成系统、完备的中国智慧城轨标准体系；关键性技术标准处于国际领先水平并形成国际标准，实现对全产业链"走出去"战略的全面支撑。

第 2 章

智慧城轨发展现状和趋势

智慧城轨
关键技术研究与应用

2.1　我国智慧城轨发展现状

2.1.1　中国智慧城轨技术标准体系现状

中国城市轨道交通协会按照"规范研究先行，标准指导建设"的理念和原则，建立并逐步发布由"1-3-5-2"四个层级组成的中国城轨信息化规范体系（图 2-1），为中国智慧城轨技术标准体系打下重要基础。其中，"1"是《市域快轨交通技术规范》（T/CAMET 01001—2019）；"3"是《智慧城市轨道交通　信息技术架构及网络安全规范》（T/CAMET 11001—2019）的 3 个部分："总体需求""技术架构""网络安全"；"5"是《城市轨道交通云平台构建技术规范》（T/CAMET 11002—2020）、《城市轨道交通大数据平台技术规范》（T/CAMET 11003—2020）、《城市轨道交通云平台网络架构技术规范》（T/CAMET 11004—2020）、《城市轨道交通云平台网络安全技术规范》（T/CAMET 11005—2020）、《城市轨道交通线网运营指挥中心系统技术规范》（T/CAMET 11006—2020）5 部关键技术规范；"2"是《城市轨道交通　信息化工程　设计规范》（T/CAMET 11007—2022）和《城市轨道交通大数据平台数据规范》（待发布）。

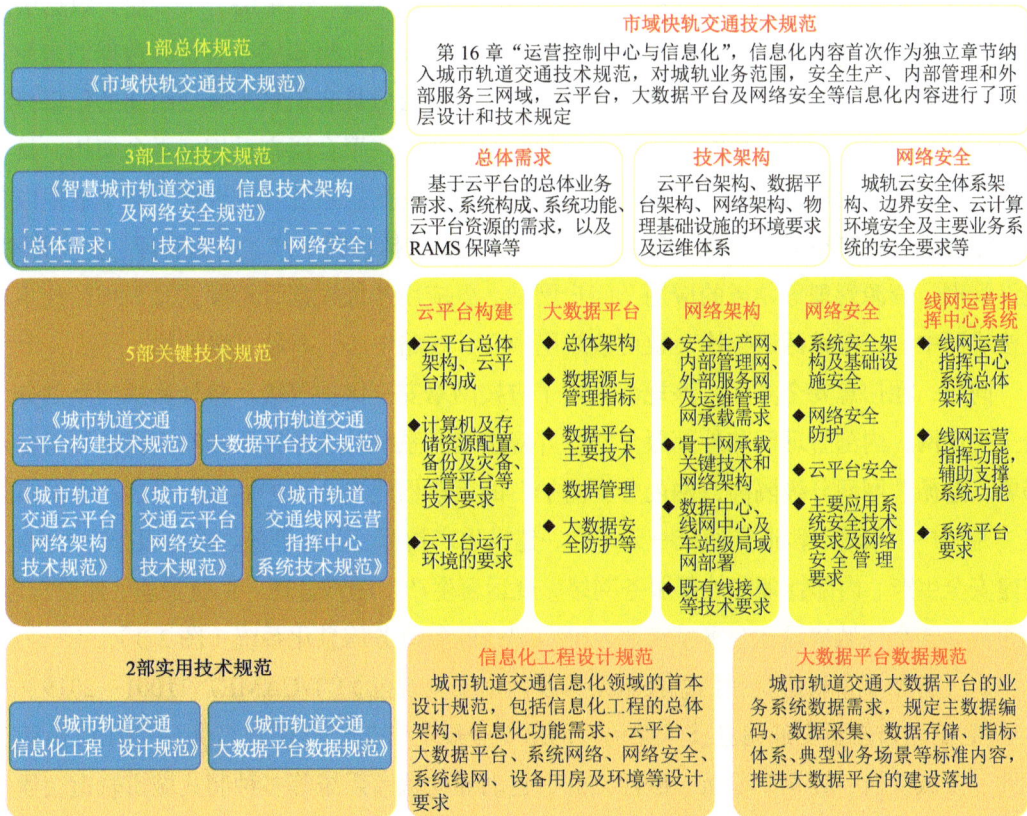

图 2-1　中国城轨"1-3-5-2"信息化规范体系
RAMS-可靠性、可用性、可维护性及安全性

1)《市域快轨交通技术规范》(T/CAMET 01001—2019)

《市域快轨交通技术规范》(T/CAMET 01001—2019)适用于日常运行速度最低不低于50km/h,最高运行速度在100~160km/h范围内的多种城市轨道交通制式,明确了其线网规划与线路设计、行车组织与运营管理、区间工程路基、桥涵和隧道、车站建筑与结构工程、运营控制中心与信息化、节约能源与环境保护、施工技术管理等多方面的规范要求。

在该规范中,信息化内容首次作为独立章节纳入城市轨道交通技术规范,且对轨道业务范围,安全生产、内部管理和外部服务三网域,云平台,大数据平台及网络安全等信息化内容进行了顶层设计和技术规定。

该规范第十六章提出了运营控制中心这一概念,其作为整个城市市域轨道交通运营的指挥中枢,应按照轨道交通线网规划实行统一指挥调度、完成各线路中心之间的信息共享联通。当紧急事件出现时,运营控制中心对线网客流进行引导和协调处理,利用云平台及大数据技术,提高对事件的反应能力和处置速度,保障设备、设施和列车运营安全,为提高轨道交通的服务质量、列车正点率和综合运营效率提供技术支撑。总之,运营控制中心调度管理,应满足单线独立运营,市域快轨间互联互通及与城市轨道交通、城际铁路互联互通等多种运输方式的需要。

此外,该规范还提出了信息系统总体架构,应由感知层、网络层、平台层、数据层、应用层、展示层及信息安全保障平台构成(图2-2)。其中,感知层应具备源数据的采集功能,源数据应在各系统的运行过程中直接产生;网络层应具有信息系统层级间的信息传输功能,包括通信传输网、数据网、移动通信网及互联网;平台层宜采用云平台架构,具有信息系统的数据处理、挖掘、分析功能;数据层应具有信息系统基础数据、共享数据以及源数据集成、存储和交换功能;应用层、展示层主要包括运营生产、运营管理、企业管理、建设管理、资源管理等领域的应用及门户网站。各应用系统根据管理模式及采用的技术,宜按线网中心、车站两级架构,也可按线网中心、线路中心、车站三级架构。

同时,在信息安全方面,该规范规定了应按网络安全保护等级,将计算机网络划分为安全生产网、内部管理网和外部服务网,并应按信息系统的业务性质和安全保护要求分别部署,遵循"网间分级隔离,网内分类防护"的策略构建安全防护体系。通过一个城市轨道交通门户,和城市轨道交通统一云平台,建设生产指挥、企业管理、乘客服务三个中心,搭建安全生产、内部管理和外部服务网络,就运营生产、运营管理、企业管理、建设管理、资源管理5个领域建设适合本城市的云平台架构的各业务信息化系统(图2-3)。

2)《智慧城市轨道交通信息技术架构及网络安全规范》(T/CAMET 11001—2019)

《智慧城市轨道交通信息技术架构及网络安全规范》(T/CAMET 11001—2019)适用于地铁、市域快轨、轻轨、单轨、磁浮交通、自动导向轨道系统等多种制式城市轨道交通信息系统的规划设计、工程建设、运营管理、应急指挥和运行维护等。城市轨道交通信息系统运用云计算、大数据、物联网、人工智能等新兴信息和通信技术,通过对城市轨道交通信息的全面感知、深度互联和智能融合的应用，基于云平台的总体业务需求、系统构成、系统功能、云平台资源的需求，实现运营生产、运营管理、企业管理、建设管理以及资源管理等业务领域的智能化、智慧化的城市轨道交通系统。

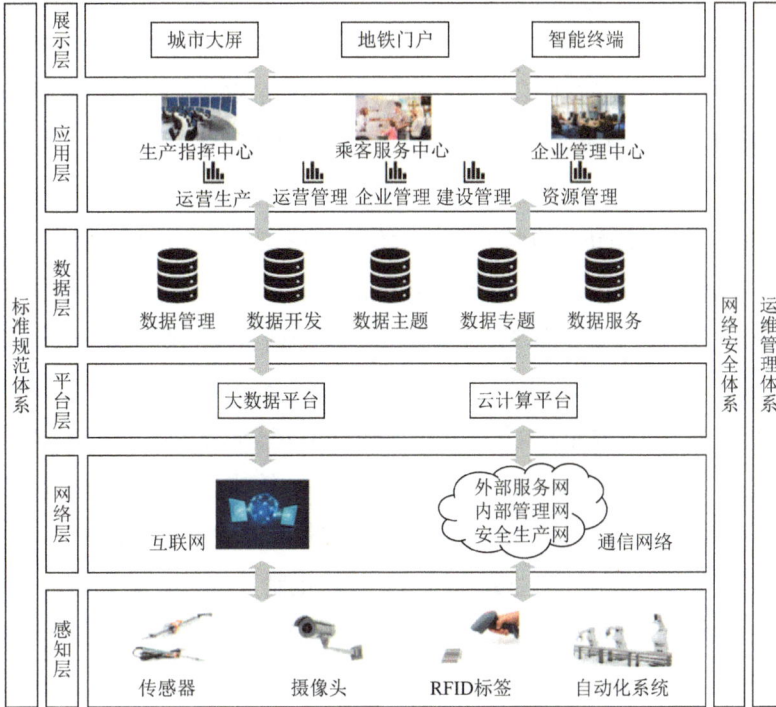

图 2-2　总体技术架构
RFID-射频识别技术

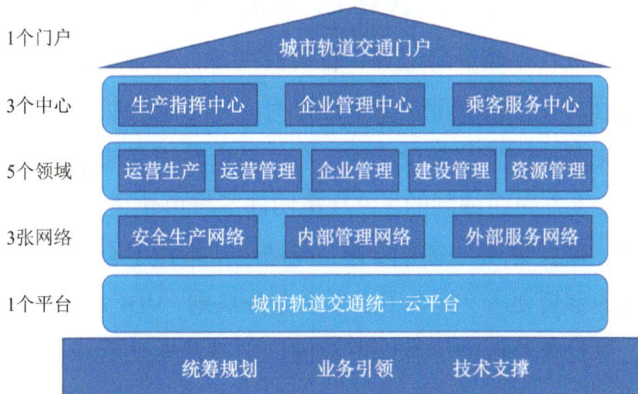

图 2-3　城市轨道交通信息技术系统总体架构

　　技术架构具体是指云平台架构、数据平台架构、网络架构、物理基础设施的环境要求及运维体系等；智慧城市轨道交通信息技术架构应按各应用系统的总体需求，为安全生产网、内部管理网、外部服务网三个域分配计算、存储、网络等资源池，并通过运维管理网对三个域的资源进行统一管理。安全生产网、内部管理网、外部服务网宜设置域内的大数据平台，各应用系统应向大数据平台提供共享数据，不同网间的大数据平台的信息交换通过安全信息通道进行，原则上高安全级别的应用系统可直接向低安全级别的大数据平台传输数据，低安全级别的应用系统需通过安全隔离的策略与高安全级别的大数据平台进行数据交换，并对数据使用过程进行详细记录。智慧城市轨道交通信息技术架构应实现与既有云的部署应用系统融合迁移，按融合迁移的进程，预留既有虚拟化平台与新建云计算平台资源融合以及非云计算平台信息系统迁移到云计算平台的条件和资源。数据中心应遵循近期建设规模与远期发展规划协调一致的原则，按照模块化的建设思路，根据不同业务进行设备平面布置。

网络安全规定了智慧城轨信息技术系统的信息安全架构、边界安全要求、云计算环境安全要求、主要业务系统安全要求。应按信息系统的安全需求，构建保证信息系统可用性、完整性和保密性的平台和安全保证体系，确保城市轨道交通行业的业务安全。智慧城市轨道交通信息系统为私有云部署模式，暂时不涉及公有云和混合云，规范所述的安全威胁及应对措施适用于私有云环境，且应遵照《中华人民共和国网络安全法》等有关法规和条例，遵循"系统自保、平台统保、边界防护、等保达标、安全确保"的策略，以网络安全等级保护为基础，分级分类建立应用系统的安全保护措施。业务系统的安全应由应用系统自身安全机制和云平台安全机制协同保障，根据各个业务的特点和环境定制其所需的安全服务，达到其所需的安全能力的同时，构建符合国家有关网络安全要求的安全管理体系。包含非法外联行为、外部设备非法接入、移动存储设备的数据交换、发行介质等高危环节的管理内容。

3）关键技术规范

（1）《城市轨道交通云平台构建技术规范》（T/CAMET 11002—2020）

《城市轨道交通云平台构建技术规范》（T/CAMET 11002—2020）具体内容包括云平台总体架构、构成，计算机及存储资源配置、备份及灾备、云管平台等技术要求，云平台运行环境的要求。该规范是在分析城市轨道交通既有应用系统现状和存在问题的基础上，调研智慧城轨业务发展需求及信息化建设需求，总结城市轨道交通行业部分企业成功应用经验，并结合信息技术发展方向而编制的。该规范明确了城市轨道交通运营生产、运营管理、企业管理、资源管理、建设管理、乘客服务、线网运营指挥中心等业务应用系统及大数据平台系统等对云平台的部署要求；提出了云平台业务规划、VDC/VPC（虚拟数据中心/虚拟专有云）划分原则；对计算资源池、存储资源池、网络及安全资源、备份系统、容灾系统的部署、功能、性能进行了详细规定；提出了云桌面系统、云管理平台的技术要求；对云平台接口、机房环境等进行了规定。

（2）《城市轨道交通大数据平台技术规范》（T/CAMET 11003—2020）

《城市轨道交通大数据平台技术规范》（T/CAMET 11003—2020）由大数据平台总体架构、数据源与管理指标、数据平台主要技术、数据管理、大数据安全防护等内容构成。大数据平台建设应结合各城市轨道交通信息系统的建设时序，结合不同运营管理模式的建设需求，因地制宜、统筹规划、分步实施，提前做好数据资源的采集、存储工作，为后续数据的分析、挖掘提供条件；应结合各城市轨道交通企业用户的数据特点、应用需求及运维能力，选择符合自身需求的大数据平台技术架构及工具；大数据平台应具有开放性和兼容性，可优先选择开源软件平台及组件开发实施；大数据平台应采用线网云平台统一部署方式，应根据线网规划及业务需求，统筹规划、分步实施；大数据平台应实现安全生产网、内部管理网、外部服务网三网内部以及三网之间的信息共享，数据交换应通过安全可信的信息通道。城市轨道交通企业应结合各城市业务特点及运营需求，细化大数据的数据源标准及运营生产管理指标体系，细化相应的技术要求、管理要求、安全要求等内容。

（3）《城市轨道交通云平台网络架构技术规范》（T/CAMET 11004—2020）

《城市轨道交通云平台网络架构技术规范》（T/CAMET 11004—2020）由网络拓扑架构安全生产网、内部管理网、外部服务网及运维管理网承载需求，骨干网承载关键技术和网络架构，数据中心、线网中心及车站级局域网部署，既有线接入等技术要求构成。线网传输网宜采用增强型 OTN（光传送网）技术制式，OTN 系统宜采用环形结构，可灵活选择单环、相切环、相交环等多种拓扑结构。

（4）《城市轨道交通云平台网络安全技术规范》（T/CAMET 11005—2020）

《城市轨道交通云平台网络安全技术规范》（T/CAMET 11005—2020）由系统安全架构及基础设施安全、网络安全防护、云平台安全、主要应用系统安全技术要求及网络安全管理要求组成。云平台架构包括数据中心云计算平台、站段云节点。云平台的网络架构被划分为运维管理网、安全生产网、内部管理网、外部服务网，由线网中心网络、通信传输网、站段局域网、车地通信网、车载网络构成。按照纵深防护要求和分区分域原则，将城市轨道交通云平台的网络管理、云计算管理、安全管理、运维管理等平台功能集中划分在运维管理网，中心云平台三网和车站三网分别承载相应的业务系统，并针对各区域采取边界防护和域内安全防护措施以保证安全（图 2-4）。

（5）《城市轨道交通线网运营指挥中心系统技术规范》（T/CAMET 11006—2020）

《城市轨道交通线网运营指挥中心系统技术规范》（T/CAMET 11006—2020）规定了城市轨道交通线网运营指挥中心系统的一般规定、总体架构、系统构成、线网运营指挥功能、线网应急处置功能、线网乘客服务功能、线网辅助决策功能、系统基础设施需求、性能指标等内容（图 2-5）。运营指挥中心应具有线网内全部线路在线列车的行车信息显示功能、城市轨道交通全线网线路图显示功能，显示信息包括列车、客流、车站模式、轨道、道岔、信号机、静态位置等；能根据各线路 ATS 报告的列车位置和识别号信息显示列车的运行轨迹与实时状态，能显示线网列车实际运行图，并具有线网实际运行图与计划运行图对比功能；可具有列车调整功能，实时下发给线路 ATS，供其对自身线路内列车进行调整；可向线路 ATS 发送对指定列车或站台扣车及取消扣车命令，由各线路 ATS 执行操作，实现应急情况下跨线协调指挥。

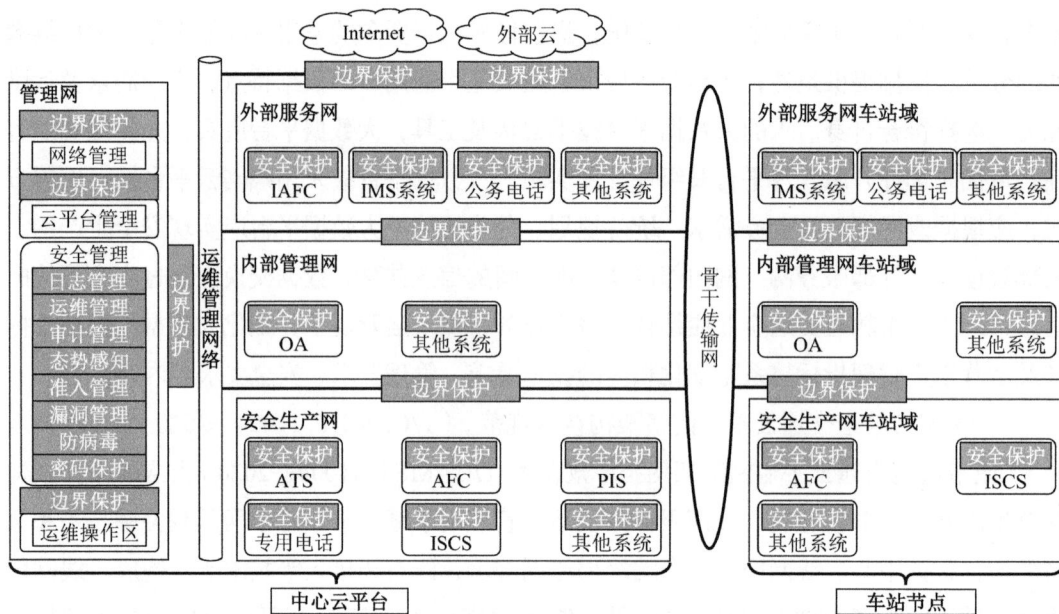

图 2-4 系统安全架构

IAFC-智联售检票系统；IMS-综合信息管理系统；ATS-列车自动监控系统；ISCS-综合监控系统

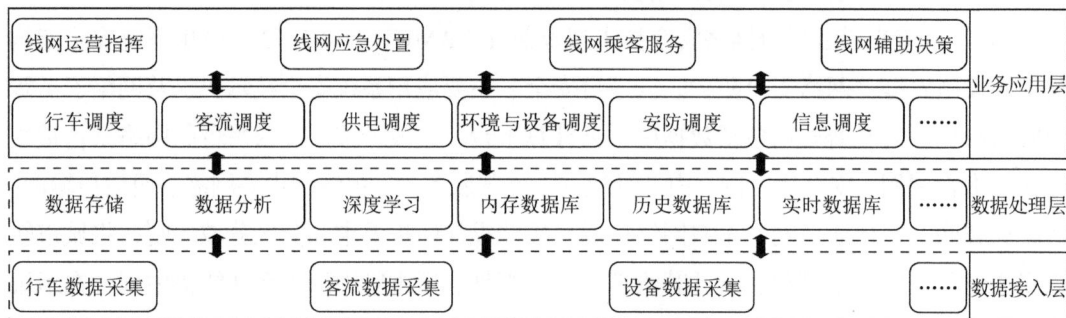

图 2-5 线网运营指挥中心系统总体架构

4）实用技术规范

（1）《城市轨道交通 信息化工程 设计规范》（T/CAMET 11007—2022）

《城市轨道交通 信息化工程 设计规范》（T/CAMET 11007—2022）是轨道信息化领域的首本设计规范，包括信息化工程的总体架构、信息化功能需求、云平台、大数据平台、系统网络、网络安全、系统网络、设备用房及环境等设计要求，适用于城市轨道交通信息化工程新建、改建的设计。该规范旨在规范和指导城市轨道交通信息化工程的设计工作，明确云平台、大数据平台、通信网络、网络安全以及用房、环境等信息化工程基础设施条件，利用信息技术手段，科学推进城市轨道交通的信息资源共享和大数据应用，提高信息化工程的安全、绿色、经济、实用性，为城市轨道交通行业的高质量发展提供信息化基础。

（2）《城市轨道交通大数据平台数据规范》

《城市轨道交通大数据平台数据规范》描述了城市轨道交通大数据平台的业务系统数

据需求，规定主数据编码，原始数据通过 ETL（提取、转换、加载）流程进行数据抽取、转换和加载，对于其中规则复杂部分配合 ODS（操作型数据存储）区进行处理，建设标准化的数据处理业务流程和数据处理工作标准，为数据处理工作提供规范化指导性文件；经过处理后的数据形成数据仓库或数据集市。建设支持实时内存数据库、关系型数据库和文件存储系统标准格式规范，便于业务数据在企业大数据平台内部流转；通过数据挖掘模型进行数据深入分析，之后得到的数据标签或模型结果成为数据仓库或数据管理平台的主要内容；部分应用如汇总报表等不需要挖掘过程，因此直接到达数据应用层。形成基于时间序列、聚类分析、关联算法等的算法模型，挖掘历史运行数据中的隐藏规律，为用户提供决策支持；数据应用：数据通过报表、数据门户、OLAP（联机分析处理）、数据产品等进行业务应用，应用数据可能来源于数据仓库、数据集市或数据挖掘模型。建设数据服务接口、消息推送服务、统计报表等数据应用规范等标准内容，目的是推进大数据平台的建设落地。

2.1.2　城轨云与大数据平台发展现状

近年来，伴随着经济高速增长，我国城市轨道交通快速发展，呈现出线路里程长、开通城市多、客流密度大、运输制式多等特点，民众对服务质量也不断提出更高要求，同时，随着城市轨道交通管理模式的变迁与发展，城市轨道交通运营企业的"降本增效"需求也逐年上升。

作为一种新的技术手段，城轨云将给大数据分析应用方面带来颠覆性变化，突破信息孤岛，优化现有架构，提供智能城轨业务。5G、大数据、人工智能等信息技术的深度融合，将推动智慧车站、智慧运维、智慧客运等创新业务发展，使用户体验更加良好，服务更加智能。基于城轨云架构的城市轨道交通创新应用为城市轨道交通安全、客运服务、智能运维、精准调度提供硬件支持，其最终目标不仅是业务数据的可视化，而且是将业务数据落实到服务应用中。城轨云在呼和浩特、北京、上海、深圳多地得到广泛应用。

（1）呼和浩特城轨云

呼和浩特城轨云平台（图 2-6）贯穿呼和浩特地铁 1 号线、2 号线，是弹性可扩展的线网级平台，通过开放、包容的业务应用生态环境，完成了基础设施与业务的分级运维解耦，实现了数字化运维，为网络化运营提供了坚实基础。呼和浩特城轨云平台实现了四个方面的突破，一是突破了城轨云平台因各项业务同步招标实施带来的统一集成和安全防护难度高的问题；二是突破了项目执行与协会规范输出同步实施带来的统一标准的难度问题；三是突破了全球线网运维的问题；四是解决了世界首创建设缺乏借鉴经验而落地应用难的问题。呼和浩特城轨云平台构建了安全生产三级保障网，显著缩短了新线接入和新业务上线的周期，降低整体建设和运维成本，提高了企业信息化水平。

图 2-6 呼和浩特城轨云平台

呼和浩特城轨云平台在技术上实现了"一云""一网"的总体设计目标，横向可承载城轨运营生产系统、企业管理信息系统、客运服务管理系统等所有业务，纵向可承载线网（线路）中心和车站（车辆段）部门。呼和浩特城轨云不仅具有按需动态分配计算、存储、网络和安全资源的能力，而且通过采用高可靠性（HA）、热迁移和 CSHA（云服务器高可用服务）等技术，显著提高了业务服务的可靠性。如果将新线路纳入共享云资源，站段系统采用云计算，则机房建设的投资节约效果将更加显著。

（2）北京城轨云

北京城轨云平台项目建设于 2021 年 3 月中旬启动，为北京地铁 11 号线、17 号线、19 号线运营生产各业务系统提供统一计算、存储资源服务，北京城轨云平台以《北京智慧轨道交通发展行动策划（2019—2021）》为指导，实现适合城市轨道交通行业的全新 IT（信息技术）基础设施建设。北京地铁 11 号线城轨云平台是北京冬奥支线最重要的基础设施平台，信号系统、综合监控、乘客服务支持等重要业务系统已在该云平台上正常运行。具体完成了云平台基础设施建设，云平台计算、存储、网络等 IaaS（基础设施即服务）层基础资源搭建，实现了 PaaS（平台即服务）层部分技术中台服务，如容器管理、云安全等。

依据《北京智慧轨道交通发展行动策划方案》，北京地铁打造面向乘客全出行链的智慧乘客服务体系。通过整合服务热线、乘客 App、AFC2.0、安检票务、视频监视等系统，形成基于乘客画像的全出行链增值服务；通过增强调度指挥的高效协同与全程管控，实现车辆与设备的智能运行与维护。部分智慧应用体系，将随冬奥支线示范应用并不断在新建线中部署实施。此外，北京地铁依托路网指挥中心，汇聚全路网、全产业链数据，建立行业级数据仓库，搭建符合北京地铁业务特点和发展需求的数据平台，通过对既有系统和服务进行产品化改造升级，打造乘客自助服务、综合分析挖掘、数据治理输出、智慧辅助决策、智能运维管理五大类产品体系，最终将其建设为一个能同时服务乘客、路网、政府的城市轨道交通行业大数据中心，为北京智慧城市发展提供共享开放的数据服务平台。

（3）上海城轨云

随着上海地铁建设规模的扩大，上海地铁已逐步进入以高效网络运营为主要发展目标的新阶段。上海地铁希望通过整合 ATS 系统、设施设备综合监控系统（CIOS）、票务系统、网络 CCTV 系统和乘客信息系统 NPIS 的数据和信息，实现网络层面的实时联动和信息整合、互联，通过网络信息平台对汇总的数据进行分析和挖掘，实现指数计算和模式分析，将人工事件的报告汇总成数据库集合，并在此基础上进行风险评估、影响分析和未来发展趋势分析，得出事件的影响程度和排列优先级，从而建立资源协同的调度和应急处理能力。同时通过事件回放功能，准确记录各类事件的处理情况，用于事后分析和评估，形成典型案例，便于后续培训和审计、信息共享和传播。

针对上海地铁所面临的主要挑战，以及网络智能化发展需求和乘客的出行需求，华为提供了以高速存储、高端网络、高密度服务器和下一代防火墙为核心的城轨云解决方案（图 2-7）。该方案采用统一的管理平台，实现对网络、安全、存储、服务器等硬件资源的可视化控制，安全可靠，运维方便，且具有良好的可扩展性，为上海地铁信息化的持续建设奠定了良好基础。为保证平台安全，生产和管理网络域分别设计了两个相对独立的网络，并采用防火墙进行严格的安全控制；在业务数据层面，采用了备份和归档技术，保证了数据的高可靠性。上海城轨云解决方案依托资源弹性扩展和按需分配的优势，为信息平台的持续建设和新线的有效服务提供了良好的支撑，且能根据不同的业务特点，采用不同的服务器和存储的物理形式，构建计算和存储资源池，既保证了投资的可控性，又实现了业务的高效服务。

依托华为云计算，上海地铁构建了线网级的综合运营协调和应急指挥管理平台，为统一运营协调管理和应急处理提供信息技术支持。上海城轨云解决方案严格参照三级等保要求进行建设，为信息技术平台提供全方位的云安全保护，使城市轨道交通企业能够更加专注于城市轨道交通的日常运维。上海地铁依托城轨云的资源按需分配等优势，加上仅考虑 3～5 年的业务发展，不需要一次性投资，资源利用率可高达 50%～70%，业务部署自动化，能节省 30% 以上的人力成本。

（4）深圳城轨云

深圳地铁 6 号线和 10 号线同样采用华为提供的城轨云技术平台服务，首次应用云计算＋大数据承载城市轨道交通各业务，改变了传统模式下的"烟囱式"垂直系统架构，实现了 ICT 基础设施资源的统一规划、建设、部署，能够真正实现资源按需使用、信息有效共享，为深圳地铁的智能化应用奠定基础。深圳城轨云平台（图 2-8）的统一业务包括 ISCS、ATS、PIS、安防系统、车场智能化系统以及 OA 等子系统，显著减少了线路上的资源浪费，此外还实现了各子业务系统的高度集成，提高了城市轨道交通的运维效率。业务部署方面，深圳地铁以典型车站为模板，采用克隆复制，在 30min 内可完成对 20 个车站的实时服务器业务部署。此外，深圳城轨云平台还通过采用机房模块化方法，将单站机房面积节省约 50%，机柜空间节省约 10%，电费节省约 200 万元/年，数据中心能效（PUE）值低至 1.5。

图 2-7　上海城轨云平台

图 2-8　深圳城轨云平台

深圳地铁 6 号线和 10 号线的城轨云平台技术运用，将一条线路的多个业务系统的建设与最新的云计算技术相结合，为未来的轨道交通提供了新型的云架构借鉴，实现了高可靠运输、高效运营、集中运维的目标，为行业提供了信息化建设的新思路。

目前，城轨云的应用仍集中于单一内容的平台，如何建立城市轨道交通统一云平台，实现各部门协同管理，仍是今后需要持续研究的课题。

2.1.3　智慧城轨主要应用发展现状

1）智慧乘客服务

近年来，智慧乘客服务系统快速发展，智能票务化水平飞速提高，应用人工智能、大数据、5G、云计算等新兴技术，搭建了一套多源观测集成、数据互联互通、信息精准匹配、流程贯通联动、资源合理调度的乘客服务平台。这种实名制的个人信用体系平台、跨场景的客票服务，以及生物识别无感支付等，提高了售检票和乘车自动化水平，让乘客体验到更便捷的出行。除了智能票务以外，智能乘客服务系统还提供个性化服务，为乘客提供如车厢温度、实时拥挤程度、列车运行时间间隔等信息，以满足乘客，尤其是通勤职工这类"常旅客"的便捷舒适客运服务要求。目前，我国各大城市如北京、上海、广州、深圳等已经建立了较为完善的智慧乘客服务系统。

（1）北京地铁

北京地铁依托北京市轨道交通指挥中心，建设乘客信息服务平台，引用新式的进站闸机（安装了智能识别系统），可准确识别注册乘客的面部信息，并对其进行开闸门放行；依靠基于人工智能的人像识别技术，可识别乘客信息，实现安检、检票的一体化，以及实名制快速通过安检，乘客可以"一码通乘"，刷码乘坐北京市全部公交、地铁以及市郊铁路。

在安检方面，通过智能化的数据管理，安检机能够自动识别违禁物品，安检员无须一一查看，所以现场只需配置一名安检员即可，不仅节约了人力成本，同时也便于乘客快速进站，提升安检效率。在安检机旁，有一套"可穿戴"的装备，这套测量系统是基于北斗技术的站内空间导航定位系统（图 2-9）。由于北京很多地铁站建设年份较早，当时并没有相应技术来支撑对应的数字模型的建设，所以需要进行逆向建模，工作人员穿着这套设备，可对车站的各类信息进行测量，进而绘制三维数字地图，其采集到的数据的精度能达到 5mm。车站内部位置信息可更加清晰、可视化，后台可以非常准确地获取人员、物资的定位。通过一张交通卡大小的卡片，数字地图上可以清晰地显示工作人员的位置，一旦出现紧急情况，可以随时调度处理，如出现进水等情况时，车站可第一时间调配人员、物资。

（2）上海地铁

在智能票务方面，上海地铁正在实现生物识别、语音票务、扫码过闸的共享与组合，逐步形成票检一体化的智能票检新模式。在一些大型车站的自助机上，乘客可以通过语音查询目的地，通过微信扫码获取路线。在语音售票机上，乘客可以通过语音购票，只需对着机器说话即可（图 2-10）。乘客输入目的地名称，屏幕会显示车票金额，点击购买的车票数量和"确认"，可以用手机或现金购票。

图 2-9　测绘北京地铁三维数字地图的设备　　　图 2-10　上海地铁站内语音售票机

20 多年来上海地铁始终坚持安全、便捷、绿色出行的原则，在高峰时段，车站实施交通限制。乘客进站后在站厅有序排队，按照站内引导分批候车。上海地铁利用人工智能、大数据技术，精准预测客流，根据这些数据，系统将快速计算出每辆列车的合适上车人数，确保后续车站运行顺畅有序，让更多乘客体验更好的出行服务。

（3）广州地铁

广州地铁实现了站内乘客信息动态发布系统的集成，采用智能自动售票与取票系统，闸机均为人脸识别闸机，支持采用售票、二维码、人脸等多种方式通过闸机，并将人脸识别系统与信用系统相结合，打造乘客无感通关、信用支付的场景；嵌入式站台显示系统可直接显示于屏蔽门上，PIDS 系统（公共信息显示系统）为乘客提供快慢车、当前站、下一站、终点站、车厢拥挤程度、当前候车位置等信息，为乘客提供清晰的信息引导；车站配置人性化列车设备设施，列车客舱灯带搭配环形灯，引入健康照明系统，暖光、自然光、冷光三挡随季节智能调节；车门上方有液晶动态地图，方便乘客快速确认车厢位置和线路车站信息；利用车辆载重信息分析车内客流情况，将每辆列车的拥挤情况显示在下一站的屏蔽门显示屏上，引导乘客前往人少的车厢。

此外，广州地铁还联手腾讯推出了全国首个轨道交通智能操作系统——穗腾 OS1.0（图 2-11）。为管理规模不断扩大的轨道交通线路和车站，服务快速增长的客流，满足乘客日益增长的出行需求，基于大数据和人工智能技术，穗腾 OS1.0 系统可支持基于场景的轨道调度地铁运力和车站设施，为乘客提供全时、场景化、个性化的主动服务，推动城市轨道交通系统从工业产品向工业互联网平台转变、升级。

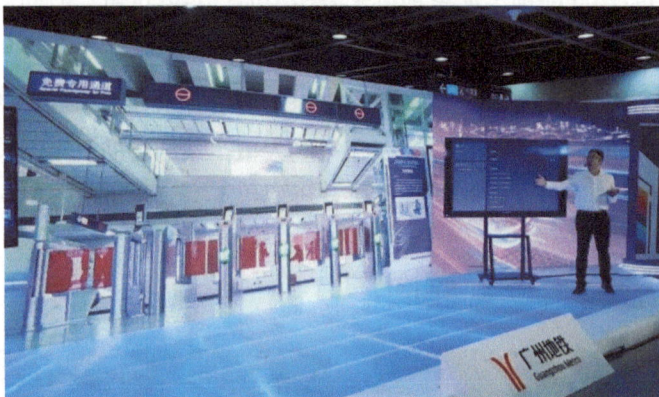

图 2-11　广州地铁穗腾 OS1.0 系统展示现场

（4）深圳地铁

深圳地铁构建"生物识别＋信用支付"地铁票检系统，采用智能侧闸，支持人脸识别进入；采用智能声光摄像头测量人体温度，可记录并标记每位乘客的体温，在避免近距离接触的同时，提高乘客进站效率。

目前，深圳大部分地铁站原有的传统人工客服中心已改造为全新开放的智能客服中心，配备集售票自助、智能咨询、咨询播报功能于一体的客服一体机。乘客的相关问题，基本上都可以通过客服一体机轻松解决。为了给乘客提供更多的出行咨询和票务处理服务，深圳地铁在智能车站也配备了智能客服机器人设备（图 2-12），虚拟客服设备还可以通过虚拟客服画像直接回答乘客的相关问题。

2）智能运输组织

运输组织的制定属于智能乘客服务中的核心功能，有助于提高运输的服务质量。在实际方案制定时，系统根据客流量的预测结果进行精准判断，在前期客流预测的方案中，确定最终的开行方案，整个过程是动态化的。此外，系统可以根据实际客流量的变化情况来调整最终的工作方案。这样的工作方式不仅可以满足实际负荷度方面的要求，还有助于后续决策结果

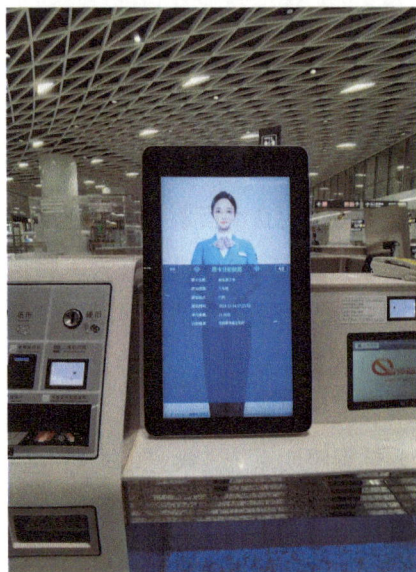

图 2-12　深圳地铁智能客服机器人设备

的校正。随着线网的不断发展，深化线网布局、优化工程设计、强化运营管理已成为当前的研究重点，为使运输更加高效智能，需推动规划融合、服务融合、信息融合、运输融合、管理融合（图 2-13）。

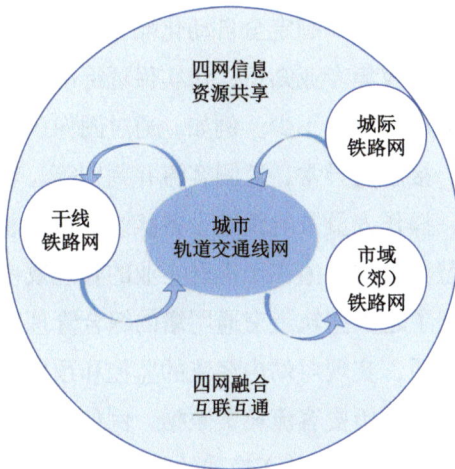

四网互联、融合发展、网络化运行

- **规划融合**：四网统筹规划，资源整合，多网、多线、多点换乘衔接服务，乘客便捷出行

- **服务融合**：以乘客的出行需求为本。克服四网不同建设运营主体的制约，聚焦"服务一体、票制互通、安检互信、品质提升"

- **信息融合**：打破四网信息壁垒，实现客流预测和实时信息、运力计划和实际信息、应急处置预案和联动信息的互联互通，为协同运输组织和客运服务提供依据

- **运输融合**：同制式跨线，不同运营主体或城轨制式实行协同运输

- **管理融合**：健全相关法律法规、标准规范；实现运输组织、运营协调、乘客服务、运营信息等方面互联互通

图 2-13　四网融合互联互通

（1）北京地铁

北京地铁已构建起以数据为核心的智慧化运营管理体系，显著提升了调度指挥、资产管理、乘客服务与安全保障的综合效能。在调度指挥方面，依托轨道交通信息中心，北京地铁汇聚并深度分析客流、调度、票务、设备设施、列车运行、基础数据等 6 大类数据 172个指标，实现了对线网运行状态的全局感知、精准预测和动态优化，大幅提升了调度指挥的效率和应对突发事件的响应能力；在资产管理方面，依托轨道交通资产管理信息系统，北京地铁对涵盖车辆、轨道、信号、供电等 21 类核心资产进行全生命周期管理，该系统覆盖了从采购、部署、维护到报废的全过程，推动资产管理向精细化、专业化、科学化迈进，有效延长了设备寿命，降低了运维成本；在票务服务方面，北京地铁全面推广移动支付。目前，线网全部线路已实现"扫码乘车"功能（二维码过闸），乘客无需购票或携带实体卡，仅凭手机即可快速通行，极大地提升了人性化服务水平和出行便捷度。在安全保障方面，北京地铁在 17 条线路上部署了统一的安全质量管理体系及信息平台。该平台实现了对施工过程风险的实时监控、预警和闭环管理，为有效防范重大生产安全事故、提升工程质量和运营安全可靠性提供了强有力的技术支撑。

为全面提升北京轨道交通网络化运营水平，北京市地铁运营有限公司大力推进行业标准规范的制定与完善。此举旨在系统性提升轨道交通装备设施的标准化程度，为关键设备系统的互联互通奠定坚实基础。①严格设备准入：在既有线路改造中，引入关键系统设备的准入控制机制，确保新设备符合统一标准，从源头保障兼容性。②强化互联互通基础：通过统一标准，显著提升设备间的"互操作性"，为技术引进和系统的可持续升级发展提供

关键支撑。③升级检测认证能力：依据新标准规范，重点强化对联网关键设备的检测与认证能力。在现有自动售票、视频监控、乘客信息系统等测试能力基础上，着重提升设备接入网络后的兼容性、功能性测试水平。

（2）上海地铁

上海地铁借鉴国内外经验，结合自身的实践积累，制定全自动化操作系统标准，组织技术人员、操作人员、设备管理人员现场调研，收集专业知识，切实保证标准的可行性和质量。此外，人工智能技术在上海地铁中的应用研究也不少。例如，通过图像识别，上海地铁可实时监测行驶车辆的轮径、轮毂磨损、接触网异常，监测客流并判别等。对于乘客来说，智慧城轨更安全、更便捷、更人性化；操作人员及时跟踪设备状态，帮助制定工作计划，提高工作效率；对于管理者来说，智慧城轨的价值在于提升企业的管理效率和服务水平，随着运营服务质量的不断提升，也增强了超大型轨道交通网络的综合管理能力。

目前，车站正在建设"人工智能"运营体系，实现对站内客流的监控和预估，便于进站时的多元化管控引导；还可以计算各个地铁站的历史客流相关数据，例如对应时段的拥堵程度。在上海地铁 4 线（2 号线、4 号线、6 号线、9 号线）换乘的超大枢纽世纪大道站，早高峰的客流不再由地铁工作人员直观控制，而是在车辆控制室的大电脑屏幕上精准显示（图 2-14）。车站还有异常客流预警、人脸识别、语音售票等特色功能。上海地铁目前还拥有 5 个这样的智慧车站，分别是惠南站、汉中路站、新江湾城站、诸光路站和顾村公园站。

图 2-14　上海地铁站内监控系统

（3）广州地铁

广州塔站和天河智慧城站作为智慧城轨车站试点，采用迭代更新的城市轨道交通智能操作系统，实现精准感知服务、高效安全运行保障、智能设备诊断和健康管理，提升服务质量、运维效率，保障运行安全。

广州地铁 21 号线天河智慧城站于 2019 年 9 月 9 日正式开通，是世界上第一个智慧城轨示范站，基于 5G、人工智能、物联网等技术，具有语音售票、内置智能安检、刷脸或刷手指静脉过闸等功能（图 2-15）。乘客使用手机扫描站内二维码可获取站内地图与导航服务。站台信息屏显示下一班列车的到达时间和相应车厢的乘客密度，根据屏幕上的信息，候车的乘客可以选择密度较低的车厢，以提高乘坐舒适性。用人工智能实现便捷、准确、安全的客运服务，实现车站级全息感知、智能分析、全景管控，打造自助服务、自动化运营的无人智能车站。

图 2-15　天河智慧城站智能客服中心

（4）深圳地铁

AI、物联网、大数据等技术在城市轨道交通智慧管理上的探索与应用解决了大体量、广范围的客流对现场安全管理和运营带来的挑战。城轨轨道交通行业的不断发展，新技术的飞速进步，极大地提升了城市的运转效率，从而促进城市整体发展。

深圳智慧地铁枢纽——岗厦北枢纽（图 2-16）、黄木岗枢纽（图 2-17）、大运枢纽，采用 AI 智能化视频监控系统，24h 不间断地对车站中的常规区域（例如进出入口、换乘通道站台、站厅等）与经常发生异常情况的区域（例如卷帘门入侵识别、扶梯逆行、人员摔倒、物品滞留、打架斗殴、剧烈运动等）进行监控。

图 2-16　深圳地铁岗厦北枢纽

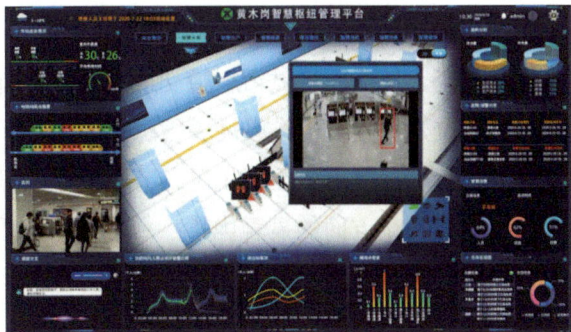

图 2-17　深圳地铁黄木岗智慧枢纽管理平台

车站一旦有异常事件发生便可以即时报警，方便工作人员第一时间获取情报并及时做出反应，相较传统人工视频监控模式，AI 智能化视频监控系统极大地提升了监控数据的可靠性，提高了对异常情况的处置效率，保障了枢纽的安全运营与优质的乘客体验。

依托 AI 视频分析系统和 Wi-Fi 嗅探提供的客流数据，车站可以较为精准地分析统计每日客流人数并推算出未来一段时间的客流变化情况，从而对指导工作人员合理调配资源、疏散密集客流起到重要作用。客流分布热力图（图 2-18）结合 BIM 模型，在三维地图上显示出车站的整体客流密集度和拥挤状态，通过红、橙、黄、绿四种颜色使数据视觉化。热力图保证以分钟的频率刷新数据，为工作人员提供最实时的客流情况，有效预防大客流的发生，为枢纽的安全平稳运行做出保障。

图 2-18　深圳地铁车站客流分布热力图

3）智慧能源系统

智慧能源系统要求在规划、建设和运营过程中，协调和优化各类能源的生产、传输、消费和交易，使能源有效互联互通，提高利用率。大规模开发可持续能源，确保稳定供应，提高能源供给与使用的灵活性和安全性。城市轨道交通相对于其他城市公共交通而言，是一种节能型的公共交通方式，本身就具有重要的节能减排意义，也是推动绿色发展，实现"双碳"目标的关键领域。据统计，车站环控系统耗电量占车站总耗电量的 40%~50%，根据车站实际情况，建设智能能源环控系统，是城市轨道交通建设中必须考虑的问题之一。

（1）城市轨道交通车辆永磁同步牵引系统

牵引传动系统是实现城市轨道交通车辆装备机电能量转换的核心单元，其性能的提升是城市轨道交通车辆节能升级的关键。永磁同步牵引系统高效广域，适用于车辆频繁启停、站间距短、旅行速度低的运行工况，节能效果明显。搭载永磁同步牵引系统的城市轨道交通车辆主要有三个方面的显著优势：一是节能降耗，有效降低用户运营成本，助推绿色城轨发展；二是减小牵引电机的重量和体积，有利于降低列车轴重；三是采用全封闭冷却结构，可以降低噪声、减小维护工作量（图 2-19）。

（2）上海地铁龙阳路基地光伏项目

上海地铁龙阳路基地光伏项目（图 2-20）是上海地铁新能源有限公司自 2018 年成立以来首个全额投资建设的光伏项目。为推进项目的高质量建设，提高整体发电效率，该项目在设备选型上，均选择了与行业头部厂家合作，采用高功率光伏组件以及高安全性检测功能的光伏逆变器，为项目整体收益和安全性提供了有力保障。该项目总装机容量 3.66MW，年均发电量约 340 万 kW·h、年均节约标准煤约 1200t、年均减排二氧化碳 3390t。上海地铁的川沙、封浜和九亭基地的屋顶分布式光伏项目总装机容量 12.4MW，年均发电量约 1170 万 kW·h，年均节约标准煤约 3370t，年均减排二氧化碳约 9220t，节能减排效果显著。

图 2-19　永磁牵引电动机

图 2-20　上海光伏基地项目

（3）广州地铁鱼珠车辆段光伏项目

广州地铁鱼珠车辆段光伏项目（图 2-21）是当时国内最大的与城市轨道交通相结合的分布式光伏电站。该项目位于广州地铁 5 号线鱼珠车辆段，光伏发电设备安装在应用库房顶和主维修库房顶，总面积约 7 万 m²。该项目运行期间年均发电量可达 420 万 kW·h，每年可替代煤炭消耗 1623.45t，实现节能降耗和绿色可持续发展的目标。项目发电将并入线网，其余部分供地铁 5 号线使用，在覆盖车场全年用电量的前提下，每年可节省电费 40 万元以上。

图 2-21　广州地铁鱼珠车辆段光伏项目

城市轨道交通在大型停车场、场站、地面及高架车站、高架路段、地面出入口等区域，光伏发电系统的应用空间广阔。鱼珠车辆段光伏项目是广州地铁在绿色交通道路上的又一重要里程碑。项目前期充分调研论证，从开工建设到并网发电历时 4 个多月。此外，广州地铁在 14 号线钟落潭、新和等高架站的闲置屋顶上，建设了分布式并网光伏发电系统，进一步提高了节能减排效果和供电保障措施的可靠性，降低了运行成本。

（4）深圳地铁 6 号线光伏发电系统

2020 年 8 月，深圳地铁 6 号线实现分布式光伏发电技术在国内城市轨道交通车站的首次大规模应用，且成功并网发电。深圳地铁 6 号线 72%为高架线路，80%的高架站屋顶安装单晶硅光伏发电组件，与光伏逆变器等设备共同组成大型分布式光伏发电系统。该系统将接入车站，产生的电力可直接供车站使用。光伏发电系统产生的电能主要供给车站的照明、空调、扶梯等，可满足车站 30%的用电照明需求。

该系统的计划使用寿命为 25 年。预计累计发电量 5855.78 万 kW·h，减排 CO_2 225871.68t（表 2-1）。根据发电量和现行国家光伏发电补贴政策［0.37 元/（kW·h）］测算，项目投资回收期约 6.8 年，预计 25 年内实现经济净收入约 5047 万元。

光伏发电节约能源统计表　　　　　　　　　　　　　　　表 2-1

项目	发电量（万 kW·h）	标准煤（t）	碳粉尘减排量（t）	CO_2 减排量（t）	SO_2 减排量（t）
25 年累计量	5855.78	23423.12	15927.72	225871.68	6796.54
年平均量	234.23	936.92	637.11	9034.87	271.86

4）智能列车运行

智能列车是指利用人工智能技术实现自动运行的列车。随着计算机和自动控制技术的发展，用计算机代替人力已成为许多国家关注的问题，计算机系统具有物体检测、分析判断、控制、感知异常和预警功能等，采用计算机系统，列车可实现自动化运行，成为智能列车。智能列车为全自动运行，驾驶室内的乘员只起到监控自动运行效果的作用。列车能正确启停，精确控制速度，及时响应紧急情况。随着智能列车的进一步发展，列车群控得以实现，管理段内所有列车的运行均由计算机控制和管理，以最大限度地提高通过能力。最早采用智能列车的国家是日本，我国北京地铁部分列车也配备了智能系统——城市轨道交通全自动运行系统（FAO），将信号与车辆综合集成或深度连接监控、通信和站台屏蔽门，实现列车全过程的自动化运行。截至 2020 年底，中国 26 个城市 76 条线路中规划 FAO 线路 2051km。截至 2022 年底，我国 31 个省（自治区、直辖市）已运营、在建及规划城市轨道交通全自动运行系统的城市有北京、上海、深圳、广州、武汉、成都等 29 座城市，线路共计 88 条，线网规模 2624.73km，其中已运营线路 36 条，运营里程为 935.17km；在建线路 42 条，在建里程为 1354.76km；规划线路 10 条，规划里程为 334.8km。

（1）北京地铁燕房线全自动运行系统示范工程

北京地铁燕房线（图 2-22）于 2017 年底全面开通运营，主线全长约 14.4km。北京地铁燕房线是国内第一条按照自动化水平建设的全自动操作系统的线路。

燕房线全自动操作系统实现了高度自动化、高集成化、深度联网，提高了城市轨道交通的自动化程度，保障了线路全过程的安全运行，减少了人为操作失误。系统支持从传统的 CBTC（基于通信的列车自动控制系统）应用模式平滑过渡到全自动运行模式。

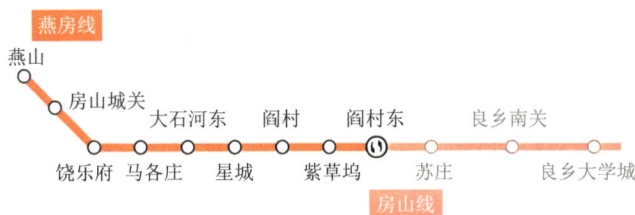

图 2-22　北京地铁燕房线示意图

（2）青岛地铁列车自主运行系统示范项目

列车自主运行系统（TACS）是以"车-车"通信和资源管理为核心，实现列车运行方式从自动化向自主化转变的全新系统。青岛地铁列车自主运行系统示范项目实现了车辆与信号的深度融合，大大提升了城市轨道交通控制系统的智能化水平，在国内尚属首例。

2015 年以来，青岛地铁一直在开展 TACS 项目的应用和技术研发。2018 年，项目组完成车载 TACS 列控、牵引、制动、网络、防撞和轨旁系统的研发，核心设备 TACS 试验列车（图 2-23）通过国标第三方产品安全评估。在 2020 年完成并通过所有 TACS 测试。

（3）深圳地铁 20 号线

深圳地铁 20 号线是深圳地铁首条全自动运行线路，已于 2021 年 12 月 28 日正式开通运营。全自动运行主要体现在：无须司机控制（首尾车厢均未设置驾驶室，开放供乘客参观，见图 2-24），列车可自行完成唤醒、休眠、上线运行、进出站、开关门等操作。

图 2-23　青岛地铁 TACS 试验列车

图 2-24　供乘客自由参观的深圳地铁 20 号线

深圳地铁 20 号线采用车-车通信技术，控制中心可实时采集并发送列车运行数据，并基于大数据技术进行列车健康诊断、故障分析以及故障处置推送，与普通列车相比功能更齐备、系统更智能、操作更便捷。

（4）广州地铁 18 号线

广州地铁 18 号线引入新一代综合监控系统（图 2-25），具备全方位的智能运维、数据支撑、站务全景管控、管理导向决策支持、更智能的节能等功能，实现城市轨道交通服务、规划、运营、维护、应急等智能化，客运服务多元化，企业管理精细化，综合提升了服务质量和运营效率。

该系统全面适配智慧城轨运营场景，满足"数字化、智能化、网联化、协同化"运营需求，集大数据、人工智能、云计算、智能感知、工业互联网和物联网等新兴技术于一体，打造成为一个开放、可持续的科技发展平台，突破了各个专业系统孤立建设的局面，实现了智能运营系统资源、数据、技术、知识和业务场景的全面整合。

（5）上海地铁 18 号线

上海地铁 18 号线，由建设、运营单位主导，全线应用智能运维平台，将数字化作为项目建设的核心。借助这一平台，运营单位可以对项目开展全生命周期的运维管理，依托 BIM 数据实现运维与应用一体化，显著提高了运维的效率与质量。管理方式的创新体现在：上海地铁 18 号线首次实现数字资产信息从建设阶段到运维阶段的无缝传递；首次实现数字资产与 BIM 运维平台的同步交付；首次将基于 BIM 的运维管理平台从单站整合到全线。

车辆方面，18 号线还提供多种人性化服务。列车客舱照明系统采用自动调光、自动着色的设计理念，不仅支持客舱照明亮度随外界亮度自我调节，进一步降低能耗，而且可以根据四季变化自动调节色温，提高乘客舒适度（图 2-26）。车厢配备智能无线充电平台，方便乘客手机无线充电；配置可视化紧急呼叫系统和交互式开门功能，使控制中心可以清楚地看到对讲乘客的情况，更好地准确引导乘客。

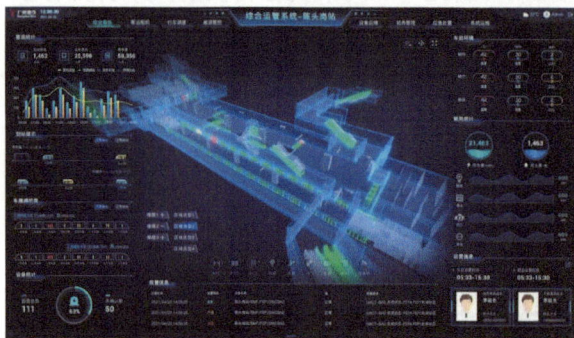

图 2-25　广州地铁新一代综合监控系统　　　　图 2-26　上海地铁 18 号线

5）智能技术装备

智能技术装备是具有感知、分析、推理、决策和控制功能的生产装备，是先进制造技术、信息技术和智能技术的深度融合。在智能技术装备研发方面，我国已掌握城市轨道交通车辆整车和关键部件制造技术，建立覆盖不同速度区间的系列产品，成功研制速度200km/h 新一代都市快轨列车、储能式现代有轨电车、现代跨座式单轨、低运量城市轨道交通等新型车辆装备，取得城市轨道交通 CBTC 系统、全自动运行系统等研发成果。

（1）系列化标准地铁列车研制及试验

中国中车集团有限公司与城市轨道交通企业、科技院校等合作开展的"系列化中国标准地铁列车研制与试验"课题，旨在打造系列化中国标准地铁列车产品平台，使列车标准化和通用化水平大幅提升，降低全生命周期成本。项目引进新材料、新技术，以用户需求为导向，考虑车辆全生命周期成本，建立模拟和试验验证体系，逐步构建中国标准地铁模块化、标准化、系列化产品平台（图 2-27）：包括速度 120km/h 的 A 型车和 B 型车、速度 160km/h 的 D 型车、导轨式胶轮智慧捷运系统（图 2-28）。这些举措降低了产品开发和生产测试成本、运维成本，并减少重复性研发工作。同时，项目组推进运输系统标准化和序列化的执行，例如城市特快列车、悬挂式单轨列车，以及中低速磁悬浮列车。

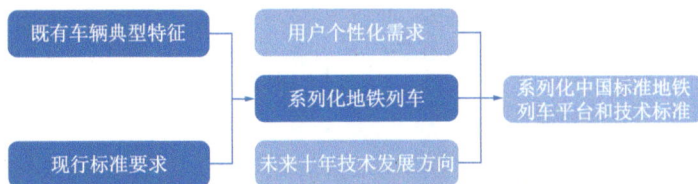

图 2-27　系列化中国标准地铁列车平台和技术标准

图 2-28　中国中车的速度 160km/h 的市域 D 型车和导轨式胶轮智慧捷运系统

（2）基于车载实时以太网（TCSN）的多网合一控制系统

基于 TCSN 的 100M 控制数据传输通道和千兆多媒体数据传输通道可用于传输列控数据、维修诊断数据和多媒体数据（多网络）。其车载一体化网络功能更加丰富，能够同步实现通信管理、控制、诊断、保护、显示、记录、智能化等（图 2-29）；该系统基于 TCSN 构建高速网络基础架构，实现车载控制、信息数据融合，具有扩展性强的特点。

图 2-29　多网合一示意图

TCSN 列车控制系统于 2016 年在长沙地铁 1 号线实现国内首次装车载客运行，并在北京地铁大兴机场线等项目批量使用。

（3）智能巡检机器人

智能巡检机器人是一套能够替代人工对地铁紧固件松动、变形、裂纹等故障进行自动检测的系统，包括自动巡检机器人平台、巡检机器人视觉系统、机器人调度系统、后台数据处理分析存储系统等部分。智能巡检机器人工作原理及实物如图 2-30、图 2-31 所示。

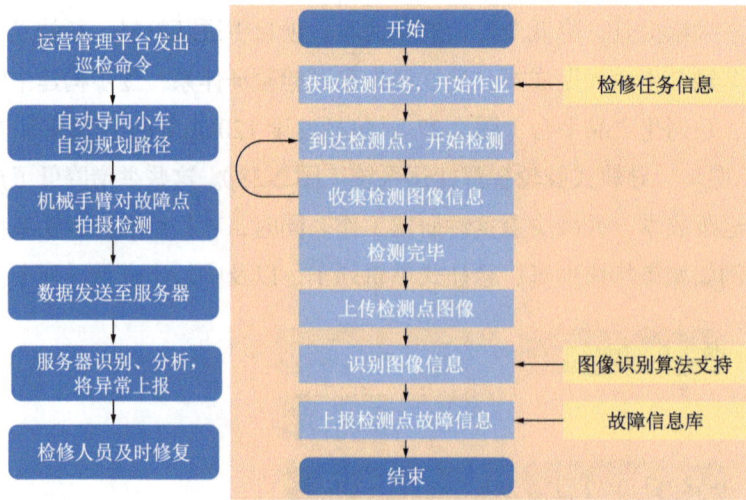

图 2-30　智能巡检机器人工作原理

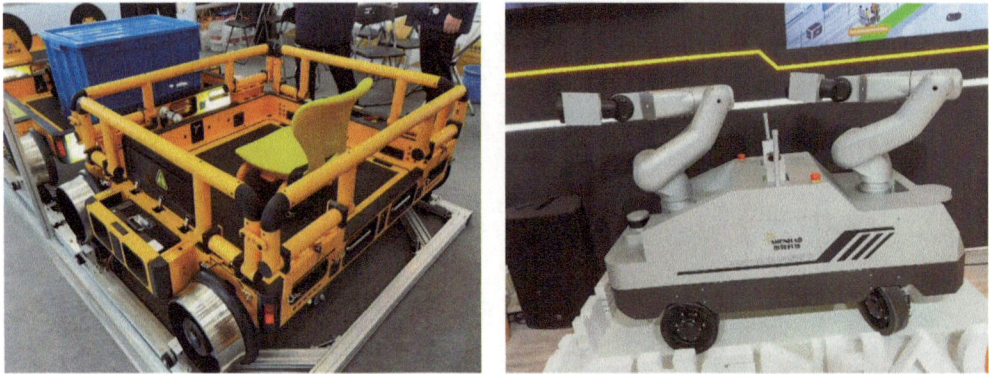

图 2-31　巡检机器人实物

6）智能基础设施

智能基础设施主要技术组件包括传感器技术、高速网络通信、大容量数据存储、大容量数据处理、执行系统，确保能收集并处理数据，实现智能响应。基于 BIM 技术的应用开发、协同及全生命周期技术，已成为我国城市轨道交通工程智能基础设施建设的重要内容。

在轨道交通设计方面，传统设计存在重复劳动多、交叉协调难、手动输入繁、资源整合难等局限性。建立统一的 BIM 协同设计平台，可以实现跨学科、跨部门、跨企业的协同设计，提供实时、精确、标准的产品信息服务，大大提高了设计效率，解决了协调问题。在轨道交通建造方面，BIM 技术可以提前模拟整个施工过程。利用 BIM 应用软件的动态仿真功能，可以在施工前测试模型可行性，提高施工效率，降低风险，促进安全管理水平的提高，减少返工和变更。

智能运维技术充分建立在状态维护（CBM）、结构健康监测（SHM）、故障预测与健康管理（PHM）等技术之上，故在此对相关技术作简要阐述，以便深刻认识智能运维技术内涵。

状态维护（CBM）是从预防性维护发展而来的更高层次的维护系统，是一种基于资产状态监测（CM）技术，对资产状态发展趋势预测的维护方法。根据器械检查、例行检测、在线监测、诊断检测等流程所提供的信息，CBM 技术可以判断器械的健康和性能劣化情况及其发展趋势和健康、性能劣化判定设备的状态。

结构健康监测（SHM）旨在针对土木工程结构长期运行安全的要求，建立状态监测、特征识别和状态评估的自动化系统，为土木工程结构的长期运行安全提供决策辅助，有利于结构的管理和维护。结构健康监测将传统的、静态的、异步的人工离线检测方法转变为现代的、动态的、同步的在线监测技术。

PHM 技术从外部测试、内部测试、状态监测和故障诊断发展而来，包括故障预测和健康管理两个方面。故障预测是一种基于系统历史和当前监控数据，诊断和预测系统当前和未来的健康状况、性能下降和故障发生的技术。健康管理是指了解可用维护资源和设备使用的要求，以基于诊断、评估和预测结果所形成的信息，适当地规划、决策、计划和协调任务、维护和支持等活动。

从功能范畴来看，PHM 技术实际上包括 CBM 和 SHM 技术，其核心内容如图 2-32 所示。智能运维是一种基于 PHM 的维护方式。

监测诊断	维护	预测	全生命周期管理
CM	CBM	趋势	—
SHM 损伤查找、定位、特性、量化	CBM	SHM预测	—
PHM 故障检测、诊断	PHM应急处理、辅助维修通知	PHM预测	PHM健康管理

图 2-32　PHM 技术核心内容

7）智能运维安全

智能运维通过机器学习等人工智能算法，从海量运维数据中动态学习规则并聚合，提供决策支持，能够快速处理和分析海量数据，做出有效决策，实现系统整体自动化运行。

（1）上海地铁车辆智能运维系统及应用生态

地铁已成为上海市主要公共交通方式。上海地铁的超大规模和体量、新线大量开通和老线更新改造给车辆运维带来极大的挑战。由于传统运维检修效率低、装备种类多、规模大、检修任务重、质量要求高、维修强度大、人工成本高，以人工为主的检修方式已无法满足现今的运维需求。

上海地铁智能运维系统平台 RISE，包括多维数据采集系统、智能车辆运维专家系统和平台服务互通系统：①车联网（IOR）技术，实现车辆运行的实时采集与监控；②基于检测装置的路边车辆智能综合检测系统（SMIT）：安装基于机器视觉、激光、微波、红外等传感器技术的检测装置，自动检测地表缺陷和磨损尺寸并发送到数据和监控终端，建立机车维修新模式；③车辆维修管理系统：包括可视接地系统、维修物资分配系统、鹰眼系统和工具管理系统。

（2）北京地铁车辆智能运维系统及应用生态

北京地铁所采用的"基于大数据的驾驶部门和轮轨安全监测与智能运维平台"，融合了人工智能、大数据、物联网、云计算等前沿技术，搭建起集车辆安全监测、大数据地面分析、智能自动化运维于一体的智能运维平台，实现了对设备从实时状态监测、故障诊断，到健康评估、寿命预测、维修决策、统计分析，再到专家知识库的组件健康管理的全闭环管理。该平台已在北京地铁12条线路配备运行监控系统的列车上正式上线，实现平台与北京地铁全数据仓库的无缝对接，将运行部门多源异构数据集中统一，可管理多专业数据的融合关联分析，打破数据孤岛，实现数据的相互补充和验证，拓展健康状况评估维度及运营部门的相关组件，提高运营和维护决策的准确性。

该平台的使用将推动车辆、设备和设施的检修体制改革，达到确保安全、降低事故发生可能性的目标，进一步提高对设施的监控、检查和检修管理能力，为北京地铁维修体系的优化改造、维修效率的提高、全生命周期维修成本的降低提供有力支撑。

（3）广州地铁车辆智能运维系统及应用生态

腾讯和广州地铁联合发布了《穗腾OS 2.0标准体系建设指南》，其中包含物联接入、平台数据、安全保障、应用开发、运营维护5类共33项标准，形成了统一的设计、开发和管理规范。基于穗腾OS 2.0，城市轨道交通可以实现一系列的智慧应用，主要包括全时空的精准便捷乘客服务和全景式安全高效的运维管理。全时空的精准便捷乘客服务具体包括精准的乘客诱导和一站式便捷出行。穗腾OS 2.0可以通过视频智能分析、客流密度感知和设备自适应联控，实现精准的乘客诱导。而穗腾OS 2.0提供的一站式便捷出行，包括路径规划、站内导航、车厢拥挤度显示和站外导引/导航这些城市轨道交通运营中乘客可能需要的各项服务。全景式安全高效的运维管理涵盖精准灵活的运输组织、全景管控的车站管理、体系迭代的智慧运维、集成一体的智能安防和绿色环保的节能控制5大应用场景。

精准灵活的运输组织主要涉及精准的客流预测、灵活的行车组织、自适应的客流联控三个方面。全景管控的车站管理则包括全域设备监控与预警、车站应急预案一键执行与跟踪、站内外客流感知和一键开关站。体系迭代的智慧运维可以实现状态采集、在线监测、故障预警、状态预判、辅助决策和维修策略等多项功能。集成一体的智能安防方面，穗腾OS 2.0可以实现场景联动的智能防洪防汛，通过在一些设施的关键部位加装液位传感器，实现水位状态的实时监测。当水位达到不同级别时，穗腾OS 2.0可一键执行根据车站防汛应急预案编制的策略流程组件，将信息自动推送给调度、车站人员等指定人员。绿色环保的节能控制包括搭建智能能源管理系统、完善设备全生命周期优化、协同可再生能源，通过技术创新与场景融合，为城市轨道交通行业提供了绿色节能的数字化范式，助力"双碳"目标实现。

（4）深圳地铁车辆智能运维系统及应用生态

深圳地铁打造车辆智能运维系统，系统采用Hadoop（分布式系统基础）大数据架构，可接入列车在线监测数据、地面探测系统数据、维修运行数据、资产管理数据、生产数据等，可对数据进行清洗、整合、转换，并提供数据交互服务，打破各个系统的信息孤岛。该系统兼容后续所有新列车数据接入，与现有资产管理系统统一接口协议，实现故障与工单的映射、工单的生成和分发，形成运行监控—故障预警—故障触发—工单处理—维护工作执行—工单闭环—预警闭环—监控闭环全流程管理。该系统同时制定数据接入标准规范，所有车载和轨旁在线监测系统都集成在其中，所有系统的原始数据相互开放。基于故障报警、故障预警、寿命评估和故障数据关联，各系统的呈现界面统一在系统中。图 2-33 是深圳地铁车辆智能运维应用。

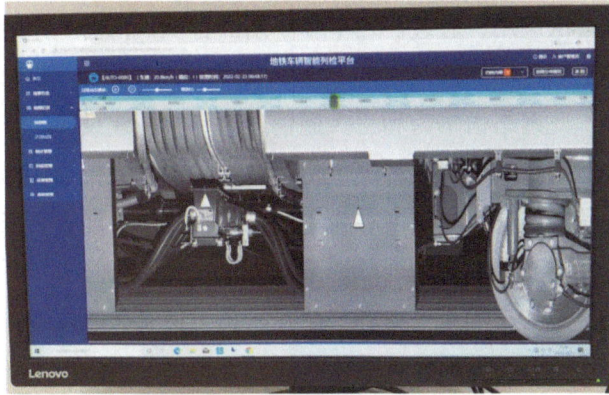

图 2-33　深圳地铁车辆智能运维应用

深圳地铁采用列车控制管理系统（TCMS），通过车地无线传输，将列车各子系统的实时状态和故障信息传送到车辆的智能运维平台，远程监控车门等子系统的实时状态，同时对 3600 多条信息进行错误级别分类，后台反馈错误处理策略，有效提升故障应急处理能力。

8）智慧网络管理

智慧城轨要求构建智慧网络管理系统，集生产管理、建设管理、节能管理、运营管理、维护管理和资源管理于一体，实现信息交换的数据聚合统筹协调，确保各企业紧密协作，共同助力城市轨道交通智慧化发展。

区别于传统的城市轨道交通系统人工感知和决策方式，城市轨道交通数据管理仓库利用各数据采集触角，依托大数据、云计算等方式，实时获取有价值的数据信息，实时全息感知系统中各要素的状态，通过对海量数据和信息的实时、集中、准确处理和分析，进而做出科学的决策，实现城市轨道交通全息感知和自主决策的功能，体现了其技术特性。

城市轨道交通数据管理仓库通过大量数据、信息和知识的积累和迭代，不断将新技术、新思想、新理念融入其中，助力城市轨道交通企业实现整合创新，自主适应内外环境变化，更好地服务用户，实现需求侧的高效响应和供给侧的优质服务，促进行业的成长和发展。开放创新的发展模式、持续整合改进的发展过程、不断适应新要求的发展水平，体现了城市轨道交通数据管理仓库的动态特性。

2.1.4 相关城市轨道交通企业发展现状

（1）深圳地铁运营集团有限公司

近年来深圳地铁运营集团有限公司（"以下简称深圳地铁运营集团"）打造以创新应用为支撑的智能运营服务，未来十年深圳地铁将面临千公里级运营网络、千万级日均客流的运营服务挑战。深圳地铁运营集团高度重视科技赋能，积极探索前沿创新应用，前瞻性推动面向多层次复杂网络、超大规模客流的高质量可靠运营。一是深圳地铁 11 号线车厢拥挤度智能显示系统，通过列车载重实时检测、分析及换算乘客数量和车厢拥挤度，并按 10s 的频率动态更新列车各车厢的拥挤度信息，进而助力乘客选择更舒适的车厢。二是 5G 超宽带车地无线通信全球首次应用，通过在列车和车站部署 5G 车地通信设备，实现 150s 内完成高达 25GB 数据的自动传输，耗时远低于至少 2h 的人工拷贝，其中地铁 6 号线、10 号线实现全线 5G 覆盖，此网络由华为和三大通信运营商共同建设。基于 5G 网络的自身特点，能够保证车辆在运行过程中为乘客提供持续稳定的信号支持，而除了列车车厢外，车站内同样覆盖了 5G 信号，具备高密度客流下的顺畅网络服务能力。三是智慧车窗，设备在保证原有车窗透光性的前提下，加入 OLED（有机发光二极管）显示功能，乘客可实时观看三维可视化图层渲染的车辆运行状态、位置等各类信息，还可通过触摸显示屏，实现人机交互，提升出行体验。深圳地铁智慧系统架构如图 2-34 所示。

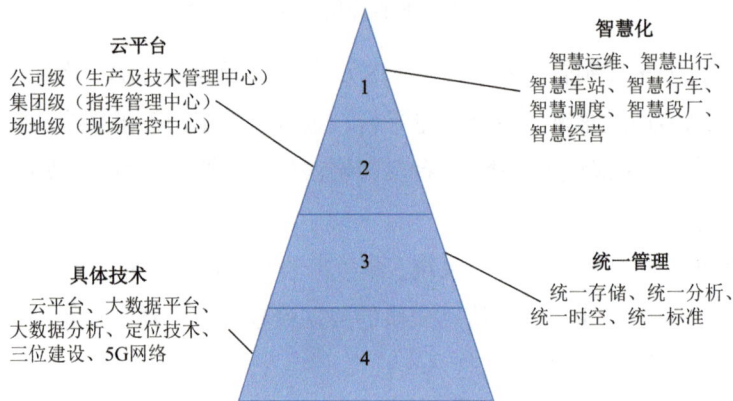

图 2-34　深圳地铁运营智慧系统架构

（2）广州地铁集团有限公司

2019 年 9 月，广州智慧城轨示范车站——以穗腾 OS 为延展媒介的广州塔站和天河智慧城站投入使用。智慧车站主要有以下三点功能：一是智慧安检，集成应用安检票务一体机、太赫兹安检系统等新型安检设备，完成平台注册的乘客经过安检门的同时实现人脸识别扣费，"无感过闸"极大提升进站效率。二是精准诱导，建立室内高精度地图，支持通过扫描车站二维码实现站内导航，同时在站台门配置智能信息屏，动态显示下一趟列车候车时间、车厢客流密度等信息，指引乘客选择相对舒适的车厢，有效避免客流集聚，保障出行安全。三是智能客服（图 2-35），利用机器人实现智能人机交互，助力乘客了解地铁运营资讯，为乘客提供各类综合交通出行建议。智慧车站的投入使用是广州地铁建设的新起点，广州地铁集团有限公司规划将在未来逐步实现全线网"智能感知、智能联动"。

图 2-35　广州地铁智能客服

（3）北京市轨道交通运营管理有限公司

北京市轨道交通运营管理有限公司打造以主动引导为核心的智慧出行示范性工程，紧扣大数据、人工智能等新技术发展契机，一是预约进站（图 2-36），基于数据驱动的仿真模型，分配高峰期地铁客流，乘客可预约进站时段，然后通过专用预约通道快速进站，以达到均衡客流、错峰出行的目的。二是拥挤度查询，通过对售检票系统实时数据（15min 前的 OD 数据）、历史客流数据、列车时刻表、行车调度数据等的融合分析，在北京地铁 App、北京地铁官网等网络平台对外发布列车动态满载率（每 5min 刷新一次），引导乘客提前规划路线，改善乘车体验。三是打造魔窗系统，车厢车窗可显示列车当前位置、线网图以及车站服务设施所在位置等内容，为乘客提供更加便捷的服务。

图 2-36　北京地铁预约进站操作示意图

（4）上海地铁运营有限公司

上海地铁运营有限公司打造基于出行大数据的差异化智慧安检，面对居世界首位的运营里程及日均千万级客流服务常态，聚焦运输效率和服务质量提升，加快智慧化转型探索及试点应用。上海地铁运营有限公司在部分车站推出"安检快捷通道"试点（图2-37），通过分析乘客出行大数据，实行乘客差异化安检，符合条件的乘客可通过扫描专用二维码体验"安检快捷通道"，有效缩短高峰期进站时间，提升出行体验。一是设定便捷高效的申请机制，接受 App（应用程序）邀请或通过专用二维码申请的乘客均可享受快捷安检服务。二是安检通道空间分离，划分安检常规通道和安检快捷通道，符合条件的乘客可体验快捷通道服务。三是建立安检快捷通道抽检机制，为保障安检快捷通道的安全性，随机抽查安检快捷通道的进站乘客，保障安检快捷通道的安全性。

图 2-37　上海地铁"安检快捷通道"试点

2.2　国外智慧轨道交通发展现状

近现代三次工业革命奠定了智慧城轨的发展物质基础及当前世界智慧城轨先进国家势力版图。第一次工业革命发源于 18 世纪的英国，蒸汽机的广泛应用催生出全新的交通运输方式——铁路运输。1843 年，英国提出建设地下铁道系统；1860 年，英国伦敦开始修建世界上第一条地铁。第二次工业革命开端于 19 世纪 60 年代，以英国、法国、德国等欧洲国家以及美国、日本的资产阶级革命或改革完成为政治基础，电能的应用与内燃机的诞生改变了铁路乃至所有交通运输工具的控制与驱动方式。1866 年，德国西门子制成了发电机；70 年代，实际可用的发电机问世。第三次工业革命一般指第三次科技革命，由美国率先发起，第三次工业革命以原子能、电子计算机、空间技术及生物工程的发明和应用为主要标志，其核心技术群——以物联网、云计算、大数据为核心的新一代信息技术，以数字化制造、3D 打印、工业机器人为核心的智能制造技术，以新型材料为核心的材料技术，为铁路运输制造、运营、管理、服务、供能带来全方面变革。

基于历史因素奠定的物质基础，德国、法国、英国等欧洲国家以及美国、日本等世界发达国家在智慧城轨研究与应用方面起步早、积淀深，目前已形成建设理念相近，又各具特色的智慧城轨体系。

2.2.1　欧洲智慧轨道交通发展现状

第二次世界大战后，全球经济活跃与科技发展促进全球一体化与区域政治经济一体化，各种国际技术组织与政治经济联合体涌现。国际铁路联盟（International Union of Railways，UIC）于 1922 年成立于法国巴黎，其目的是：①推动铁路运输全球化发展，以最优运输方式来应对当前及未来的流动性及可持续发展的挑战；②作为制定标准的组织，提供铁路与其他运输方式之间可操作性更强的国际铁路运输解决方案；③推动和促进各成员国之间各种形式的国际合作，将先进方法共享。UIC 大体上是由西欧国家主导的欧洲非政府铁路组织，尽管吸纳了部分非欧洲国家的铁路组织成员，但仍由西欧国家主导。虽然 UIC 国际性有限，但欧洲铁路的领先地位使其标准在国际上有重要影响。1950 年，UIC 组建国际铁路联盟试验研究所（ORE），主要从事铁路基础研究，促进机车车辆与固定设备的性能改善与技术改造，推广科研成果，承担制定 UIC 规程的前期试验及验证工作。1991 年起，ORE 更名为欧洲铁道研究所（European Rail Research Institute，ERRI）。

欧洲国家众多，UIC 成立之初便有 27 个国家的 46 个铁路机构加入，基于统一欧洲大陆轨道运输信号和列车控制的愿景与需求，欧洲铁路交通管理系统（European Rail Traffic Management System，ERTMS）项目于 1989 年应运而生。随着一系列的框架制定、发展战略研究以及试验项目的推进，ERTMS 最终于 2000 年以其第 1 级技术规范签署为项目阶段性成果诞生的标志，为欧洲统一轨道交通运营控制和管理系统奠定了基础。ERTMS 由铁路综合数字移动通信系统（Global System for Mobile-Railway，GSM-R）、欧洲列车控制系统（European Train Control System，ETCS）、欧洲铁路运输管理层（European Traffic Management Layer，ETML）三个子项目组成。

GSM-R 是在全球移动通信系统（GSM）的基础上增加了铁路运行相关的调度通信功能的适应高速环境的通信系统，能满足铁路专用调度通信的要求，可实现跨越国界的高速列车和一般列车之间的通信，并能将现有的铁路通信应用融合到单一网络平台中，以减少集成和运行费用；ETCS 是 ERTMS 的交通控制部分，包括运行权限控制、自动列车防护装置以及联锁接口，能够逐步降低列车驾驶工作的复杂程度（即控制行为的自动化），通过车载显示器在驾驶室显示轨旁信号，实现列车自动控制，从而使司机专注于核心任务；ETML 是基于列车运行数据和列车时刻表编制智能化使得列车最优化运行的运营管理层级，涉及实时的基于线路节点乘客和铁路运营工作人员信息流动的列车管理和路线规划。

在上述三个子项目中，GSM-R 与 ETML 已取得成功并在欧洲大陆得到广泛应用，然而由于 ETCS 应用的高成本与短期的低可见收益，ETCS 的推进遇到较大阻力：制定统一的跨境转换战略并非当前欧洲各国路网的首要问题，这使得 ETCS 基本上应用在分散不成系统的新建线路中，互联互通系统的便利性没有得到检验。由于 UIC 并非政府组织，推进 ETCS 仅能通过敦促相关国家的铁路运营方签署备忘录或协议的非强制方式。在 ETCS 应用的五个等级（ETCS-0、ETCS-STM、ETCS-1、ETCS-2、ETCS-3）中，ETCS-2 是被欧洲乃至全球广泛接受的高速轨道运营标准，但 ETCS-2 在欧洲铁路上的应用仍然有限，这也使得正在开发的 ETCS-3 陷入向下（与低等级 ETCS）兼容与向上（新技术）推进的矛盾之中。尽管如此，ETCS 仍被视为轨道行业数字未来的引擎。

2010—2019 年，全欧洲装配或即将装配欧洲铁路运输管理系统的铁路车辆增加 162%，签约使用欧洲铁路运输管理系统的线路里程增加 187%。2015—2019 年，约有 5000 辆新车投入使用，但由于 TSI 的豁免，其中 2700 辆没有 ETCS。2021 年，约有 7000 辆配备 ETCS 的车辆（占商业铁路车队 41665 辆的 17%），预计到 2030 年将装备 1.6 万辆。ETCS 相关技术标准在中国、印度等国家也得到广泛应用。

ETCS 推进的困难反映出欧洲轨道交通行业自身存在行业合作伙伴关系不充分、标准化不充分等有待改进和完善的问题，以及新兴国家入局国际轨道交通市场，给处于全球领导者地位的欧洲轨道交通行业带来竞争与挑战。基于上述问题，欧盟提出通过创新驱动行业发展的应对战略，并于 2014 年推出 Shift2Rail 计划，作为欧洲 2020 可持续发展战略的一部分。Shift2Rail 计划提出三个总体目标：①通过消除阻碍欧洲轨道交通发展的互操作性障碍，向更加集成、高效、安全的欧洲轨道交通市场过渡，实现欧洲轨道交通一体化；②快速、低成本地将欧洲轨道交通转换为更具吸引力、对用户（包括残障人士）更友好、更高效、更可靠、更安全并可重新设计和可持续的系统，从根本上增强欧洲轨道交通系统在欧洲交通运输市场上的吸引力与竞争力；③通过刺激和加快市场对创新技术的应用，确保研究与创新活动及其成果能够为欧洲轨道交通行业的全球竞争提供比较优势，进而帮助欧洲保持和巩固其在全球轨道交通产品和服务市场上的领导地位。该计划还在总体目标的基础上提出三个定量指标：①通过降低基础设施和车辆的开发、维护、运营和翻新成本以及提高能源效率，将轨道交通系统的寿命周期成本降低 50%；②将轨道交通系统的运输能力提高 100%，以满足日益增长的铁路客运及货运需求；③将轨道交通系统服务的可靠性和准时性提高 50%（即将不可靠性和晚点率降低 50%）。

Shift2Rail 计划由 5 个创新计划（IPs）和 1 个交叉活动（Cross Cutting Activities，CCA）组成。IPs 专注于轨道交通不同系统领域的研究，5 个 IPs 分别对应不同的领域，具体为：①高成本效益和可靠性列车；②先进运输管理与控制系统；③可持续的高成本效益和可靠性基础设施；④轨道交通 IT 服务解决方案；⑤可持续并具吸引力的欧洲货运技术。CCA 专注于各创新计划均需考虑的共性问题，研究方向包括：①长期需求与社会经济研究；②智能材料与过程研究；③系统集成、安全与互操作性；④能源与可持续性；⑤人力资本。每一个研究计划（IPs 和 CCA）又进一步分为数量不等的示范技术（Technology Demonstrators，

TDs），作为其细分研究方向。具体实施时，每一个 IPs 通常设置 1 个灯塔项目（Lighthouse Project）和多个分年度实施的专题研究项目。其中，轨道交通 IT 服务解决方案（IP4）的 6 项示范技术——互操作性框架（TD4.1）、旅行购物（TD4.2）、预订及票务（TD4.3）、行程追踪（TD4.4）、旅行伴侣（TD4.5）、业务分析（TD4.6），分别从标准化多式联运、购物服务数据整合、客票管理、出行协助服务、旅客出行服务偏好分析、乘客出行大数据分析与管理六个方面提升轨道交通智能化水平，提升乘客出行体验。

Shift2Rail 计划整体上推动了欧洲轨道交通行业高层次技术创新和互联互通的研究进展：在 2016 年 ETCS-2 基线 3 版本 2 获批后，形成的跨行业备忘录中承诺至少在 2022 年之前不会再发布新的正式版本，ERTMS 专注于解决互联互通和安全方面的问题。大多数技术创新和原型试验都由 Shift2Rail 协调，各工作小组的成果产出与欧洲铁路管理署对接，以准备新版本的控制指挥和信号互联互通技术规范。与此同时，基于 Shift2Rail 计划中先进运输管理与控制系统（IP2）集成的正线自动驾驶（ATO）研究的 TENT-T 计划以及探讨基于通信的列车自动控制系统（Communication Based Train Control System, CBTC）与 ETCS 需求共性的项目研究成果，欧洲铁路部门开始研究 ETCS 应用 ATO 的可行性（ATO over ETCS, AoE），以提供更确定的运行时间和最佳的速度设置，增加既有线路运能，降低能源消耗。《铁路应用　城市导向运输管理与指令/控制系统　第 2 部分：功能需求规范》（IEC 62290-2）及 Shift2Rail 相关资料基于 AoE 的研究成果，将列车控制系统自动化等级划分为 GoA1 级至 GoA4 级，各等级自动化程度见表 2-2。

列车控制系统 GoA 等级划分　　　　　　表 2-2

自动化等级	列车操控	发车	区间运行	车门操作	系统崩溃的列车运行控制
GoA1	ATP 和司机	司机	司机	司机	司机
GoA2	ATP/ATO 和司机	司机	自动	自动/司机	司机
GoA3	无人驾驶（DTO）	自动	自动	自动/人工	人工
GoA4	无人干预（UTO）	自动	自动	自动	自动

从应用方面来看，在城市轨道交通领域中应用 GoA2 级驾驶始于 20 世纪 60 年代，而 CBTC（GoA4 级）自 20 世纪 80—90 年代开始实现工程化应用以来更是发展迅速。据国际公共交通协会（UITP）发布的最新统计数据，截至 2018 年 3 月，CBTC 系统在全球轨道交通开通里程已达 1000km，占总里程的 7%，仅 2015—2017 年就开通了 274km，占同期开通总里程的 12%。正线铁路方面，GoA2 级列车于 20 世纪 90 年代初期首次出现在捷克布拉格——歌林之间一条 64km 的重载货运铁路上，后续在区域性货运铁路和矿山铁路上得到应用；而基于 ETCS 的 GoA2 级列车在 2018 年伦敦 Thameslink 铁路上首次载客运行。

由此可见，在列控自动化程度方面，欧洲铁路要落后于城市轨道交通。欧洲铁路网运分离，运营商众多，ATO 不仅要适应复杂的线路条件和多种制式的本国系统，还要适应不同类型的车辆，因此 AoE 的开发势在必行，这也使得 ERTMS 在 Shift2Rail 的推动下得到近乎强制的实施——尽管 ETCS 改造的全部完成仍然需要时间。Shift2Rail 中的 IP2 提出"在城市轨道交通和市郊铁路实现自动化等级最高可达 GoA4 级，其他线路（包括货运线路）至少可达 GoA2 级的自动驾驶功能"。项目组认为，GoA3 级无人驾驶列车运行模式和 GoA4 级无人干预列车运行模式下，列车的驾驶室不配置司机，这与既有的 ETCS 系统有较大区别，因此将 GoA3/4 级与 GoA2 级分为两个阶段。列车自动驾驶系统也能够与 ETML 集成，提升混合交通网络上关键枢纽通过率，提高网络运营稳定性。

尽管 GSM-R 系统在欧洲乃至世界各地的铁路移动通信系统中取得巨大成功，但随着基础移动技术，尤其是数据传输与多媒体信息方面的迅速发展，GSM-R 系统面临承载能力不足、频率资源紧张等问题。基于数字化转型的需求，UIC 的未来铁路移动通信系统（FRMCS）项目旨在确定 GSM-R 系统的后继系统，目前已初步确认将 5G 作为未来铁路移动通信主体技术制式，并积极开展工作将相应需求纳入国际标准组织第 3 代合作伙伴计划（3GPP）的相关标准中。考虑到 GSM-R 系统服务将于 2030 年停止支持，FRMCS 系统的首要目标即是争取在 2025 年从与 GSM-R 协同操作平稳过渡到完全取代 GSM-R 系统。目前，FRMCS 已针对用户需求及功能需求进行详尽的规范定义——用户需求规范（URS）和用户需求规范（FRS），并提出多种车载设备迁移方案，后续将根据具体场景开展 FRMCS 试验并计划于 2025 年部署 FRMCS。

欧盟委员会于 2018 年提交了下一个 7 年（2021—2027 年）的科研资助框架——"欧洲地平线"（Horizon Europe，以下简称"地平线"计划）。"地平线"计划是 Horizon 2020 计划的继承与发展，确立了 2021—2027 年欧盟研发和创新的基本框架和方向。基于 FRMCS 的技术研究积淀和"地平线"计划的政策及资金支持，2020 年 11 月，5GRAIL 项目正式启动，该项目为期 30 个月，预算 1300 万欧元，共包含 8 个工作包，旨在通过开发和测试用于轨旁基础设施和车载设备的 FRMCS 原型，验证首个 FRMCS 规范。该项目开发的 FRMCS 原型系统将基于 UIC 发布的 FRMCS 第 1 版功能和系统要求（包括接口）规范，以及 3GPP 发布的第 16 版 5G 技术标准，在试验室和实际轨道条件下进行测试，支持 ETCS、语音呼叫系统和铁路紧急呼叫系统，并将研究跨境场景以及与公路共存的情况。5GRAIL 项目中 FRMCS 系统的关键技术如下：与原 GSM-R 系统一起，验证列车紧急呼叫功能，以保证发生紧急情况时，列车司机能够迅速地向附近所有列车发出报警信号，并通知该区域列车调度中心，列车司机只需按下电台上的红色铁路紧急按钮，所有预先设定范围内的列车司机和该区域的列车调度中心都会收到报警通知，并自动接听电话呼叫；演示 ETCS 和 ATO 功能、列车跨境运行场景，并展示其他典型铁路服务场景的应用质量；在从 GSM-R 过渡到 FRMCS 系统的过程中，确保车地间语音和信号应用程序的安全可靠性。

1）德国

截至 2019 年，德国城市轨道交通运营里程位居世界第二。德国轨道交通系统复杂庞大，主要组成有：城间高速铁路、城间快速铁路、区域铁路、市郊快速铁路、地铁和轻轨。德国各类型轨道交通有鲜明的特色与明确的职责划分，各种类型的轨道交通运营线路、运行速度和作用见表 2-3。

德国轨道交通主要类型　　　　　　　　　　　　　　　　表 2-3

类型	线路情况	最高运行速度（km/h）	作用
城间高速铁路（ICE）	站间距一般为 200km 以上	200～350	主要承担着德国大城市之间远途旅客的输送任务
城间快速铁路（IC）	站间距一般为 20km 以上	200	作为对城间高速铁路的补充
区域铁路（RE/RRB）	站间距一般为 5～25km	160	连接大城市和卫星城市，具有高峰客流明显的特征
市郊快速铁路（S-Bahn）	站间距一般为 5km 以下	140（市区地下限速 90）	运行线路穿过城市，连接城市外围的两端，主要用于大城市郊区通勤
地铁和轻轨（U-Bahn）	站间距一般为 1km 以下	80	城市内部通勤

德国的干线铁路、区域铁路、市郊快速铁路均采用相同长度的标准轨距，各类列车线路之间互联不互通，但同一车站内存在多条不同种类的线路，旅客换乘时间短，极大地提高换乘便捷性。各种铁路系统（除地铁外）可用同种车票，各交通工具进出站以车内抽查检票的形式替代检票口的设置，为快速换乘提供便利。

柏林市现已形成集地铁、市郊快速铁路、区域铁路和城间高速铁路于一体的综合轨道交通系统。柏林市在经营管理模式方面，为实现综合交通总体规划与运营管理，成立柏林交通协会（BVG）来协调轨道交通之间、轨道交通与其他交通之间的关系。在这种综合规划管理的形式下，虽然 U-Bahn 和 S-Bahn 在标准、制式上存在差异，但换乘便利性仍然很高。在公共交通计价方面，柏林各类公共交通实现了计价系统的统一。近年来，柏林市进一步完善轨道交通网络，在柏林大区内将到达柏林市中心的一小时通勤圈拓展到 70km 范围、两小时通勤圈拓展到 150km 范围。

德国在轨道交通相关产业方面的发展居于世界领先地位。作为世界主要铁路工业供货商之一，德国西门子公司在铁路自动化技术及电气工程领域具备全球领先水平，此外，德国还拥有克诺尔集团这样世界领先的轨道车辆和商用车辆制动系统制造商。

2）法国

法国轨道交通系统类型包括：干线铁路、区域铁路、市郊快速铁路、地铁及轻轨。法国各轨道交通类型定位及承担任务与德国类似。但在法国干线铁路中，除承担远距离城市间旅客运输任务的高速铁路外，还有承担法国各行政大区之间旅客运输任务的大区间列车线（TER）。法国不同轨道交通类型互联互通情况与德国相同，各类线路之间仅互联不互通，不同形式的铁路线路共用车站。同一车票在不同轨道交通系统中通用（除地铁外），各交通工具进出站以车内抽查检票的形式替代检票口，提高换乘效率。

巴黎是法国第一大城市和首都，巴黎大区面积约 14518km²，人口约 1207 万人。巴黎的轨道交通系统发达，巴黎地铁有 14 条主线和 2 条支线，380 多个车站，线路总长 220km，所有地铁与市郊快速铁路相连。其市郊快速铁路融合了城市中心地铁以及既有地区铁路的优势，多处与巴黎地铁互联，换乘便利。在公共交通计价方面，在整个巴黎范围内，地铁及市郊快速铁路的票价不随行程长短而变化。

在经营管理模式方面，巴黎地铁由巴黎运输公司负责建设与运营，采用政府垄断经营模式，隶属于巴黎城市交通管理委员会。该委员会负责对轨道交通的发展规划、票制票价、财政和全局决策进行审议和协调，并监督轨道交通日常运营。其下设的技术协调委员会和票价委员会，分别对轨道交通的建设运营服务标准和运营票制票价进行有效管理。

在轨道交通配套产业方面，法国阿尔斯通公司致力于提供全面的供电、电力传输以及轨道交通解决方案，在电力设备领域处于全球顶尖水平，其轨道交通牵引电机全球市场占有率高达 50%。

3）英国

1860 年，世界第一条地铁在伦敦动工修建。通过不断发展，英国已经形成了发达的轨道交通网络，基础设施完善，服务水平较高。英国轨道交通系统的显著特点是模式层次化明显：按线路铺设方式可大致分为地铁（地下）、轻轨（地面）、独轨（高架）三种。

英国轨道交通最具特色的就是英国个人捷运系统（Personal Rapid Transit，PRT），PRT 是由小型车辆及其专用轨道组成的自动化交通系统。该系统在英国伦敦希思罗机场的楼宇之间得到应用。地铁在伦敦轨道网络中占核心地位，截至 2023 年 12 月，伦敦地铁总里程为 436km，位居世界第 4，共有 12 条地铁运营线路、275 个车站，日平均载客量约 351.4 万人。在经营管理模式方面，伦敦由政府规划公共交通路线，私人承包运营服务，其公交服务的运营方式在大多数情况下都采用竞争招标，并签订合同。

（1）网络布局

伦敦的日平均载客量达 351.4 万人次，地铁建成段按全长 400km 估算，从线路负荷强度分析，伦敦地铁应该属于低负荷运营状态。但平均每日每千米线路负荷强度无法反映两个方面的问题：一是高峰小时与非高峰小时的客流量时变差异；二是城市中心区与郊区之间客流不均衡的空间差异。客流量的时变差异表明伦敦地铁在实际运营中在高峰小时局部段会出现高负荷情况；客流不均衡的空间差异表明地铁郊区段可能未被充分利用，造成资源浪费。

伦敦地铁在修建过程中采用地面线、地下线、高架线三种铺设方式。考虑到地下线投资建设运营成本要远高于地上线，伦敦基本只在城区中心人口和建筑稠密区建设地下线，其他区域采用地面或高架铺设方式。在约 400km 的线路中，地下线的占比约 40%，降低投资和运营成本。

（2）乘客服务体系

①巴士接驳服务

基于伦敦居民巴士换乘地铁的需求，伦敦在部分地铁车站提供巴士接驳服务，并在地铁新线建设时积极规划接驳服务，这有利于地铁站客流集散，且提高接驳巴士的运量。

②换乘方便

伦敦地铁每一条线路平均与其他线路交汇的条数达到 10 条，力图使乘客仅需一次换乘即可乘坐目标线路。伦敦的飞机场站也设置多种交通方式，如地铁、长途汽车等接驳方式。

③乘客智能引导

伦敦地铁可实现对乘客的智能引导，当乘客进入车站连上地铁的 Wi-Fi 之后，可以使用伦敦交通局开发的软件或者第三方应用软件如 City Mapper、Google Map 等，实时查看地铁各站点的拥堵、延误、人流密度信息。伦敦交通局能够快速收集地铁人员流动的数据，实时反馈给乘客，这有利于乘客选择合适的出行路线，极大地减缓了地铁的拥堵情况。

2.2.2　北美智慧轨道交通发展现状

美国城市轨道交通由地铁、有轨电车、轻轨、单轨组成，根据 2023 年统计数据，地铁运营里程为 1414km。

纽约轨道交通系统主要包括纽约地铁、哈德逊捷运（PATH）和通勤铁路，其相关运营机构和建设年代见表 2-4。

纽约轨道交通系统运营机构及建设年代　　　　表 2-4

名称	细分	运营机构	建设时间
纽约地铁	—	MTA	1904 年
PATH	—	纽约和新泽西港务局	1908 年
通勤铁路	长岛铁路（LIRR）	MTA	1837—1893 年
	新泽西公交（NJC）	新泽西运输公司	1833—2009 年
	大都会北方铁路	MTA	1832—1996 年
	Amtrack	美国国家铁路客运公司	1933 年

纽约地铁是纽约轨道交通系统重要组成部分，隶属于纽约市公共运输局，拥有 30 条线路，提供全年 24h 服务。20 世纪末施行公交地铁免费换乘，实行单一票制，不计距离和时间，极大地提高了地铁出行方式对居民的吸引力。

纽约地铁运营有两大显著特点：①纽约地铁存在数条轨道线路，这些轨道首尾相接构成一条"长线"[命名为"行车路径（Route）"]，组成的轨道线路[命名为"轨道线（Line）"]。具体命名上，行车路径用英文字母或数字，轨道线用具体的地点或街道名称，以示二者的差别。②纽约地铁有快慢线之分。同线路存在数条并行轨道分别供快车与慢车行驶。纽约地铁 7 号线如图 2-38 所示。

图 2-38　纽约地铁 7 号线

在轨道交通相关产业发展方面，美国通用电气公司（GE）提供作为轨道交通核心的车辆和信号设备。西屋制动公司是全球轨道产品制造商和服务供应商，主要为机车、货车及车辆提供制动系统和产品。

美国关于城市轨道交通制定了一系列相应的法规及标准体系。城市轨道交通领域要求执行的比较典型的法规有《铁路机车安全标准》（49CFRPart229.31）、《客室设备安全标准》（49CFR238）、《机车、客车和轿厢的安全玻璃标准》（49CFR228）等。除此之外，美国在材料技术标准、焊接标准、车辆设计标准、车辆电气标准等方面都有丰富且详尽的规定。

美国提出 Smarter Railroad 概念，旨在利用先进技术提高轨道交通感知能力，促进互联互通以及轨道交通智能化水平提升，实现整个铁路系统智能信息网络化，以及与合作第三方信息互联与共享。

2.2.3　亚洲智慧轨道交通发展现状

截至 2024 年 3 月，日本全国城市轨道交通总里程约 1500km，其运营主体分为国家、私人和地方交通局三种，新干线和既有线铁路由国营企业日本铁道公司集团（JR）经营，城市轨道交通（地铁及轻轨）主要由地方交通局经营。日本轨道交通分类见表 2-5。

日本轨道交通分类　　　　　　　　　　　　　　　　　表 2-5

类型	日本国营铁路		私营铁路	地方交通局
	新干线	既有线	既有区域铁路、私营铁路	城市轨道交通
作用	主要为远途旅客提供服务，服务水平高，价格偏高	承担城市间输送、新干线输送的补充等角色	连接大城市与近郊市镇，承担地域内输送、都市圈郊区旅客的输送任务。主要为通勤旅客提供服务	主要承担市内居民购物、通勤、上学、放学等输送任务

日本轨道交通系统由新干线、地铁线、既有线及既有区域铁路和私营铁路构成，其中，新干线为日本高速铁路交通网络，既有线满足乘客在中短距离城市之间及城市群内部的交通需求，地铁线主要满足乘客在单个城市内部的交通需求，既有区域铁路和私营铁路的线

路多采用站站停和跨站运行并存的模式，不设专门候车室，乘客在站台候车。日本各类型轨道交通详细配置见表2-6。

日本各类型轨道交通详细配置 表2-6

类型	站间距（km）	运行速度（km/h）	轨距（mm）	编组形式
新干线	20~40	200~360	1435	大多16辆编组，部分采用8辆编组和10辆编组，8辆编组可重联运行
既有线	5~10	110~130	1067	大多以6辆编组为基础，并设附属编组，可灵活调整编组长度，很多车辆编组长度在10辆以上
既有区域铁路和私营铁路	2	110~130	1067	
城市轨道交通	1	80	1067	编组基本固定，多采用10辆编组

由于日本多为山地地形，弯道较多，公路交叉口密集，故规定既有线和既有区域铁路车辆制动距离在600m内，对减速度有严格要求。且由于采用灵活编组、大小混编的车辆编组方式，日本城际轨道列车对山地地形的适应能力极强。

在轨道交通相关产业方面，日本最大的火车制造商是日立（HITACHI），其信号系统的市场份额超过五成。

日本利用大数据、人工智能等新技术，积极布局智慧轨道交通战略，取得了显著效果。日本于2015年第一次实现了车与轨道的一体化监测，搭建大数据平台，使用人工智能算法进行数据分析工作。日本铁路E325安全监控系统（图2-39）是由东日本旅客铁道株式会社（JR East）开发的先进列车监控系统，主要用于提升列车运行的安全性和可靠性。它通过高精度传感器实时监控列车的关键系统状态，包括速度、温度和压力等参数。该系统能够自动检测异常并预警，支持远程监控与诊断，同时记录数据以便分析和优化维护计划。

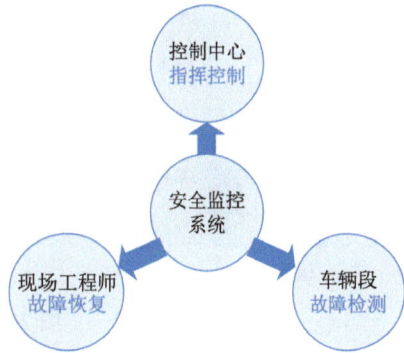

图 2-39 日本铁路 E325 安全监控系统

2.3 智慧城轨发展趋势

（1）轨道智能化技术不断更新迭代，提升运营能力

以智能列车体系中的全自动运行系统（FAO）为例，UITP统计数据显示：截至2017年底，全球已有18个国家的39座城市的62条线路投入使用FAO线路，共计运营里程为996km。截至2023年底，我国31个省（自治区、直辖市）已运营、在建全自动运行线路有北京、上海、深圳、广州、武汉、成都等29座城市，线路共计92条，线网规模达2832.35km；其中已运营线路42条，运营里程达1304.81km；在建线路50条，在建里程

为 1527.54km。

随着需求变化以及要求提高，FAO 相关技术不断迭代。目前，国内已与国外同时期开展基于车-车通信的列车控制系统（VBTC）技术研究（图 2-40）。

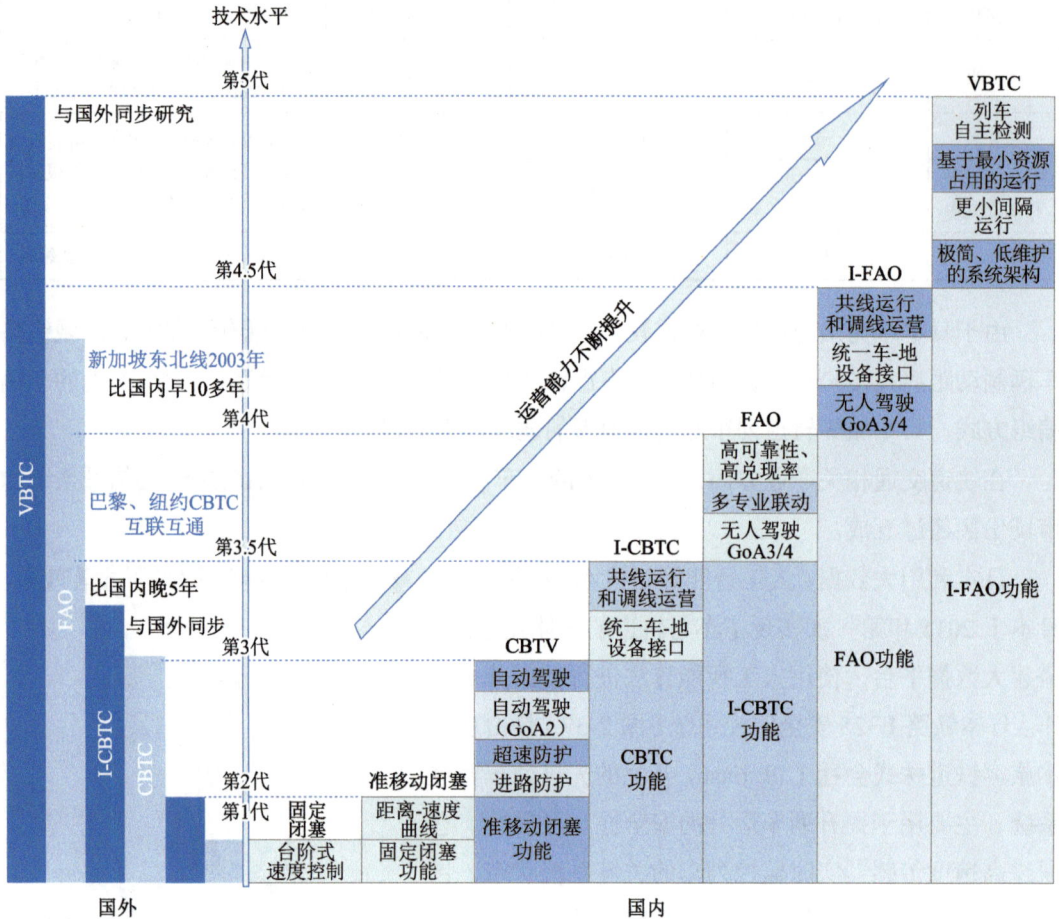

图 2-40 FAO 发展阶段国内外对比

（2）大数据、物联网等智能化技术助力城市轨道交通建设

以大数据、物联网、云计算、区块链、VR/AR/MR、新材料、新能源、无人操作和天基位置服务为代表的新兴技术与城市轨道交通的深度融合，已成为欧日等发达地区构建下一代城市轨道交通服务体系的主要途径。以智慧车站为例，国内一些城市轨道交通企业通过各类传感器的布设实现感知现场的功能，如环境类、重力加速度类、振动类等物联网技术实现IoT 全息感知；使用云计算和大数据技术对采集数据进行分析、融合；采用 BIM + GIS（地理信息系统）技术构建城市轨道交通静态数字模型，融入 IoT 动态数据，打造数字孪生场景；通过多元化 AI 引擎的应用，从而提供各个层次的及时、准确、完整的有效信息，辅助其进行决策、控制、实施、升级等方面的在线服务。配套数字模型的加载，提供可视化数据展示服务。智慧车站系统框架如图 2-41 所示。

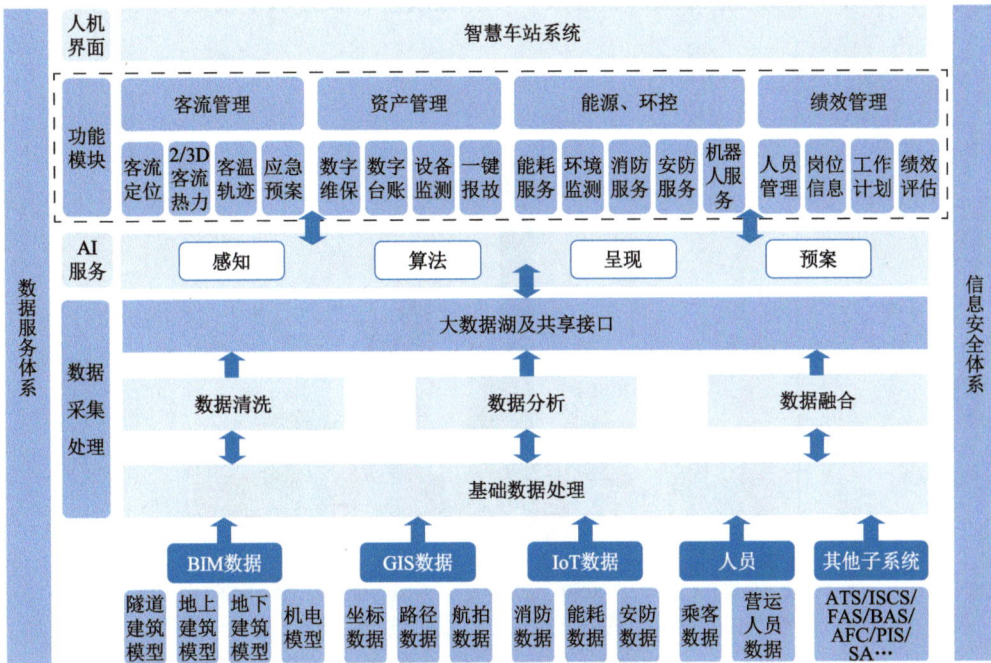

图 2-41　智慧车站系统框架

2.4　我国智慧城轨发展面临的挑战

我国智慧城轨发展既与国外发展存在共性，也具有自身的短板。通过对国内外智慧城轨发展现状分析及趋势总结，提出以下我国智慧城轨发展面临的挑战。

2.4.1　对线网布局的重视程度相对较低

智慧城轨重要作用之一是提升网络结构功能与统筹综合能力，但国内智慧城轨线网相关建设受客观因素制约：2005—2022 年，我国各城市轨道交通规划建设获批项目共计 126 个，获批里程 12101.77km（图 2-42），涉及 44 座城市。

图 2-42 表明，近年来，以建设里程为主要评价指标，国家对于城市轨道交通投资建设的审批逐渐缩紧。但需要指出，单一的建设里程对比存在不足的问题，线网密度等指标同样不可忽视，不同类型轨道交通的接驳以及互联互通都需要线网层面的统筹规划。国内轨道交通网络结构功能与统筹综合能力不强，网络规模与轨道多制式融合方面仍与世界发达国家轨道交通存在差距。国家投资的收紧以及统筹规划线网建设的薄弱，是制约智慧城轨发展的客观因素。

2.4.2　管理水平与服务水平有待提升

目前国内智慧轨道交通的重心仍在建设方面，管理方面重视程度较低。管理水平与建设程度的不匹配将造成运输品质、管理效率、客流效益、服务水平偏低等问题。

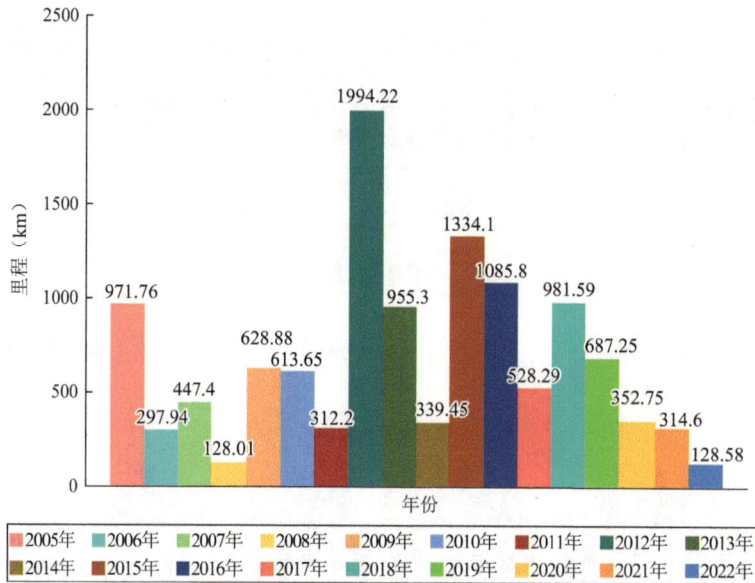

图 2-42   2005—2022 年国家发展改革委批复城市轨道交通建设里程对比图

以广东省为例,《广东省综合交通运输体系"十四五"发展规划》指出,目前广东省综合运输服务仍存在发展不均衡不充分、协同融合不足、治理体系和治理能力建设有待加强等问题,并将坚持科技引领、创新驱动作为基本原则之一,加快推动先进技术在运输服务领域深度应用,推动体制机制、服务模式和管理方式全面创新。

而在 2019 年,上海申通地铁集团有限公司和中国电信股份有限公司上海分公司主编的《5G+智慧地铁白皮书(2019)》中指出乘客服务在智慧城轨中的需求与挑战:一是乘客出行的移动通信需求在密闭且拥挤的车厢环境中能否得到满足;二是有限的城市客运交通供给与无限的城市居民出行品质追求之间的矛盾是运营服务的挑战。除此之外,城市轨道交通建设软件大数据共享应用问题较大,存在各个运营设备系统数据难以共享的问题。

2.4.3   智慧城轨自主创新能力亟待加强

目前,技术装备方面,我国在牵引动力系统、信号系统、通信系统等中的自主创新能力逐渐提升,部分成果已达到国际领先水平,但整体上仍与国外先进技术装备有差距。因此,我国仍需继续提高智慧城轨技术装备创新水平,改变国内重吸收、轻原创的局面,提升核心装备自主化能力以及关键技术攻关能力。

新技术应用方面,在中国城市轨道交通协会《中国城市轨道交通智慧城轨发展纲要》的指导下,我国城轨智能化和智慧化发展迈出了重要的步伐,多个智慧城轨示范工程取得实质性进展,多个城市正在推进智慧城轨规划和建设,城轨云和大数据平台、智慧车站、智慧运维、智慧乘客服务等的建设均如火如荼地推进,并获得相应成果。但需要指出,我国轨道交通旧线装备水平普遍较低，新线系统集成化和智能化程度不高，运行仍需大量人力参与，安全性、效率及成本控制均有待提升。

2.4.4 节能降耗方面研究力度仍需加大

绿色低碳仍然是智慧城轨的重要目标之一，随着我国城市轨道交通建设里程持续增长，能源需求逐年增加，合理配置资源、提高能源利用效率成为城市轨道交通实现绿色低碳的主要手段。目前我国在城市轨道交通节能低碳方面的政策已有相关提法，研究工作已有相应部署，也取得一定的成效，但尚处起步阶段。

政策方面，《中华人民共和国国民经济和社会发展第十四个五年规划和 2035 年远景目标纲要》中指出要广泛形成绿色生产生活方式，将"经济适用、绿色发展"作为实施原则之一，提出采用先进成熟、经济适用、节能环保的技术装备，注重技术与投入、成本与效益、发展与环境的相互协调；提出能源利用率在 2025 年大于 78%，2035 年要大于 80%；运营能耗下降率在 2025 年大于 15%，2035 年大于 30%。

第 3 章

智慧城轨脑库

智慧城轨
关键技术研究与应用

3.1 智慧城轨脑库内涵与定义

智慧城轨脑库是集合不同学科领域的专家知识，为推动智慧城轨高质量发展、解决智慧城轨关键问题提供数字化、智能化、智慧化的理论、方法和思想等的智能中枢。智慧城轨脑库运用人工智能、大数据、云计算、物联网和数字孪生等先进技术，全生命周期感知智慧城轨的实时运行状态，并进行全局实时监测、分析、预警、指挥、调度和管理，优化资源配置，辅助宏观决策，实现对城市轨道交通系统的精准分析、整体研判、协同指挥，保障城市轨道交通系统安全有序运行。

2008 年，IBM（国际商业机器公司）首次提出"智慧地球"的发展概念，"智慧地球"描绘出的愿景是以数字化和互联网为基础，将新一代的 IT 技术充分运用到各行各业中，把传感器嵌入电网、铁路、桥梁等各种物体中，并且实现普遍连接，形成万物互联的"物联网"；通过超级计算机和云计算，将物联网的信息资源进行整合。随着这种推动地球万物互联工程的不断实施，人类可以用更加精细、准确、动态、即时的方式管理生产和生活，使得地球上的系统、流程和基础结构可以更高效地运转，从而使所有事物变得更智能，地球生态达到"智慧"的状态。

智慧城市的概念源于智慧地球，图 3-1 为智慧城市大脑架构的示意，其形象展示了通过多种感知技术，汇聚现实世界的事物和行动，基于云计算和大数据的支撑，构建知识体系，形成智能化的决策支持能力。

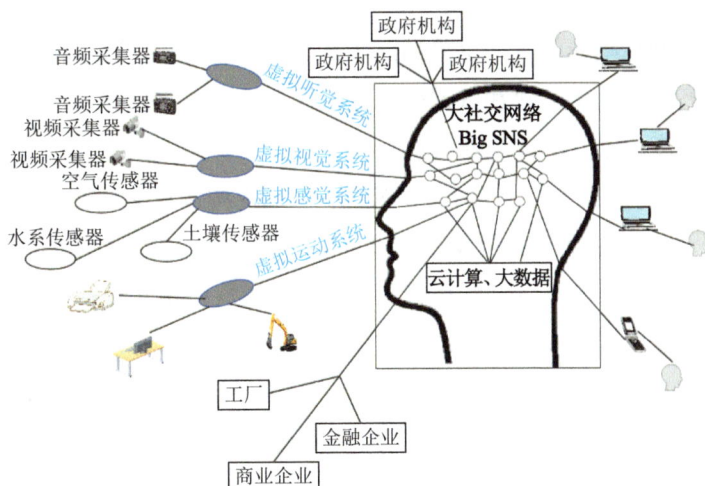

图 3-1　智慧城市大脑架构图

如何让人工智能真正帮助人类进行决策是当前企业进行智能化转型的核心问题，当前人工智能技术处于"感知智能"向"认知智能"发展的阶段，越来越多的行业头部企业、政府机构开始利用大数据、大模型、多维感知、深度学习、知识图谱等先进技术建设 AI

大脑。

AI 大脑包括数据预处理与知识抽取、融合、算法构建与训练、API（应用程序编程接口）对接管理等核心功能，可以为组织提供一个 AI 的智能感知决策平台和全栈赋能平台。

总之，AI 大脑是企业由过去经验决策向机器智能决策发展的标准配置，也是传统大企业实现智能化转型不可或缺的能力基础配置，可全面提升企业在数字经济中的竞争力。

从人体来讲，大脑是神经系统的核心所在，它将环境中各种纷乱复杂的感官信息进行有效处理，达到使人更好地适应周围的环境，并指挥躯体行动，在一定程度上改造环境的效果。大脑并不仅仅是被动接收来自感觉器官的信息，还会组织进行主动的筛选、整合、加工处理，将重要信息整合，做出研判，指挥身体各器官协调运动，做出对环境的适宜反应。

智慧城轨脑库参考人类大脑的组织工作逻辑开展设计规划。参照人类大脑的逻辑，智慧城轨脑库定位于通过感知企业运营状况，汇聚管理运营状况的数据信息，建立业务认知能力，形成决策支持能力，实现城市轨道交通运营智能决策能力的整体落地支撑。在此指导思路下，智慧城轨脑库总体设计由感知智能、认知智能和行动智能三大体系组成。贯通感知智能、认知智能到行动智能，再将行动智能得到的数据反馈给认知智能体系，持续优化认知系统业务模型，实现智能决策能力的不断迭代优化。建立由人工智能和大数据技术支撑的包括企业运营活动、数据化记录、业务知识系统、智能决策等主要环节的智能业务闭环。智慧城轨脑库承载于企业云平台提供的计算、存储、网络等基础资源之上。建设智慧城轨脑库的意义在于驱动企业数字化、智能化转型。

智慧城轨脑库的总体设计属于信息化建设的范畴，但必须更注重对实际业务场景的直接支撑能力。智慧城轨脑库的设计思路如图 3-2 所示，通过业务数字化，形成企业数据资产，通过数据资产知识图谱构建和数据挖掘等工程，构建企业知识系统，用体系化的行业和企业知识指挥调度行动，形成企业智慧。

"数据为基础，AI 为核心，云为底座，应用为关键"构成智慧城轨脑库的基础，数据和 AI 是基础，基于业务的智慧城轨行业领域模型构建是关键，并综合不断积累的业务数据，开展持续的计算和推演，不断反馈和优化调整模型，实现城市轨道交通智能决策能力的持续优化。智慧城轨脑库的建设要实现以下三个目标。

一是智能交互，做到多维感知、整体视野：构建智能交互、智能感知体系，实现所有业务活动的数字化，并将这些数据真正作为企业数据资产汇聚存储下来。

二是智能中枢，做到融合数据、整合技术、高效协同：构建智能中枢体系，建立企业知识系统，形成企业知识持续迭代优化的机制，使得信息化体系可以通过数据识别业务活动状态，依据状态识别和知识系统的综合分析，决策下一步行动计划，并指挥行动。

三是智慧应用，做到技术赋能业务、使能智慧应用：构建智能应用体系，通过业务场景智能化能力的不断实现和持续优化，推进企业智能化发展。

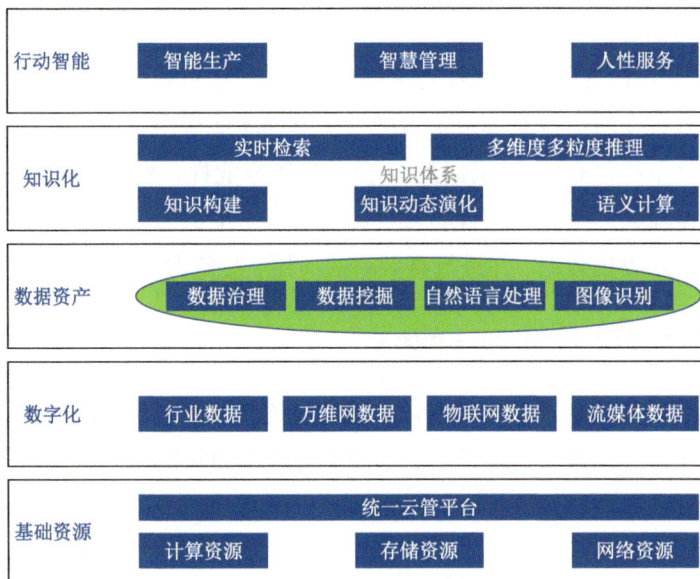

图 3-2　智慧城轨脑库的设计思路图

3.2　相关政策法规及市场发展需求

《交通强国建设纲要》提出，到 2035 年，基本建成交通强国，形成"三张交通网""两个交通圈"。"三张交通网"即发达的快速网、完善的干线网、广泛的基础网。"两个交通圈"即"全国 123 出行交通圈"和"全球 123 快货物流圈"。并提出要"建设城市群一体化交通网，推进干线铁路、城际铁路、市域（郊）铁路、城市轨道交通融合发展"。

轨道投资过去 10 年复合增长率 19%，未来 5 年仍处于高峰期，每年将新增里程 1000～1500km，智能调度、信号、监控、运营、运维系统智慧化建设是未来发展趋势。

3.2.1　现有轨道交通信息化相关标准体系

（1）智慧轨道蓝图

已有的城市轨道交通信息化标准体系为 1-8-1-1 智慧轨道蓝图（图 3-3）。

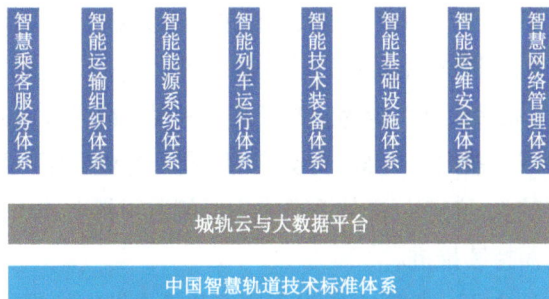

图 3-3　1-8-1-1 智慧轨道蓝图

（2）轨道交通信息化相关标准体系

实现 1-8-1-1 智慧轨道蓝图的前提是掌握各种信息，这对系统的前端感知能力提出非常高的要求，系统只有在所需信息非常清楚的情况下，才能做出快速且准确的反应。而城市轨道交通的信息化系统具有一定的独特性、复杂性和专业性，参与信息化系统的单位众多，数据互联互通难度较大。因此，在此基础上，需要统一的数据格式和网络协议来建立一个标准的信息化体系来收集数据，并进行高效率的应用，避免大量重复的数据占据存储空间。

3.2.2 城市轨道交通相关产业的标准体系

城市轨道交通相关产业标准体系包含了城市轨道交通的基础共性标准，也包含了城市轨道交通的工程建设、运营服务与开发、装备与技术等专用的国家标准、行业标准、团体标准和部分现行国际标准、其他标准，见表 3-1。

城市轨道交通行业各领域标准统计　　　　表 3-1

标准领域	国家标准	行业标准	团体标准	国际标准	其他标准	总计
基础共性	35	10	14	2	3	64
工程建设	32	37	43	1	—	113
运营服务与开发	9	20	8	3	—	40
装备与技术	189	337	123	69	110	828
总计	265	404	188	75	113	1045

3.2.3 现行相关标准体系的局限性及趋势分析

1）现行标准体系的局限性分析

（1）现行标准体系的不完善与空缺

现行标准体系的不完善与空缺主要体现在标准建设的主体存在局限性和数字化相关内容空缺两个方面。

标准建设主体局限性方面：目前中国城市轨道交通标准体系建设主要由 4 大主体组成，分别是住房和城乡建设部、交通运输部、国家铁路局和中国城市轨道交通协会。住房和城乡建设部、交通运输部和国家铁路局的标准体系，均只包含各自标准化技术委员会发布的标准，涵盖范围不全面。其中住房和城乡建设部标准体系为城市轨道交通行业专门的标准体系，收纳的标准数量过少；国家铁路局和交通运输部标准体系包含部分城市轨道交通专用标准，在实际使用过程中，很多仅作为参考标准使用，客观上造成应用的不便。中国城市轨道交通协会建立的 2 个标准体系内容全面、分类合理，利于行业应用。但由于中国城市轨道交通协会标准化工作起步较晚，初期标准体系研究主要侧重于标准的收集和框架划分，尚需进一步深入，标准规划尚需持续推进。

数字化相关内容空缺方面：轨道交通主管单位和各个城市轨道交通集团及子集团层面均已出台了与信息化、数字化相关的管理办法、工作指引、技术规范等内部标准。而运营集团现行的信息化相关规范中，内部管理制度相关规定占大多数。同时，建设、置业、物业及商业管理集团暂无与数字化、信息化建设相关的标准规范。数字化相关技术标准规范不成体系、不健全。已发布规范是否匹配数字化转型目标、促进方案实现及落地仍需审视。

（2）现行标准体系的重复与老化

由于中国城市轨道交通标准体系构建主体多元，且在标准研制机制方面，不同标准化技术委员会之间沟通联络协调机制尚未健全，各机构发布的标准在应用范围和内容上存在交叉重复，甚至可能存在矛盾。标准体系的重复主要体现在两个方面：一是不同地区重复制定相同的标准，二是机构制定的标准存在重复内容。

标准体系的老化方面，对住房和城乡建设部、交通运输部、国家铁路局和中国城市轨道交通协会 4 大主体构建的中国城市轨道交通标准体系进行案例分析可知，住房和城乡建设部的城市轨道交通标准体系发布时间为 2010 年；交通运输部的城市客运标准体系发布时间为 2015 年；国家铁路局的铁路技术标准体系发布时间为 2017 年；中国城市轨道交通协会的城市轨道交通团体标准体系于 2017 年开展研究。其中，住房和城乡建设部的相关标准体系发布时间过久，且未见更新；交通运输部的城市客运标准体系发布时间相对较久，需要更新。此外，有如《城市公共交通标志　地下铁道标志》（GB/T 5845.5—1986）、《地铁车辆通用技术条件》（GB/T 7928—2003）等典型城市轨道交通相关标准也亟须更新。现行标准体系构建主体及对应发布年份见图 3-4。

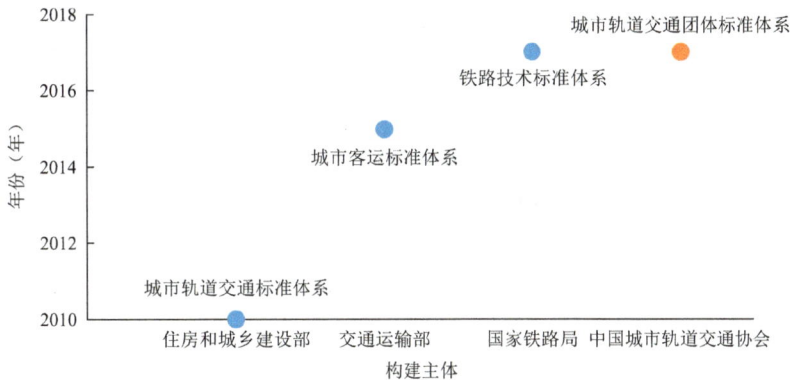

图 3-4　现行标准体系构建主体及对应发布年份

2）现行标准体系的共性趋势分析

（1）充分借鉴国外已有标准

欧盟、日本、美国等发达地区和国家轨道交通起步早，标准建设完备，产品具有国际竞争力，因此有必要充分学习理解国外已有标准。欧盟对有互联互通要求的轨道交通产品，制定了技术法规并在法规中将技术解决方案以引用标准的形式体现，这样就将相关技术法规与标准融为一体，形成强制性标准要求，并从安全性角度提出认证要求，通过标准建设保护自身利益。针对本国的轨道交通车辆的产品和线路运营需求，英国国家铁路局和行业协会也建立了完善的标准和技术规范，且其在英联邦国家具有广泛的影响力。日本在轨道交通产品设计、制造方面建立了完善的国家（JIS）、行业（JRIS）和企业标准，形成了完整的技术标准体系。在理解国内现行标准的局限性的基础上，我国城市轨道交通行业应开展对 ISO、IEC、UIC、EN、JIS、DIN、NF 等轨道交通相关的国际标准和国外先进技术标准的对比分析与研究工作。在充分消化吸收国外先进技术的前提下，加强基础研究和技术引进的同步研究，融合国际标准和国外先进标准的技术要求，以解决国内现行标准体系存在的问题。以国内现行标准体系存在重复与矛盾情况为例，UIC、UITP 等机构建立了沟通协调机制，保证了标准立项不交叉重复与矛盾，标准制修订工作科学合理，满足市场需求，值得借鉴。

（2）深度融合发展国内相关标准

城市轨道交通标准体系的建设在融合发展国内相关标准上，主要有两个方向：一是参考与城市轨道交通工程相近的行业标准，如铁路、公路以及综合运输，促进交通一体化；二是根据城市轨道交通建设智能化、信息化的发展趋势，考虑智能技术、信息技术的行业标准，如智能制造、人工智能等在安全应急、信息化、统计评价、信息技术与信息安全、智能技术与智慧城轨相关方面的研究成果，促进新一代信息技术及人工智能技术与城市轨道交通产业的深度融合。

智能技术与信息技术方面，我国目前已有《智慧城市　公共信息与服务支撑平台》（GB/T 36622—2018）等相关标准。随着城市轨道交通建设的不断发展，技术不断更新换代，大数据分析技术的逐渐成熟，依托城市轨道交通标准体系，建立大数据平台，收集、计算、整合轨道交通建设和运行中的数据，利用平台分析解读、处理问题，最终做出合理决策是城市轨道交通智能化管控的关键，因此制定一系列大数据平台建设管理标准、大数据平台数据应用准则等是十分必要且迫切的。

（3）轨道交通相关标准体系规划流程规范化

城市轨道交通相关标准体系规划一般包含数字化转型从蓝图到建设实施，用于指导城市轨道交通企业各阶段工作开展并落地的相关发文、指南、技术规范三类，起到集团内容统一数字化转型共识的作用，确定相关管理制度、组织流程等，指导各类业务数字化建设实施，统一数字化相关技术平台功能、性能及接口，统一数据格式等作用，指导集团各部门"一张蓝图干到底"。

3.3　智慧城轨脑库需求分析

3.3.1　轨道交通线路规划亟须统筹合理

当前城市群的政府指导政策体系完整，城市间产业体系更加齐全，但是公共设施覆盖程度低、客流需求与供给不够均衡，因此需要更全面的网络规划提供支撑。未来京津冀、长三角、粤港澳、成渝等城市群的空间发展格局将进一步拓展，这些区域除了要衔接国内高速铁路网、构建重要交通走廊外，还要积极推进城市群内城际铁路、市域铁路和地铁的规划建设，形成多层次、一体化、互联互通的轨道交通系统。为加快构建"轨道上的京津冀""轨道上的长三角""轨道上的大湾区""轨道上的成渝地区双城经济圈"，需要完善铁路多枢纽体系，促进城市轨道交通、城市和企业的高质量发展，实现更优的土地资源节约集约利用效益。要以先行示范为新标准，书写 TOD（以公共交通为导向的开发）未来城市方案，打造一批以枢纽为核心的"站城一体"世界级标杆，推动实现高质量发展。

第一，城市群空间格局和发展方式的转变，对轨道交通系统的规模和技术提出了更高的要求。现有轨道交通规模和标准不足以支撑整个城市群的经济增长，为此需要规划高标准的铁路通道，加快建设城际铁路和市域（郊）铁路，促进湾区均衡发展。对城市群内各中心、极点的重要通道进行加密，加强城市群内互联互通。以粤港澳大湾区为例，实现城际铁路进入市中心，以广深港为主轴，支撑广州-佛山-珠海-澳门发展轴带，打造湾区一流枢纽。同时需要探索多层次轨道网和其他交通方式间的协同关系，提高综合交通网络韧性。

第二，城市群轨道交通的规划建设必须符合城市群产业和人口转移的方向和趋势。以粤港澳大湾区为例，广州和深圳是产业化水平较高的城市，中端产业则流向东莞、惠州等地。由于深圳土地规模较小，人口密度和产业密度大，产业质量较高，向周边地区转移的可能性更大。

参照在人口、密度、土地面积等方面相似的东京湾区，粤港澳大湾区轨道交通规模与之差距较大。因此，未来粤港澳大湾区轨道交通的通道走廊建设必须顺应湾区产业和人口转移的方向和趋势。在完善以广州、深圳为核心的城际铁路交通网络的规划和建设的基础上，充分发挥轨道交通网络诱导和组织客流的作用，使轨道交通成为湾区互联互通的主要支撑。

第三，以粤港澳大湾区为例，城际铁路不同于国家铁路和城市轨道交通，是区域交通独有的形式，在实现区域经济一体化和满足湾区大规模人口的出行需求中发挥着重要作用，为此需要构建一个自成体系、高铁速度、地铁运营和创新设计的城际轨道网络，具体内容见表 3-2。2024 年，广州地铁集团有限公司下属的广东城际铁路运营有限公司接管了佛莞城际、莞惠城际，加上此前已经接管的佛肇城际、广清城际、广州东环城际，广州地铁集团有限公司将逐步接手运营粤港澳大湾区 14 条约 700km 的城际铁路。

高速城际轨道网规划建设需求　　　　　　　　　　　　　　表 3-2

需求	主要内容
自成体系	湾区城际铁路建造专用轨道，不与国家铁路共用通道。除少数车站与国家铁路相连外，主要与城市地铁车站相连，以满足湾区内部连续、不间断的交通需求
高铁速度	利用现有或开发的新技术，在轨道、列车、信号等技术上满足高速交通的需求，确保湾区内城际铁路的运行速度达到 150~350km/h，平均速度达到 250km/h
地铁运营	湾区的城际列车由地铁公司运营，与各个城市的地铁实现互联互通，可以用地铁卡进出站，不需要提前购票。换乘地铁时，不需要重复安检
创新设计	湾区内城际铁路可以借鉴旧金山湾 BART 经验，在重要的客运走廊实现多线运行，满足大客运量的通勤需求。也可以参考东京湾 JR 线快慢结合的方式，在重点线路开行快慢车，为不同需求的乘客提供更好的出行服务

3.3.2　轨道交通工程基础设施亟须加强

完备的智慧城轨系统离不开基础设施、车辆、运营管理等各要素的协同发展。基础设施是建设智慧城轨的核心，交通运输部的文件和指导意见多次提到建设一体化和高效智慧交通基础设施的重要性。《交通运输领域新型基础设施建设行动方案（2021—2025年）》指出，到2025年，我国将建成一批交通运输业新基础设施重点项目，形成一批可复制推广的应用场景，到2035年取得显著成效，基本建成交通强国。在顶层规划的指导下，地方投资规划也相应制定，市场容量不断增加。

当前要大力推进轨道交通5G、产业云、AI等新型基础设施建设。新型轨道交通缺乏可靠可控的信息基础设施网络，在技术上缺乏统一的无线频率，从而导致不同交通方式的地面和车载设备无法实现互联互通。我国高速铁路和普通铁路通信仍基于2G技术，5G技术还未得到大范围的推广应用。发布轨道交通行业专用5G频率，形成统一的行业标准，推动轨道交通行业发展新的生态链和产业链，是当前轨道交通基础设施建设的迫切需求。

经过多年的摸索，我国智慧交通基础设施网络的建设已取得了一定成就，但尚未形成行业性标准，造成规模化推广和互联互通十分困难。各行业领域都在进行积极的探索，尝试完善、补齐这一短板。观察现有轨道交通基础设施相关标准，大多集中于企业标准层次，行业或者数据标准制定工作较少。这限制了轨道交通基础设施在数据共享与协作方面的应用，影响了具有中国知识产权的技术规范的推进，阻碍了轨道交通互联互通的推进。因此在新基建时代已经到来的前提下，亟须统一各方，形成行业性标准，加快智慧交通基础设施的建设进程。

3.3.3　轨道交通技术装备核心竞争力亟须提高

在国内经济带动下，我国轨道交通装备制造产业保持快速增长。数据显示，我国轨道交通装备行业市场规模由2018年的6537亿元增长到2022年的9673亿元，年均复合增长率达10.3%。在国家颁布的《中国制造2025》等文件中，先进轨道交通装备被选为亟须突破发展的重点领域以及实施工业产品质量提升行动计划的重点行业。当前，国家对轨道交通装备制造业发展的高度重视，极大地推动了轨道交通技术装备制造业的产业升级。

目前我国城市轨道交通规模大，产业链完整，但自身技术和品牌的核心竞争力还比较薄弱，这已经成为我国从轨道交通大国向轨道交通强国转型中必须补齐的一个弱环。经过20年国产化政策的实施和推进，我国轨道交通车辆的大部分系统和设备实现了国产化，整车国产化率超过70%。但转向架方面与国外同类产品相比，国产一系、二系弹簧的性能及使用寿命与之还存在一定差距。

在通信和信号系统领域，目前国内有十多家供应商，竞争比较激烈。很多国内厂商已经掌握了CBTC信号系统的核心技术，但市场份额仍有很大的增长空间。卡斯柯作为龙头企业，截至2023年1月，在国内城市轨道交通领域已获批CBTC线路99条，覆盖28座城市，已交付线路74条，开通里程2540km，位于行业第一；在国家铁路领域，业绩覆盖18个铁路局，参与建设160多条高铁和客运专线。针对技术装备核心领域存在的不足，轨道交通行业必须实现车辆、牵引、制动、信号、供电等涉及安全的核心系统的自主化和产业化。同时，目前的发展趋势要求轨道交通装备系列化、标准化、小型化，实现可拆卸、可通用，以提高装备利用率与维修便利度。需要以用户需求为基础，结合新产品、新技术、新材料的升级，打造安全可靠、智能舒适、经济环保的标准化轨道交通设备，建立支撑轨道交通设备的技术标准。应积极引进新技术，以智能化、数字化为方向，开发应用具有自主知识产权的技术、产品和模型，掌握关键核心和知识软件，形成具有市场竞争力和自主知识产权的产品，逐步建立独立、高效、领先发展的轨道交通技术链和产业链，实现轨道交通装备智能化。

3.3.4　轨道交通运输服务与运营维护亟须提升

近年来，我国轨道交通运营里程不断增长。在此背景下，运输服务与运营维护系统还跟不上轨道交通线网建设的步伐。下一阶段需要重点关注的相关工作见表 3-3。

运输服务与安全保障系统需求　　　　　　　　　　表 3-3

名称	具体内容
运输服务	一是轨道交通列车在各部门、各工种、各项作业相互协调配合的情况下，按照一定流程在线路上有秩序地运行。二是乘客从进站至出站的一系列活动中，每一个环节都需要智能服务，当前在智能语音、智能售票以及智慧安检环节上，仍处于不断完善的阶段
运营维护	一是车站数量的快速增加，各种技术设备的不断升级，信息化系统的不断发展，给轨道交通的运营和日常维护带来了巨大的压力和不确定性。随着大数据挖掘技术的不断深入，需要在乘客行为识别和预测、安全效率等方面取得新的突破。二是城市轨道交通安全运营压力日益增大，人类经验判断已不能满足当前需求。为了保证城市轨道交通的安全运行，需要城市轨道交通网络的智能化管理和决策

（1）运输服务

运输服务品质的提升集中体现在智能列车和智慧乘客出行服务两个方面，这两个方面相辅相成，共同为优质的运输服务提供保障。

第一，智能列车运行需要关注轨道交通客流，并对车辆编组进行统筹安排，优化列车开行方案，提高轨道交通的社会和经济效益。

在客运方面，智能列车运行流程如图 3-5 所示。调度指挥部门根据列车运行图指挥列车运行，车辆部门根据列车运行图确定每天所需的列车数量，根据编组数和运行时间，制订作业计划。供电、通信、机电、工务等部门相互配合，协调行动，使每列车有序运行。

客流分析 ⟶ 全貌监视 ⟶ 行车组织 ⟶ 设备监控

图 3-5　智能列车运行流程

列车运行首先要针对客流进行预测分析，日常客流量与特殊时期客流量区别较大，导致列车运行排布也不相同，这一环节需要智能化数据分析，根据客流情况进行列车调度。城市轨道交通具有高密度、高强度的特点，要求列车在复杂环境下运行时保持韧性，这是重点研究方向。首先，在列车运行安全和准点性方面，传统的列车运行主要依靠列车调度员经验，无法保证响应方案安全有效。而智能化的信息系统可以保证列车按运行图运行。当列车延误、运行秩序混乱时，通过智能手段对列车运行进行调整，为指挥人员提供应对各种突发事件的方案，使列车能够在短时间内恢复运行。其次，传统设备监控依赖大量人工，费时低效。智能化的信息系统可以将列车的状态信息和车厢内的视频图像传输到调度中心，以便调度中心监控列车的运行状态，确保列车正常运行。最后，智能化信息系统能够在满足乘客出行需求及保证正常运行的基础上，通过智能调度降低列车系统能耗。

第二，智慧乘客出行服务方面，将出行需求和服务资源数据对接，提供出行前智能决策、出行中全程引导、出行后绿色激励等全流程、全模式、一站式的轨道交通出行服务。以粤港澳大湾区为例，目前粤港澳大湾区轨道交通路网规划不断更新，穗莞深互联互通程度进一步加深，与香港的互通系统已经调试完毕。在此基础上要实现粤港澳大湾区各城市之间的客流数据同步发布、精细治理，尤其是站点拥堵指数和安全指数的实时更新，为乘客出行提供信息指引。随着 5G 网络的普及，"5G+智能服务"逐渐被提及，其主要是基于5G 网络，为乘客提供地标位置的最佳出行路径和最短换乘时间等智能引导服务。在轨道交通换乘过程中，人脸识别、无感支付、无感安检、多码集成、一票连续乘车等非接触式服务需求也不断产生。智能客服机器人依托 5G 高速网络，还可为乘客提供自动售票、自动引导、智能辅助等交互式智能服务。

乘客进站乘车的流程如图 3-6 所示。以智慧安检为例，为了缩减时间和提高效率，目前安检的手段越来越多，但是要想彻底智能化，未来的趋势是安检、刷卡进站二合一，从传统的乘客进站-安检-刷卡进站-站台等待变为乘客进站-安检、刷卡进站二合一-站台等待，减少站台面积，提升乘车效率。

图 3-6　乘客进站乘车流程

（2）运营维护

不断加快轨道交通建设，轨道数量快速增加，轨道交通运营维护行业的市场需求持续增长，如图 3-7 所示。市场需求的持续增长主要来自两个方面，一是市场需求增量，即轨道交通行业每年运营里程增加带来的市场需求；二是存量市场的需求，前期投入的设备是不断自我更新的，以满足日益提高的安全操作标准，由此催生出新的市场需求。

目前轨道交通发展迅速，运营与维护的市场需求不断加大，使用传统的方法已经无法匹配发展的速度。"十四五"国家战略性新兴产业发展规划明确提出，推动轨道交通装备产业智能化、平台化发展。未来，我国城市轨道交通运营、维护、维修设备系统将向智能化、无人化转型。原有设备将逐步向智能化升级，新系统将直接使用智能化维护设备，运维设备系统将迎来巨大的发展机遇。

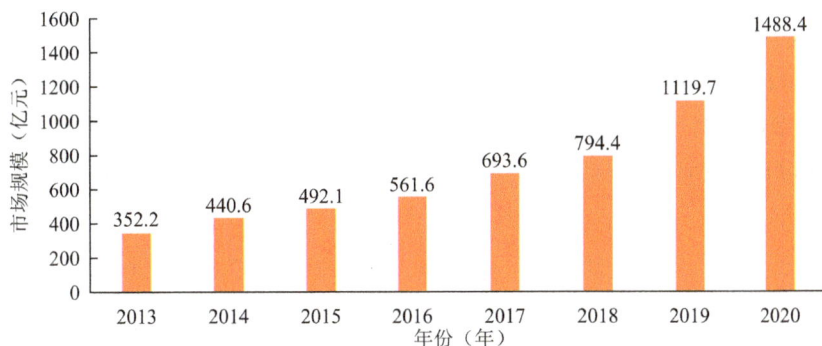

图 3-7　2013—2020 年我国轨道交通运营维护市场规模走势图

3.3.5　轨道交通能源系统亟须降耗

《关于完整准确全面贯彻新发展理念做好碳达峰碳中和工作的意见》和《2030 年前碳达峰行动方案》为我国落实碳达峰、碳中和目标制定了时间表和路线，标志着碳达峰、碳中和政策体系的正式建立。这也将对我国轨道交通的发展和转型产生深远的影响，其中明确了"积极引导低碳出行，加快轨道交通等大容量公共交通基础设施建设"，明确了绿色低碳、碳达峰、碳中和背景下轨道交通产业的定位，指出了轨道交通产业的发展方向。绿色低碳是轨道交通发展的重大机遇。

国际能源署（IEA）统计数据显示，1990—2021 年，我国交通领域碳排放量从 9400 万 t 增至 9.6 亿 t 左右，约增长 9 倍，但 2022 年我国交通领域二氧化碳排放量相比 2021 年减少 3.1%。目前，我国交通领域碳排放量约占我国碳排放总量的 10%。由于我国城市轨道交通处于上升阶段，新开通的线路客流还没有达到预期值，所以人均公里能耗高于国际平均水平。

城市轨道交通耗电量占交通运输总耗电量的 30%～50%，是交通运输能耗的主要组成部分，其运营能耗基数较大，涉及的能耗系统众多，各系统能耗组成及占比如图 3-8 所示。牵引系统和通风空调系统是城市轨道交通能耗的主要组成部分。其中，通风空调系统是城市轨道交通机电设备的重要组成部分，其能耗占车站动力照明总能耗的 40%～50%。

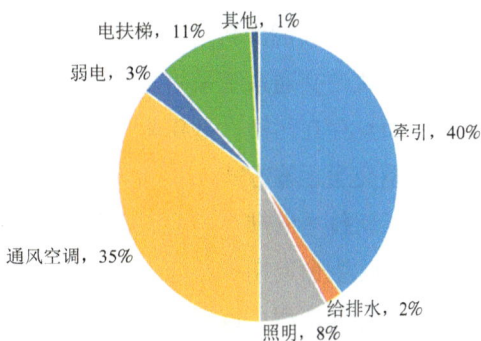

图 3-8　城市轨道交通能耗组成
注：数据来自智研咨询。

目前，节能技术（如光伏、永磁电机、车辆轻量化、智慧照明、能源管理、风水联动等）在单个专业领域的应用较为深入，并已在一定范围内推广。实践证明，这些日趋完善的技术在节能减排的同时，还能够降低城市轨道交通全生命周期成本。未来城市轨道交通可持续发展主要聚焦在降低运营过程中的能源消耗上，主要涉及以下方面。

（1）各类节能设备、可再生能源技术的应用

在城市轨道交通领域，节能型照明光源及智能化控制系统、列车再生制动能量的吸收和利用、列车的节能运行惰行控制模式、列车的轻量化、永磁牵引技术的应用、根据环境感知实时进行变频调节的通风空调系统、变频自动扶梯、磁悬浮压缩机等是目前研究应用的焦点。此外，还有部分示范项目开始应用绿色能源发电技术，如太阳能、地热能及并网发电技术。城市轨道交通线路中高架站、地面站、停车场、车辆段等照明充足的地方，有大量的面积用于太阳能资源的开发利用，但目前的开发利用率仍然很低，国内只有少数城市有开发应用。

（2）城市轨道交通能耗计量技术的应用

目前城市轨道交通前期施工及后期运营管理过程中缺乏全面的计量措施，因此建设和运营单位在评估城市轨道交通能耗时存在一定的困难。为降低能耗，城市轨道交通行业需要完善各用能环节的能耗计量，从而为节能评估奠定基础。目前较为先进的能耗计量技术包括远程无人计量、物联网等技术。

（3）建立能耗评价指标体系，打造智能化能源管理系统

建立合理的能耗评价指标体系，结合数据挖掘技术，以采集的能耗数据为基础，对城市轨道交通用能进行精准分析，从而在技术节能和管理节能两方面不断实现优化。城市轨道交通绿色低碳发展缺乏法规和标准的支撑，相关标准体系不完善。目前，虽然国家和部分地区已经制定了相关的城市轨道交通能耗评价指标体系，但在数据采集和评价模式尚未实现数字化的现实条件下，这项工作还需要进一步完善。

（4）研究能耗-客流的耦合关系，建立能源系统动态模型

传统的节能措施主要是与电力照明相关的节能，而降低牵引能耗的工作往往利用可再生能源或储能装置进行。目前对牵引用电量和客流预测的研究较少，因此降低城市轨道交通系统能源消耗仍有很大的操作空间。

（5）推广新能源轨道车辆在新线路上的应用

城市轨道交通系统采用高压供电的接触网或三轨结构，不仅复杂、占用空间大、价格昂贵，而且存在污染。近年来飞速发展的新能源轨道车辆，环保高效，是世界各国大力提倡的新型交通运输方式，应该积极引进到新建轨道线路上。

节能新技术的推广速度仍比较慢，其原因在于：新建线路对建设期投资规模的重视程度高于最优生命周期成本；对运营线路进行技术改造的难度和成本远远大于对新建线路进行统一设计和选型；运营成本的压力加大了节能技术在运营线路推广的难度。随着"碳达峰""碳中和"被写入 2021 年《政府工作报告》，政策引领已经非常明确，在未来发展中，节能减排必将突破单个领域的限制，系统地纳入城市轨道交通全产业链。

3.4　智慧城轨脑库总体技术框架

智慧城轨脑库的总体架构如图 3-9、图 3-10 所示：总体架构按照智能交互、智能联接、

智能中枢、智慧应用进行分层组织，各层之间有机联接，注重系统总体架构的需要，是一个统一的、整体的智能体。

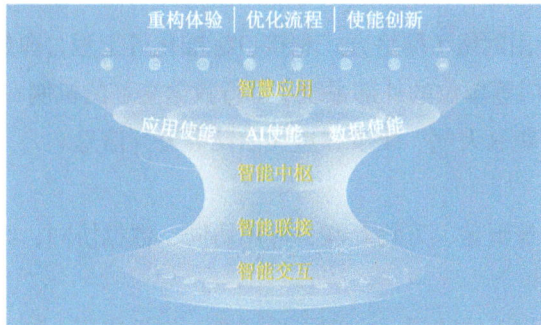

图 3-9　智能体架构示意图

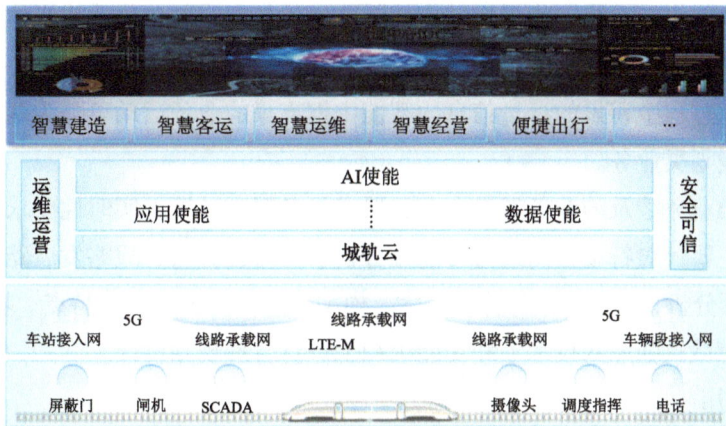

图 3-10　智慧城轨脑库架构示意图
SCADA-数据采集与监视控制系统

1）智能交互

智能交互可实现联接物理世界和数字世界的目的，让资源、数据、软件和 AI 算法在云网边端自由流动；侧重于业务活动数字化实现，实现数据的产生、汇聚和融合。

智能交互层实现轨道交通业务数字化。智能交互以各类业务活动数字化为主要目标，采用信息化系统建设、重要设备设施量测点布设、业务活动环境的音视频以及温湿度等因素监测、外部数据的获得等基本技术手段，完成轨道交通生产、管理、运营、服务等全业务活动的数字化，实现业务活动的数据生成和记录，形成大脑认知的信息基础。

（1）信息化系统

通过信息化系统的建设，智慧城轨可实现各类生产经营活动的数字化。

（2）物联网（IoT）

借助 IoT 技术，智慧城轨可实现基础设备设施运行状态的数字化以及物资资产的数字化管理。

（3）机器视觉/机器听觉等

通过机器视觉/机器听觉等多媒体技术，智慧城轨可实现生产运行基础环境的数字化感知。

（4）外部数据

通过 VPN（虚拟专用网络）网络方式和接口标准化等工程，智慧城轨可实现企业同外部其他部门（如交管部门等单位的外部系统）进行数据交互的机制；通过网络爬虫等技术，智慧城轨可实现从公网获取天气、政策、重大活动等公开信息。

2）智能联接

智能联接以实现无缝覆盖、万物互联，应用协同，数据协同，组织协同为目标。

3）智能中枢

智能中枢侧重于知识系统建设，实现知识沉淀、知识应用、知识进化，基于大数据和人工智能技术来实现。智能中枢类似于大脑，需要认识、感知轨道交通业务，是对业务行动下达调度指令的中枢系统，如果把城市轨道交通的各部门各单位比作身体的各类器官的话，智能中枢体系就是神经中枢，将所有器官的行动关联起来，实现全身协同。

基于数字化过程中积累的海量信息，智能中枢支撑的业务活动可分为两类：实时决策类业务和长远规划类业务。

实时决策类业务涉及的业务场景众多，要求具备精准计算、实时性要求高等特点；长远规划类业务主要针对特定方向进行可能性分析、可行性分析、战略发展路线规划等，开展预测、预估等分析，具有数据计算量巨大、模型建立和验证复杂等特点。基于以上分类，客观上需要智慧城轨脑库从技术上和功能组织上进行合理规划设计。

4）智慧应用

智慧应用侧重于业务应用和业务创新，实现技术对业务的支撑。智慧应用即是对神经中枢下达行动指令后身体各器官执行的具体动作进行高效有序的组织，也就是轨道交通各单位各部门具体业务活动的快捷准确、全局协同的高效执行。智慧城轨脑库最大的特征是云网边端协同（图3-11），是一体化智能系统。

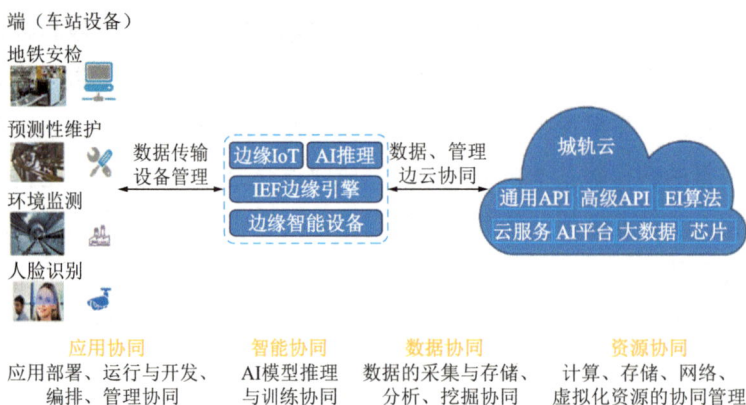

图 3-11　云网边端协同架构示意图

IEF-智能边缘平台；EI-边缘智能

3.4.1 智能交互层

3.4.1.1 主要支撑技术

智能交互是物理世界和数字世界的联接点，是智慧城轨脑库的"五官和手脚"，让智慧城轨脑库可感知、能执行。

生活、工作各个场景中无所不在的感知节点，如道路上的车辆、工厂中的设备在制品、货运途中的集装箱、飞机发动机、室内或户外的环境监测设备等都被打上了"数字标签"，由此带来的数据洪流将由高速联接汇聚到中枢，通过 AI 的处理，再为用户提供"懂你所需"的智慧服务。智能交互感知物理世界，形成对物理世界的洞察和描述，并优化和改造物理世界，使得人与物、物与物从过去的"建立联接"转向"持续交互"，如图 3-12 所示。

各行各业的终端种类繁多，协议、数据类型复杂，部署环境、生命周期千差万别。智能时代需要把这些复杂且孤立的终端有机协同起来，并实现终端软件和算法的持续升级迭代。所以，具备边云协同操作系统的智能边缘是关键，它既要适配不同终端的差异性，又要和位于中心的智能中枢进行训练-推理配合，让资源、数据、云服务、生态和 AI 协同起来，就近提供丰富及时的应用（图 3-13）。智能边缘可以位于数据源与云端数据中心之间的任何地点，以节点、网关甚至是边缘云的形式存在，针对物、事、人提供交互能力。

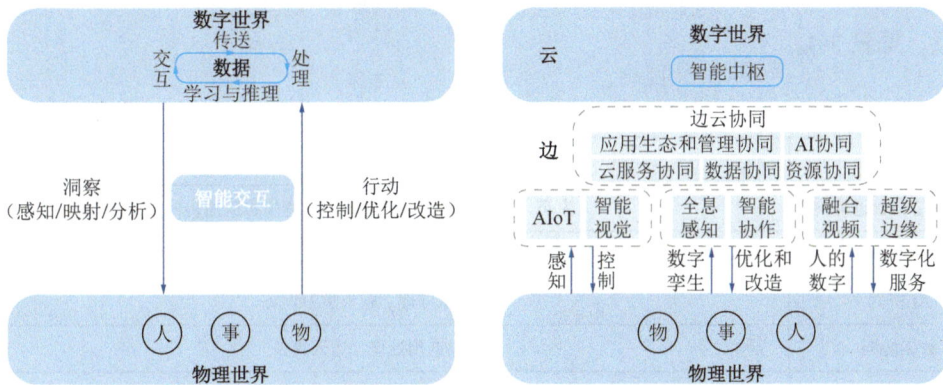

图 3-12 数字世界与物理世界智能交互示意图　图 3-13 数字世界与物理世界边云协同示意图

智能交互针对物的能力包括 AIoT（人工智能物联网）和智能视觉，主要是感知与控制。智能边缘可以实时获取物的信息（例如，车轨综合感知、设备的运行状态、位置归属、所有权归属等），感知物的状态变化（例如，检测到环境温度上升、光线变暗、异物入侵、火灾、供电与通信的安全、隧道安全、车站进水等），并根据事先确定的规则作出判断，甚至根据上报的数据智能研判，从而给出智能的控制。

以隧道安全监测为例，隧道安全监测基于智能图像处理、光纤传感技术研发，实现对隧道内渗漏、掉块、裂缝、异物侵限等病害及的实时监测、分析与巡检，如图 3-14 所示。

智能交互针对事的能力包括全息感知和智能协作，主要指通过数字孪生实现对物理世界事的优化和改造并获取数据。数字孪生不仅仅是对静态物理的状态和数据进行数字化，更要对事物在时间轴上的动态的变化做出感知、模拟和分析，乃至给出预测和研判，进而达到优化和改造物理事物和过程的目的。

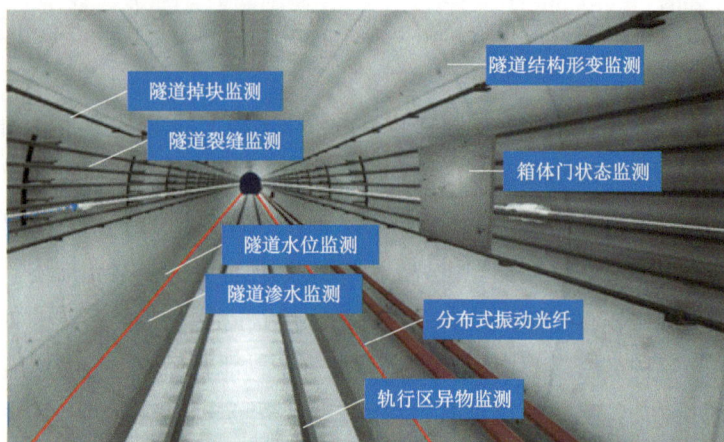

图 3-14 隧道安全监测示意图

智能交互针对人的超级边缘主要体现在，手机作为人每天工作、生活不可缺少的设备，已经可以作为一个"数字化的人"存在。

边云协同是联接智能中枢（云端）和智能交互（边缘）必不可少的能力，包含五个核心要点，见表 3-4。

边云协同核心要点表 表 3-4

核心要点	具体内容
应用生态和管理协同	生态入口统一、应用管理协同、虚拟机应用协同
云服务协同	高阶服务推送、基础服务推送
AI 协同	边缘推理、联邦学习训练
数据协同	数据预处理、边云灾备
资源协同	边缘和中心云内网互通、中心云服务按需使用、资源/流量调度

3.4.1.2 边云协同主要特征

通过物联网建设、环境感知、外部数据采集等技术，实现轨道交通企业生产运营的全面数字化建设，实现企业所有业务活动都可以通过数字化方式记录和分析的目标。

1）IoT

城市轨道交通企业是拥有轨道、车辆、通风空调、机电、供电等多种类型设备设施的重资产企业，其拥有的这些设备设施分别由大量部件构成，各类设备的组成部件相互协作，保障了设备的运行。在生产运营过程中，城市轨道交通企业对这些设备设施及其组成部件的运行状态进行记录和监测，对于开展实时监测、故障监控、事件预判、故障处理、设备维检修等都有重要的意义，是保障安全生产、稳定运营的基本需要。

对各类设备设施运行状态的数字化改造，除在设备设施自身的数字化模块实现的综合管理能力外，还需要通过 IoT 建设，如采用传感器进行电流、电压、振动、压力、温度、湿度等数据的实时采集，实现更多测点的量测，达到更全面掌握设备设施运行状态的目标。

设备设施数字化改造具体可以包括弓网在线监测装置（图 3-15）、轮轨在线监测装置、轨道的几何参数/外形轮廓等的异常状态的监测装置、隧道病害监测装置、隧道设备限界监测装置、车站和变电所的智慧运维所需的各类检测装置（利用摄像头和传感器检测漏水、冒烟、温度、湿度等）、道岔状态在线监测所需的摄像头（测密贴度）和传感器（测振动）等装置。

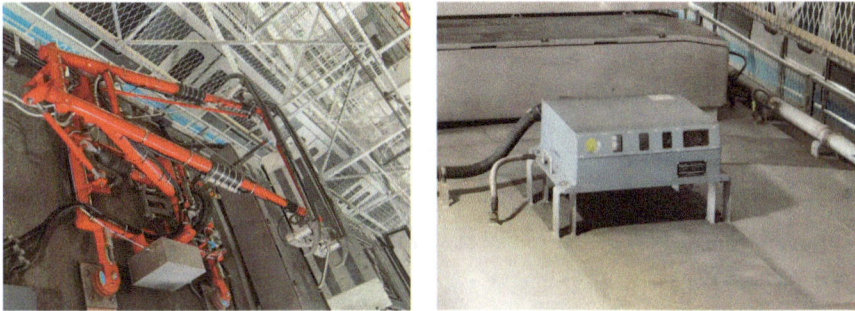

图 3-15　弓网在线监测装置

智慧城轨还可以利用非接触式传感技术、智能分析技术，对道岔区域的钢轨、基本轨、位移、联结部件、岔枕等状态进行自动监测，如图 3-16 所示，通过计算与研判对安全风险隐患进行预警，实现道岔监测的智能化、自动化与运用状态评估。

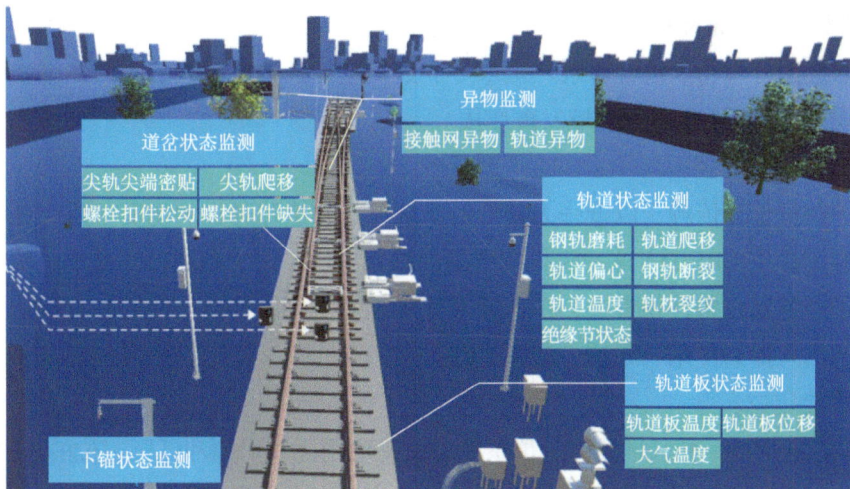

图 3-16　道岔、扣件、钢轨状态监测

2）环境感知

环境感知作为智慧城轨脑库的重要组成部分，主要体现在以下方面。

（1）视频识别。

视频监控和分析作为城市轨道交通监控的主要手段，主要在以下方面进行感知。

①视频监控：尽管视频监控系统在城市轨道交通中的应用已经比较普及，但就应用的广度和深度而言，仍然还有很长的路要走。

②乘客分析：高清晰度的视频监控系统可以对各个站台、车辆、车厢的客流量进行监控、预警，结合人工智能对站台、车厢的乘客进行识别和分析，可有效调配管理资源，进行客流疏导和管理。

③异常事件识别：高清晰度的视频监控系统可对站台、车厢中的高危事件进行识别，如强行闯卡、阻止车辆开关门、乘客摔倒、群体事件等，结合人工智能预测模型，帮助运营管理部门第一时间进行预警和处置。

④人脸识别：高清晰度的视频监控系统可对乘客进行人脸识别，结合人工智能图像识别，与公安系统进行对接获取在逃人员、通缉人员等高危人员的面部信息并进行识别对比，对符合特征的人员进行预警。人脸识别技术和移动支付技术的融合，也为快速通行、刷脸支付等业务场景提供技术支撑平台。

（2）热成像感应：通过在关键位置设置热成像感应设备，对关键部件的温度进行监控、对有可能产生的火情提前预警和处置。

3）外部数据

智慧城轨脑库作为一个综合感知和决策中枢，除城市轨道交通本身数据和业务系统外，还需要与外部系统对接数据进行综合决策，如：与公安系统对接获取在逃人员数据；与智慧交通系统对接获取公共交通状况数据，如各种交通模式的营运状态、乘客流数据等，实现智能化交通接驳。

3.4.1.3 典型应用场景分析

IoT 的典型应用场景包含售票、检票等业务领域，在智慧城轨脑库的多维物联网感知能力的建设中，IoT 还在以下领域发挥作用。

（1）轨道物资管控

传统的物资管理依赖于以纸张为基础的系统记录和追踪进出的物资，效率低下。随着无线射频电子标签（RFID）这一新科技产品的投入应用，这个问题得到根本解决。工作人员可将电子标签贴在每件物资上，在标签中写入物资的具体资料、使用方法等信息，可以实现物资的出入库、使用、维护、溯源追踪。

（2）智能定位

IoT 智能定位是一种区域性的定位系统，就是利用无线射频和低频定位的 RFID 技术，对佩戴定位标签的人员进行自动识别和区域性定位。当人员佩戴定位标签，到达某个区域后，远端的定位系统能实时检测到佩戴标签的人员当前所在区域，并将其显示在区域地图上。智能定位可以提高工作人员安全监控管理水平，预防安全事故发生。

（3）外部数据的典型应用

公网舆情系统通过抓取与城市轨道交通运营相关的行业信息网站、新闻、政府信息网站开放数据，利用高效的算法分析模块从丰富的数据集中挖掘出极具价值的信息，帮助用户第一时间发现舆情、跟踪舆情、了解舆情发展的整个过程。

舆情分析系统，以文本分类、聚类、观点倾向识别等计算机文本信息内容识别技术为基础，以数据挖掘技术为核心，应用不同的数据建模，包括关联规则、序列模式、频繁序列、决策树分类、神经元网络、模糊聚类、异常检测等多种数据挖掘算法，结合相应的数据可视化方法，实现对舆情数据的分析和预测。

3.4.2 智能联接层

1）主要支撑技术

智能联接是智慧城轨脑库的"躯干"，联接智能中枢和智能交互。智能联接进入城市轨道交通主业务系统后，对网络联接的需求也发生了巨大的变化，从联接人到联接物、联接应用、联接数据。为此，智慧城轨不仅需要 5G、光纤这样的物理联接提供千兆接入，满足个性化业务的不同时延和可靠性需求，还需要实现数据资产在新老应用之间流动和共享的应用网，以及在人与组织之间协同的办公网。

为了满足这些需求，智能联接通过 5G、光纤等物理联接提供泛在千兆（图 3-17）、确定性体验和超自动化的网络，实现无缝覆盖，万物互联。被联接的人、物、设备都可以变为可以交互的"数字物种"，其产生的海量数据源源不断地汇入智能中枢，再将智能中枢产生的智慧带到每一个场景，形成全场景智慧。

图 3-17　泛在千兆示意图

确定性体验是指基于不同应用场景对网络联接的不同服务需求（例如速率、抖动、时延、可用性等），组合网络功能单元（图 3-18）。智能联接所能提供的服务级别协议（Service Level Agreement，SLA）等级越高，越能满足高端行业细分领域的需求。

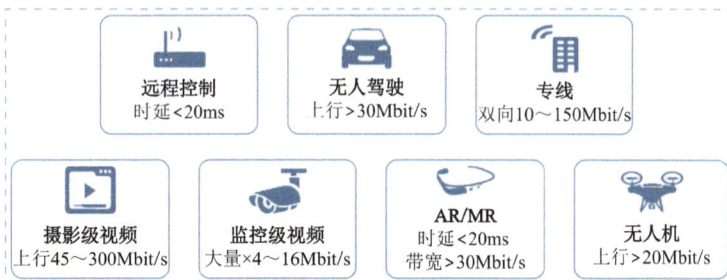

图 3-18　确定性体验需求图

超自动化是指参考自动驾驶的理念对网络进行分级标准管理（表 3-5），将 AI、自动化等技术与网络进行深度结合，从面向网元的自动化设备管理转变为面向全场景的自动化，最终实现网络端到端自治，以应对未来网络运营维护所面临的挑战。

网络分级管理标准表   表 3-5

网络分级	标准
L0 手工运维	具备辅助监控能力，所有动态任务都依赖人执行
L1 辅助运维	系统基于已知规则重复地执行某一子任务，提高重复性工作的执行效率
L2 部分自治网络	系统可基于确定的外部环境，对特定单元实现闭环运维，降低对人员经验和技能的要求
L3 有条件自治网络	在 L2 的能力基础上，系统可以实时感知环境变化，在特定领域内基于外部环境进行动态优化调整，实现基于意图的闭环管理
L4 高度自治网络	在 L3 的能力基础上，系统能够在更复杂的跨域环境中，面向业务和客户体验驱动网络的预测性或主动性闭环管理，早于客户投诉解决问题，减少业务中断和客户影响，大幅提升客户满意度
L5 完全自治网络	这是电信网络发展的终极目标，系统具备跨多业务、跨领域的全生命周期的闭环自动化能力，真正实现无人驾驶

另外，还要通过让数字资产能生于云（云上开发/集成），也能在云上再生（云上持续共享变现），实现数字资产在不同应用之间流动，形成应用数据协同网（图 3-19）。

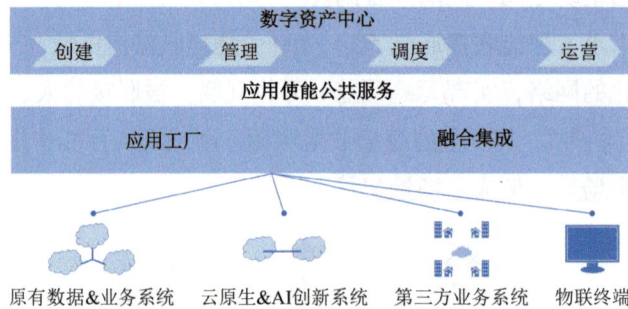

图 3-19   应用数据协同示意图

针对高频发生的办公场景，企业需要全场景无缝流转的办公网业务，提升信息互通和协同效率。同时，为确保信息安全，办公协同系统需要从芯片、终端、管道到云都提供全方位安全保障。企业沟通协作如图 3-20 所示。

图 3-20   沟通协作示意图

2）典型应用场景分析

根据城市轨道交通企业网络架构模型的不同，针对分支节点连接外联网需求，基于以下不同的办公场景，匹配相应的线路结构模型。

（1）场景一：大型办公点

常驻人员规模：200 人以上。

线路模型：双线路接入，两条专线全备份"1＋1"，并且两条专线出自不同的供应商 PE 点，主备线路均要分担流量，一条线路中断时另一条线路可以支撑全部流量。

样例：集团数据中心、分公司总部。

（2）场景二：中型办公点

常驻人员规模：30～200 人。

线路模型：双专线或专线＋Internet VPN 备份，Internet 带宽应该达到专线带宽的 70%。

样例：异地分公司。

（3）场景三：小型办公点

常驻人员规模：10～30 人。

线路模型：专线或 IPSec VPN 通过 Internet 线路建设成 VPN 网络，Internet 带宽在 10～20M 之间。

样例：置业分支项目部。

3.4.3　智能中枢层

3.4.3.1　主要支撑技术

智能中枢是智慧城轨脑库的大脑和决策系统，是海量数据的汇聚点。智能中枢对各式各样的数据（数字、文字、图像、符号等）进行筛选、梳理、分析，并加入基于常识、行业知识及上下文所作的判断，形成智能分析、决策和辅助行动，回答和解释例如"如何""为什么""如果不"等较为复杂的问题，助力实现各行业的智慧全场景。

组织数据分散和新老应用无法衔接，是智慧化转型的主要困难。智能中枢的核心是打造中央"蓄水池"，让数据和 AI 能力持续积累，实现不断学习和改进。智能中枢包括云基础设施、数据使能、AI 使能和应用使能等功能模块（图 3-21）。

云基础设施是智能中枢的底座，它对智能所依赖的数据、算力、算法和智慧应用都能提供足够的能力支撑。现实情况下，私有云厂家缺乏提供高阶服务的能力，公有云虽然能力最全，但却不能很好地匹配企业组织结构。混合云架构两相兼顾，是智能城轨升级首选。但需要做到以下两点：一要符合行业使用习惯，例如匹配企业多层级组织结构；二要无缝同步公有云，通过高速专线，将强大的公有云能力共享给私有云，使得数据和新老业务全域互通，真正支撑 AI 发挥价值。企业云架构如图 3-22 所示。

图 3-21　智能中枢示意图　　　　图 3-22　企业云架构示意图

数据使能让物理上分布在不同部门的数据，在逻辑上可集中管理和分析，实现数据全域共享。面向企业数字化运营诉求，提供一站式智能数据管理服务，帮助组织快速构建从数据接入到数据分析的端到端智能数据系统，消除数据孤岛，统一数据标准，加快数据变现（图3-23）。

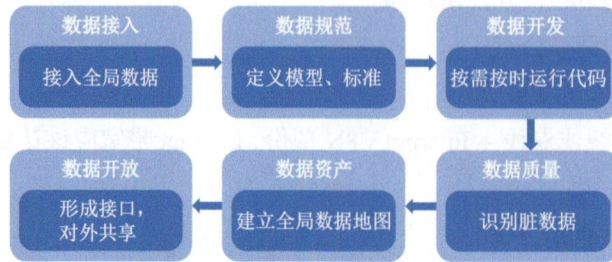

图3-23　数据使能示意图

输出 AI 的能力决定了智慧城轨脑库的智能化水平。AI 能力主要分为感知、认知和决策。要达到这三个层面能力的融合，AI 使能需要包含 3 个模块：AI 开发平台、知识计算以及基于前两者衍生出来的 AI 应用开发套件。AI 开发平台是面向 AI 开发者的一站式开发平台，包括数据处理、算法开发、模型训练、模型部署。面向具有不同经验的 AI 开发者（应用开发者、数据科学家、AI 专家、AI 运维人员），提供便捷易用的使用流程，让 AI 开发变得更简单、更方便。知识计算将行业知识与 AI 相结合，让大量存在于结构和非结构化数据中的行业知识显性化释放出来，驱动行业主业务系统创新。知识计算包括知识获取、知识表示、知识管理、知识应用等核心部件。AI 应用开发套件是 AI 生产力工具，它将算法专家和行业专家积累的知识沉淀在相应的套件和"行业工作流"中，真正实现赋能于行业 AI 应用开发者，全面提升行业 AI 开发效率和落地效果。

应用使能通过低代码、零代码开发能力，支持全云化在线开发和云上云下一键部署，不断沉淀行业资产，实现软件资产的重用，让开发者实现乐高式轻松开发应用。同时，通过标准化、中心化、服务化、非侵入式的方式，应用使能让新老应用实现数据互通。

（1）大数据平台

大数据平台作为企业大脑的基础数据资源，通过对企业全量数据的汇聚、多源异构数据的综合治理、数据资产的多维分析、数据服务能力建设等手段，实现企业全量数据资产的统一管理。

大数据平台总体规划包括城市轨道交通安全生产云大数据平台和城市轨道交通管理云大数据平台，分别管理生产系统数据资产和对外服务数据资产，功能分层包括数据采集汇聚层、数据存储和治理层、服务和应用支撑层以及数据应用层。大数据平台建设技术选型建议选用分布式的基于 Hadoop 体系的技术框架。

（2）AI 技术平台

AI 技术平台基于大数据平台之上，通过对各类数据管理、数据挖掘、知识管理、非结构化数据处理、自然语言处理（Natural Language Processing，NLP）等先进技术的综合应用，构建智慧城轨脑库的 AI 能力。

AI 技术平台为一个可以横向扩展的基础性平台，AI 技术平台每一项能力可以作为相对独立的服务单独建设。通过与下层数据资源池的高效对接，自身实现某个业务方向或 AI 方向的决策支持能力，对上层应用提供快速简捷数据或服务交付能力，并且具有上层应用共性、通用的服务需求即可注册为独立服务。

AI 技术平台从知识沉淀、价值挖掘、非结构化数据处理等方面先期规划如下几个能力：知识库、知识图谱、数据挖掘、图像识别、语音智能、NLP 等六大类，后续可横向独立扩展新的 AI 服务能力。

（3）知识库

企业是一个复杂的不断运转的组织，随着组织的不断运转会有相应的业务知识、技术知识积累。如何通过技术手段使这些知识变成企业真正的财富，加快企业运转，降低企业成本，是企业必须考虑的一个现实问题。在轨道交通日常业务中，对于需要积累的业务知识，可以建立突发应急知识库、设备维修知识库、专业业务知识库等来存储它们。通过对知识库的建设加快集团内部专业知识的储备和传播，减少企业成本并加快企业运转。

（4）知识图谱

在城市轨道交通的日常生产和运营中，不同岗位的工作人员经常会面临多种多样的需要快速解决的问题，如针对维保人员，在零部件出现故障时，如何快速定位故障、推荐处理意见、查阅该设备的维修履历等。这些问题看似简单又相互关联，但实际的信息系统中并没有一个系统能够直接回答这些问题。在城市轨道交通的运维及维保业务中，我们可以通过数据治理使设施、设备的安装、维修及更换信息成为可以供知识图谱使用的数据，然后通过知识图谱工具或者软件将业务中的信息关联起来，最终通过展示工具或者使用软件来体现知识图谱的价值。

（5）数据挖掘

城市轨道交通企业可针对长期积累的设备、市场、生产流程、生产环境、能耗等各类状态、事件数据，利用数据挖掘技术，建立相关分析模型，充分挖掘其资产价值，为生产计划优化、操作优化、运维优化、能耗优化、企业管理等提供基于大数据的智能支撑手段。

对城市轨道交通各类业务的全量数据展开价值挖掘，是大数据领域重要的研究方向，是大数据平台建设中数据价值体现的重要手段，同时也是基于大数据技术开展人工智能应用的基础方法。

（6）图像识别

建设城市轨道交通安防系统必然要使用的主要技术就是图像识别。该系统通过分析图像和视频中的信息，实时地对线路进行监控，对各个站点出现的紧急突发事件，通过知识库自动识别，快速地提供可靠、有效的解决方案。

对于轨道交通设备和基础设施巡检等工作，目前已经广泛引入了图像和视频设备，对这类设备产生的数据进行信息提取的技术处理，能极大地提升相关巡检工作的效率。

在乘客服务环节，在安检等环节引入人脸识别等技术，将促使快速通行、身份核验、刷脸支付、乘客拥挤度分析、重要区域异常事件识别等应用场景迅速落地，极大提升服务于乘客的能力。同时在商业开发、物业管理、市政设计、城市轨道交通建设等各类业务中，图像和视频的应用也已经越来越普遍。

（7）语音智能

城市轨道交通运营主要是对乘客提供运输服务，同时其他主要业务类型如商业开发、物业管理等都涉及对个体用户的服务要求。这些服务存在多种场景下的语音服务，会产生音频信息，有的场合需要对这些音频信息进行记录。但通常情况下都是按照音频文件的方式进行存储，在需要使用时再按要求将文件调出，使用音频播放器播放，而对音频文件中的数据本身并未进行文字化处理。

对长音频流、录音文件进行识别，需达到智能断句、实时识别为文字的效果，这将会随着城市轨道交通运营智能化要求的不断提升，变成需要解决的重要技术目标，尤其在城市轨道交通企业中某些垂直领域，语音识别更具有其特定的应用场景和应用价值。

同时，语音智能未来甚至可以在人机语音交互、会议纪要自动生成等多种应用场景中得到应用，极大地提升工作效率。

（8）NLP

城市轨道交通企业在生产运营过程中，会产生大量的文本类文件，存在多种格式，但基本都是以整句、段落形式记录信息，这些信息一般具有很高的经验价值，如维修工单、通告公文、巡检日志、工作记录、审批意见等，贯穿生产运营的各个环节。这类信息采用非结构化格式存储，在更高维度上进行归类、分析、传承、相似性判断、快速检索信息内容等都存在很大难题，导致经验不能沉淀为企业知识，日志不能高效分类统计，公文不能迅速提取摘要，舆情不能快速检索热词等。针对文本类型的数据进行热点发现、检索排序、主题聚合、情感分析、基于模板的语言生成很难实现。

3.4.3.2 典型应用场景分析

（1）应急指挥应用场景

城市轨道交通企业以各方向业务指标及业务视图为核心关注点，结合电子地图、BIM（包含设计模型、施工模型、实景模型、竣工模型）等信息，以实时数据监控为手段建设全景应急指挥中心，通过对业务指标和业务视图的全景实时监控和智能化预警分析，达到实时监控、早发现、早决策、早处理的效果；并通过信息互通、全局协同的机制，更及时全面地支撑应急指挥，保障应急事件得到高效处理。

应急指挥可以针对多种类型的业务场景，不同的业务场景涵盖各具针对性的业务数据、业务部门、应急协同机制、应急指挥方式等。从数据层面汇总概括，业务指标包括集团层面的财务、投资、人力、安监、舆情等方面，建设层面的投资、进度、质量、安全等方面，运营层面的客流、行车、票务、社会价值、行业对标等方面，置业层面的销售、合同、土地、成本、招采等方面, 物业层面的物业费管理、服务分析、工单分析等方面及其他分(子)公司的业务指标。以上的数据内容可依据新的业务场景需求, 平滑地进行横向扩展。

业务视图包括线路的地图位置及基本情况, 车站的地图位置、BIM、基本情况、视频监控, 工点的地图位置、基本情况、视频监控及工程情况, 客流的线路流量、热力图、客流分析及预警等。

(2)乘客专题应用场景

①乘客商业潜力分析

乘客商业潜力分析主要是乘客画像分析, 其可以支撑轨道商业的布局和发展。

智慧城轨脑库可融合乘客票卡(乘车码)的交易地点/时间/金额/类型、卡信息、用户信息等多源数据, 挖掘乘客时空出行特征及消费规律, 构建面向出行乘客的画像体系。

乘客画像分析主要包括站点区域特征分析、用户出行特征分析, 其内容如图 3-24 所示。

②站点区域特征分析

站点区域属性是用户标签的重要维度之一, 用户的居住地、工作地、经常出行的区域都是分析用户出行行为的重要区域。基于城市区域属性挖掘, 将城市划分成不同

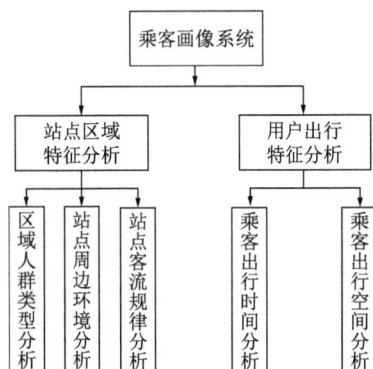

图 3-24　乘客画像分析示意图

独立的区块, 结合城市 POI(兴趣点)数据, 根据属性权重利用 TF-IDF(词频-逆文件频率)算法确定站点区域特性, 得到不同独立区块的属性标签, 以便挖掘用户出行行为特征。

③出行标签

基于乘客的原始出行记录, 从时间和空间两个角度出发建立出行标签。出行标签又分为两种: 直接从原始数据中提取或由原始数据经过简单统计得到的事实标签, 基于需要建立模型进行计算的模型标签。

出行标签如图 3-25 所示, 标签属性后续可依据数据资产管理情况, 继续横向延伸。

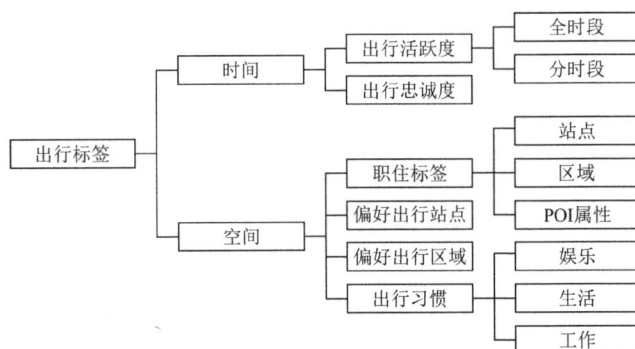

图 3-25　出行标签示意图

基于客流的重大活动或事件的安全保障主要是基于历史客流数据、线网分布、运行计

划等数据，对客流进行不同程度的统计预测，包括工作日、部分节假日、特定日期的客流规律的生成和查看。

基于历史客流数据、线网分布、运行计划等基本数据，城市轨道交通企业可建立客流预测模型，在对客流数据进行统计分析的基础上，实现线网容量评估、实时/短期客流预测、活动客流预测、突发事件客流预测，并输出相应结果。客流预测模型的构建和进化如图 3-26 所示。

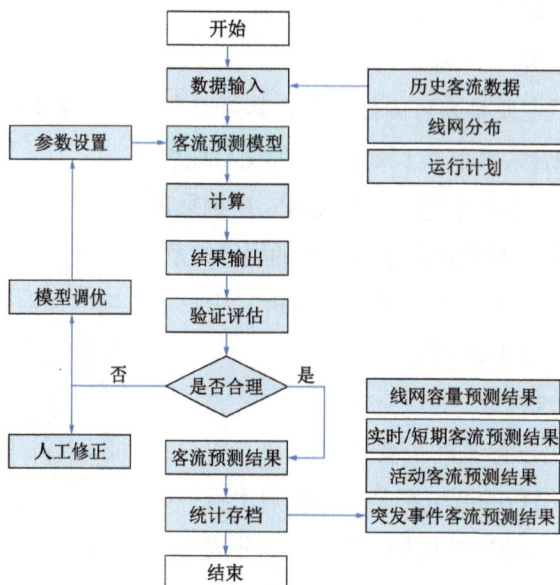

图 3-26　客流预测模型示意图

3.4.4　智慧应用层

3.4.4.1　主要支撑技术

智慧应用层的主要支撑技术要求应遵循松耦合、模块化、强鲁棒性、高稳定性、易操作、跨平台部署、易扩展等基本要求，结合当前 IT 行业主流的技术架构和组件，技术选型满足以下条件。

（1）前瞻性：以促进业务发展为指导原则，确保信息系统建设成熟稳定的同时放眼未来迎合发展。

（2）兼容性：支持主流开发语言的接入，如 Java、Python 等；支持不同数据库的接入，如 Oracle、SQL Server、MySQL；系统能运行于 Windows、Linux 内核的操作系统平台。

（3）可扩展性：采用灵活、开放的模块化设计，为系统扩展、升级及可预见的管理模式的改变留有余地。

（4）可维护性：采用标准、轻量级的交互接口，各信息化业务系统相互独立，可以与不同的业务系统进行标准化接口调用和数据交换。

结合当前的主流 IT 行业技术发展趋势，信息系统建设充分考虑 Java 技术体系，以主流的 SOA（面向服务架构）思想构建微服务架构。

3.4.4.2　典型应用场景分析

（1）智慧应用

智慧应用是智慧城轨脑库的价值呈现，每位个体所能感受到的个性化、主动化服务体验都来自应用。智慧应用的发展关键是探索可落地场景，对准其痛点，通过 ICT 技术和领域 Know How（技术诀窍）的结合，快速创造价值。

智慧应用不是传统应用的搬迁。行业知识是高度模拟化的，AI 是高度数字化的，智慧应用需要两者的结合，这需要业务部门、IT 部门、合作伙伴一起深度参与。只有聚焦业务部门的问题和场景，才能打造出有价值的智慧应用。智慧应用生态发展需要一个一体化的平台，降低 AI 使用门槛，沉淀行业知识，实现从开发到需求的商业良性循环，而这个过程也需要良好的产业环境支持，如图 3-27 所示。

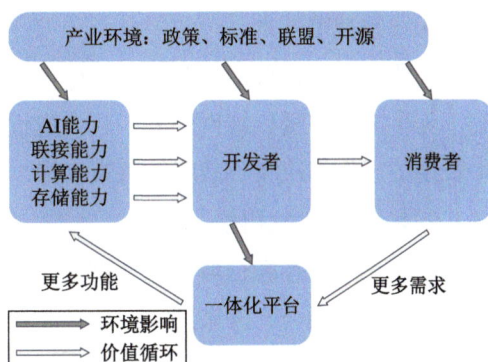

图 3-27　智慧应用生态发展示意图

根据以往发展经验，每一次产业升级的成功都需要政府及产业行业一起推动。就我国的数字经济发展现状来看，单纯依靠市场力量，短期难以形成一个独立完善的商业模式，需要依靠产业的力量，通过开展示范应用，加大资金投入，完善标准体系，补齐生态能力等，带领整个产业走向全场景智慧。

要打通从开发到变现的商业环境，让市场消费方的通用需求和行业知识转化为框架、工具和服务，并将此交到开发者手中，提升开发者开发效率，使开发者能从所开发的产品中获益，形成健康发展的生态。这些环节需要通过一站式开发环境和应用超市来打通。一站式开发环境的本质是技术赋能，把软件开发者和软件集成商所需的数据技术（AI、计算、联接、系统集成、体验、运维、管控）从复杂的工作中抽象出来，以标准化、产品化的方式提供，降低数据技术上手和掌握的门槛，使能行业细分场景的业务开发和集成。而应用超市则是商业孵化，通过统一的营销产生更多的销售机会，通过高效的交易平台加快销售速度，通过大平台优势扩大客源等方式，从而实现智慧应用的不断盈利。

（2）智能化生产

智能化生产主要针对城市轨道交通运营的生产类业务，承载于城市轨道交通安全生产云平台。智能化生产范畴包含：

①设备设施在线监测

智能化生产需要实时获取车辆、供电、机务等各类设备设施的即时运行状态，跨专业关联数据，及时掌握生产全貌。在洞察全局的基础上为生产业务提供各类即时性决策支撑。

②客流实时监测

智能化生产需要实时获取全线网各线路、各车站、各车辆的总体客流、区域客流、断面客流的即时状态，实时获取各生产场景下的服务环境、异常事件、信息服务等即时状态。

为乘客服务、资源调度、环境管控、能耗管理等提供即时决策支撑。

③生产计划优化

智能化生产需要实时获取重大事件、重大活动、关键舆情、即时政策要求、线路运行图、设备设施状态、生产环境信息、人员调度信息等全面信息，为应急事件调度指挥、生产作业计划即时优化等提供即时决策支撑。

④线网战略规划

智能化生产需要通过对各专业生产业务数据的深度挖掘、模型训练，在知识沉淀的基础上为生产业务提供线网规划、运力建设、运维优化、服务体系健全、跨制式交通接驳等中长期的规划性决策和战略性决策支撑。

⑤其他生产类优化

智能化生产在融合城市轨道交通企业数据资产的前提下，推动各类先进 AI 技术和生产业务的深度融合，未来还将产生各类智能化生产支撑能力。

（3）智慧型管理

智慧型管理主要针对城市轨道交通运营的管理类业务，承载于城市轨道交通管理云平台。智慧型管理范畴包含：

①组织管理

智慧型管理能力提升必将对企业组织架构的进化产生强大推动作用，从信息同步、业务分类、流程优化等方面，遵循降本增效原则，为企业重构组织架构提供基于准确数据的科学支撑。

②人员管理

智慧型管理通过各业务活动的人力资源需求情况、使用情况、绩效情况、人员能力情况、人员培养目标等人员相关信息的集中综合管理，在即时应急调度和中长期规划等多个方面，实现智慧型企业人力资源管理。

③财务管理

智慧型管理通过企业数据贯通，将所有涉及财务的信息融合，呈现资产、现金流、账务、科目、预算、核算等财务相关工作流程的及时洞察和中长期规划。

④物资管理

智慧型管理通过各类物联网技术的引入，实现企业物资库存、在用、故障、维修、调度、采购等各个环节的全生命周期管理，发挥各类物资的最高效能。

⑤流程优化

智慧型管理通过数据贯通、模型优化、流程贯通，并引入 PC 端和移动端融合贯通机制，实现流程融会贯通、信息及时送达、信息及时反馈，提升基于流程业务的工作效率，降低成本。

⑥其他管理类优化

智慧型管理在融合企业数据资产的前提下，推动各类先进 AI 技术和管理业务的深度融合，未来还将产生各类智慧型管理支撑能力。

（4）人性化服务

人性化服务主要针对城市轨道交通运营的对外服务类业务，承载于城市轨道交通管理云平台。人性化服务范畴包含：

①即时服务

企业各类信息的快速融合和业务关联模型的建立，将使为乘客提供即时服务的能力获得大幅提升，如通过车站客服机器人、在线智能客服等多种手段实现对乘客的即时服务。

②精准服务

对于特殊客户服务需求，通过对与乘客诉求相关的各类信息的关联和融合，为乘客提供更精准的服务。

③客户关怀

通过生产区域的异常事件监控、重大活动应对策划、应急事件紧急调度、公共交通接驳等多方位的信息关联，为乘客提供主动服务。

④信息服务

基于各类乘客相关信息的融合，通过 PIS、PA、移动端信息发布等多种系统信息渠道，为乘客提供全方位、及时、准确的信息服务。

⑤其他服务类优化

人性化服务在融合全量数据资产的前提下，推动各类先进 AI 技术和对外服务业务的深度融合，未来还将产生各类人性化服务支撑能力。

智能技术在城市轨道交通增量中大力发展，不同系统间互联互通接口，突破信息孤岛。网络互联互通（数字、信息传输），硬件设施互联互通条件（预留），要实现高质量发展，在工程建设中实现既有线的改造，工程微创技术〔既有路网优化、规划考虑人性（市民需求）〕。用技术手段实现高速和大运量目标，精准满足市民需求。

3.5　智慧城轨标准体系架构设计总体方案

3.5.1　设计方法

（1）对城市轨道交通行业现有信息化、数字化相关标准情况进行调研，包括但不限于，是否已有信息化相关标准体系，有哪些与数字化转型建设相关的行业政策发文、内部政策指南要求，以及各业务领域正在施行的相关内部技术标准、管理规范、章程、考核评价要求等标准细则有哪些。

（2）基于城市轨道交通行业全面数字化转型规划的业务场景设计、技术架构设计及实施路径建议，参考数字化标准体系规划原则、依据以及城市轨道交通行业信息化标准现状调研情况，进行数字化标准体系设计。

（3）针对城市轨道交通行业数字化转型规划提出的对既有业务流程、组织架构、管理机制的变革建议，评估是否涉及对城市轨道交通行业既有标准规范或发文、指南的修订，并根据评估结果，参考数字化标准体系规划原则，给出相应的修订建议。

3.5.2 设计原则

（1）遵循国标，易于扩展

标准体系规划需遵循现有的国家标准及相关行业标准规范，然后根据城市轨道交通行业总体数字化转型规划设计和实际项目需求梳理和完善。依托行业现有信息化相关标准技术规范，坚持采用通用标准与自主制定相结合、标准制定与示范项目应用相结合的原则，自行建设的标准应易于扩展，并能够适应业务的不断发展变化。

（2）长期规划，急用先行

标准体系是由多套标准规范分册构成的整体，各标准规范之间相对独立又相互联系，因此标准体系建设和完善是一项长期工作。对标准规范分册的建设路径规划，应遵循"急用先行，分类推进"的原则，根据数字化转型实际项目需要优先制订和完善部分急需标准规范分册，用于辅助城市轨道交通行业数字系统建设的快速推进。

（3）切实可行，准确实用

标准规范必须根据实际情况制订和修订，尽可能利用城市轨道交通行业在信息化、数字化建设方面已有的成果。标准规范的制订和修订应力求准确实用，使标准的使用方易于理解和执行。

（4）组织保障，注重成效

配套数字化转型标准体系规划，给出负责和参与标准建设的组织资源保障建议，由责任部门把控各标准规范分册的编制节奏，协调所需资源，明确标准推行的权责，强化标准的落地监督，以标准化支撑城市轨道交通行业全面数字化转型的贯彻和实施。

3.5.3 设计依据

城市轨道交通行业数字化转型标准体系规划主要依据城市轨道交通行业中长期发展战略规划及全面数字化转型规划。同时也参考行业已发布的相关标准规范，及轨道行业现行信息化、数字化建设相关管理要求及技术规范，见表3-6。

标准规范 表 3-6

行业及企业政策文件
《中国城市轨道交通智慧城轨发展纲要》
已发布行业或团体标准
《智慧城市轨道交通 信息技术架构及网络安全规范 第1部分：总体需求》（T/CAMET 11001.1—2019）
《智慧城市轨道交通 信息技术架构及网络安全规范 第2部分：技术架构》（T/CAMET 11001.2—2019）
《智慧城市轨道交通 信息技术架构及网络安全规范 第3部分：网络安全》（T/CAMET 11001.3—2019）
《城轨列车运行状态智能监测系统技术规范》（SJ/T 11659—2017）

3.5.4　设计内容及其与技术框架的映射关系

根据标准体系中各标准规范的目的和意义，城市轨道交通行业数字化转型标准体系设计主要分为：顶层蓝图相关制度发文分体系、业务数字化相关建设指南分体系和数字化技术标准规范分体系，如下所述。

（1）顶层蓝图相关制度发文分体系

顶层蓝图相关制度发文分体系是用于保障城市轨道交通行业数字化转型顶层蓝图规划落地的标准分体系，包括城市轨道交通行业五年期整体技术发展规划纲要、数字化转型顶层规划实施指南、智慧轨道数字平台建设纲要等相关制度发文。该分体系应全面地给出城市轨道交通行业数字化转型顶层蓝图规划落地的保障路径和措施，使得数字化转型规划所给出的建设建议，能够通过城市轨道交通行业政策发文及建设指南等形式得以系统性固化，便于城市轨道交通行业在较长期的数字化转型建设过程中始终贯彻执行统一的蓝图规划，在发生组织和人员变动的情况下，也可以坚持既定的城市轨道交通行业战略目标和发展方向，持续落地实施建设项目。

（2）业务数字化相关建设指南分体系

业务数字化相关建设指南分体系用于指导城市轨道交通行业各业务领域进行数字化转型的场景建设，包括智慧建造建设指南、智慧车站建设指南、智慧客运建设指南、轨道 IOC（智慧运营中心）建设指南等，需根据数字化转型的建设时序，刷新该分体系的标准规划。

业务数字化相关建设指南分体系应给出业务建设指南规划，明确智慧业务转型的目标和实施路径，便于企业进行相关项目的有序安排组织，使得各领域的数字化建设遵循城市轨道交通行业数字化转型整体战略的牵引，有步骤地按照建设优先级进行实施和部署，从而得到更好的资源和技术保障，快速形成先行示范和项目标杆，加快整体转型项目推进，保障数字化转型项目的持续落地。

（3）数字化技术标准规范分体系

数字化转型依赖的数字平台建设所要遵循的技术标准规范分体系，包括平台技术规范、数据规范、网络技术规范等，需根据新技术相关平台的迭代刷新平台技术规范，并根据数字化转型建设时序，刷新相关数据标准规范体系，同时根据有线、网络代际更新及在城市轨道交通企业的部署情况，修订网络技术规范。

用于统一数字平台各关键架构组成部分在部署阶段所通用的技术要求，如智能化的泛在终端使用需遵循各业务场景"数据规范"中对相关数据收集接入等方面的要求；全面云化的基础设施平台部署需遵循云平台技术规范、网络技术规范的相关要求；五大通用平台部署需遵循数据使能平台技术规范、AI 使能平台技术规范、应用使能平台技术规范的相关要求；统一集成平台的部署需要遵循集成平台技术规范的相关要求；IT 运营体系部署需要遵循运维运营规范的相关要求；信息安全体系部署需要遵循信息安全规范的相关要求（图 3-28）。

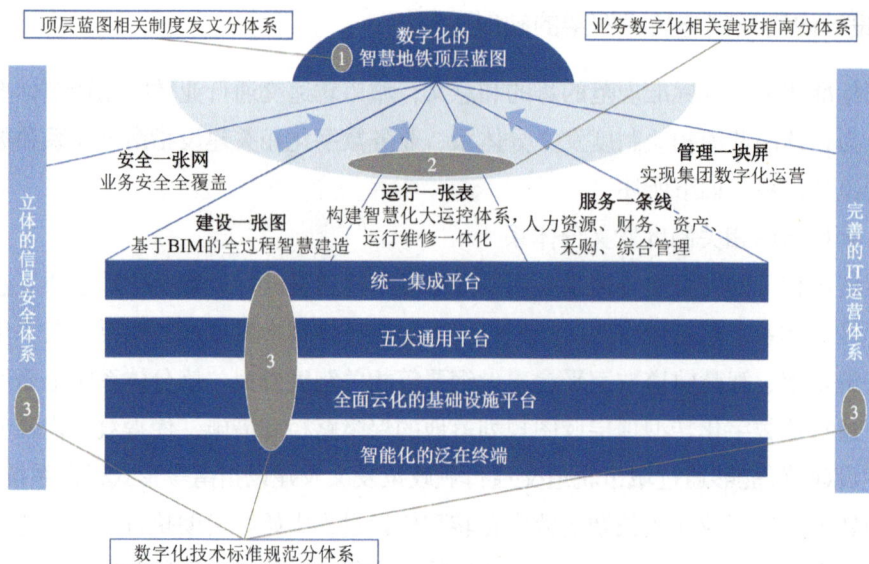

图 3-28　智慧城轨顶层蓝图

3.6　智慧城轨脑库标准体系架构主体内容

　　智慧城轨脑库应从智能和智慧角度构建城市轨道交通建管养全生命周期标准体系。智慧城轨脑库标准体系架构如图 3-29 所示。

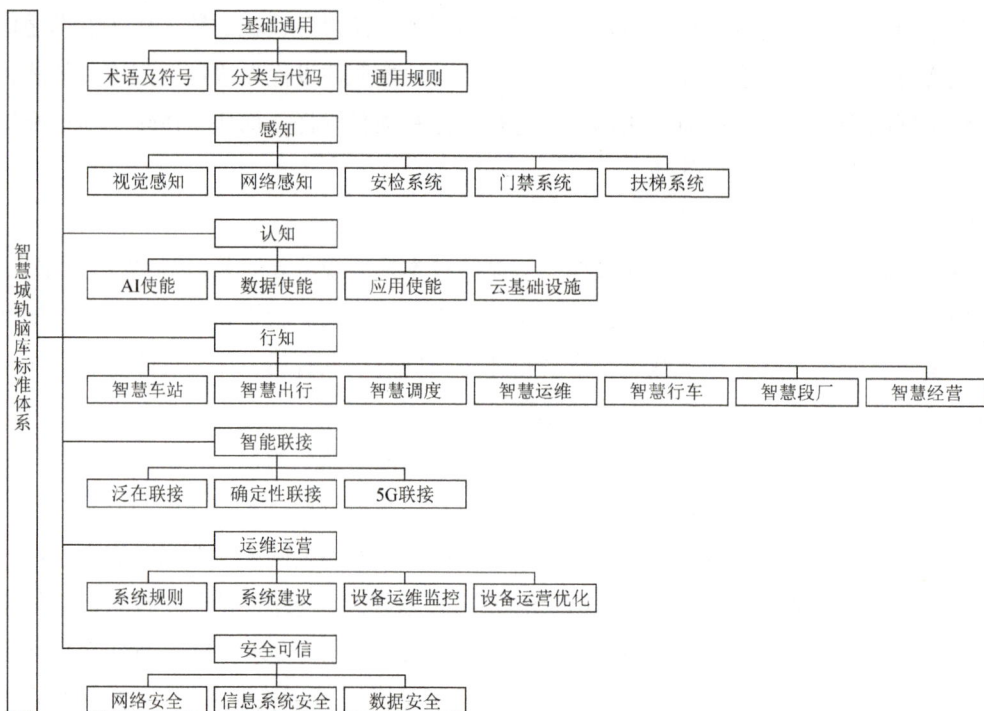

图 3-29　智慧城轨脑库标准体系架构图

3.6.1　基础通用标准

智慧城轨脑库的基础通用标准，包括相关标准使用的术语及符号、标准分类与代码以及相关通用规则。

3.6.2　感知标准

智慧城轨脑库使用的感知标准，包括视觉感知、网络感知、安检系统、门禁系统、扶梯系统等 5 类感知技术。视觉感知指的是基于机器视觉相关技术，来获得智能体相关信息的感知技术类标准；网络感知指的是基于网络技术，来获得智能体周围环境信息的感知技术类标准；安检系统指的是通过安检技术，来获得智能体内旅客及周围环境安全信息的感知技术类标准；门禁系统指的是通过门禁技术，来获得智能体内旅客进入特定场所相关信息的感知技术类标准；扶梯系统指的是通过扶梯技术，来获得智能体内旅客及周围环境信息的感知技术类标准。多源、复杂的感知标准体系构建，需要跟城市级数据的传输、存储和调度相结合，构建数字底座。

3.6.3　认知标准

认知系统是智能体的"大脑"与决策中枢，依托云基础设施，为应用赋能，激活数据价值，推动 AI 技术普及，全方位支撑各类场景下的智慧应用落地。智慧城轨涵盖四类关键技术标准：AI 使能标准、数据使能标准、应用使能标准，以及云基础设施技术标准。

AI 使能指的是智慧城轨脑库使用 AI 技术，来智能识别、推理、分析解决城市轨道交通相关业务问题的技术标准。AI 使能输出 AI 能力，它决定了智能体的智能化水平。AI 使能支持 AI 开发、知识计算以及 AI 应用开发等功能。

数据使能指的是智慧城轨脑库场景中，用于采集、存储、计算、管理、分析、使用数据的相关技术标准。这些技术标准让物理上分布在不同部门的数据，在逻辑上可集中管理和分析，实现数据全域共享，面向企业数字化运营诉求，提供一站式智能数据管理能力，帮助组织快速构建从数据接入到数据分析的端到端智能数据系统，消除数据孤岛，统一数据标准，加快数据变现。

应用使能指的是智慧城轨脑库的相关应用支撑技术标准。技术支持用户通过低代码、零代码开发能力，完成全云化在线开发和云上云下一键部署。不断沉淀行业资产，实现软件资产的重用，让开发者实现乐高式轻松开发应用。同时，通过标准化、中心化、服务化、非侵入式的方式，让新老应用实现数据互通。

云基础设施是智慧城轨脑库的底座，它对智能所依赖的数据、算力、算法和智慧应用都能提供足够的能力支撑，它包括了对相关 IT 基础设施进行统一云化管理的技术标准。

3.6.4　行知标准

行知标准指的是智慧城轨脑库相关业务应用的标准，包括智慧车站、智慧出行、智慧调度、智慧运维、智慧行车、智慧段厂、智慧经营等应用的标准。这些应用标准需要遵从城市轨道交通行业的各种业务标准，主要定义各个应用的业务流程、依赖关系等相关内容。

3.6.5　智能联接标准

智能联接指的是智慧城轨脑库中，联接各种主体的网络通信技术标准，包括从联接人到联接物、联接应用、联接数据。

泛在联接是指利用千兆 5G、千兆 Wi-Fi、千兆宽带（F5G），实现屋内屋外、有线无线的全场景千兆网络，实现全场景、全触点、无缝覆盖、随身体验的网络联接技术标准。

确定性联接是指基于不同应用场景对网络联接的不同服务需求（如速率、抖动、时延、可用性等），组合网络功能单元的网络联接技术标准。智能联接所能提供的 SLA 等级越高，越能满足高端行业细分领域的需求。

智能联接包含应用使能、设备管理、连接管理、安全管理及系统管理五大功能，另外智能联接提供统一的通信接口供物联网感知终端或网关集成，从而实现终端设备快速接入物联网平台。

（1）应用使能

应用使能以智能联接为中心，通过能力开放实现终端、平台、应用三方融合，形成端到端方案。应用使能由规则引擎、API 开放、第三方服务集成等子功能模块构成。

（2）设备管理

设备管理模块提供对物联网终端进行远程监控、设备配置、系统升级、故障处理等运维管理的功能。同时，所有物联网设备的数据均可以存储在物联网平台。设备管理模块由以下子功能构成：告警管理、状态管理、配置管理、故障诊断、升级管理、日志管理。

（3）连接管理

连接管理模块负责将物联网设备接入物联网平台，使物联网平台具备万物互联的能力，是物联网平台核心功能模块，包含以下子功能模块：注册鉴权、数据采集、设备控制、云网关。

（4）安全管理

安全管理模块提供业务认证与鉴权、操作系统与数据库加固、统一身份管理、传输安全、加密保护、Web 安全等功能。

（5）系统管理

物联网平台系统管理提供三类管理 Web 界面，分别面向物联网平台运营人员、物联网上层应用系统伙伴以及物联网平台系统运维人员。

3.6.6　运维运营标准

运维运营标准指的是围绕智慧城轨脑库全生命周期，包括智慧城轨脑库的系统规划、系统建设、设备运维监控、设备运营优化的全场景运维运营相关标准。

运维运营标准主要由 IT 流程管理、运营分析可视、配置与资产管理、运维操作自动化、身份及访问管理、监控管理和应用管理等构成，可以提供高水平的运维服务，实现如下服务目标。

（1）全栈监控、集中管理，提升运维监控能力

统一运维管理平台以监控为核心，构建机房、网络、服务器、云平台、大数据平台统一的集成监控系统，实现主动的运维监控、事件的快速应对，为 ICT 信息系统稳定运行提供保障。

（2）故障快速发现、快速处理，确保业务稳定运行

统一运维管理平台应通过建立集中快速的故障发现与故障预警机制，在故障产生时进行快速定位、快速处理，降低业务服务质量的劣化风险，为业务发展保驾护航。

（3）高效资产与数据运营管理，及时掌控资产与数据信息脉络

统一运维管理平台应借助丰富资产信息和强大的数据钻取技术实现资产数据的快速梳理和深度分析，快速识别资产风险，制定科学的资产配置策略，提高资产利用率，实现资产的高效管理。

（4）运维技术体系要素

运维技术体系包括运维活动角色、维护责任团队、运维管理流程、IT 运维服务和服务绩效评估五个要素。

（5）运维服务要求

维护责任单位提供 $7 \times 24h$ 全天候响应维护服务，响应方式包括服务热线电话支持、远程协助支持、现场维护服务。若用户系统出现故障，维护责任单位在接到服务请求后根据服务响应级别要求提供服务。

①维护责任单位每月须主动定期巡检，每月服务次数不少于 1 次，对各自负责的范围进行维护，包括：机房内云平台、应用信息系统、服务器、存储器、网络设备等，并出具月度运维报告。

②维护责任单位每次在巡检、整改后都要有项目记录，交给用户签收作为考核的依据。

③维护责任单位每季度进行一次项目总结，召开季度总结会议，提交季度小结。季度总结会议纪要和会议产生的小结报告作为项目考核依据。

④维护责任单位协助用户做好日常管理工作，帮助用户制定管理维护手册。

⑤维护责任单位提供疑难问题升级服务，若在维护过程中遇到无法解决的问题、硬软件问题在当日不能解决等情况，应该对该疑难问题升级服务，直至该问题解决为止。若出现紧急状况如设备出现运行宕机、系统不能正常运行、关键应用功能停止服务等，应业主的技术服务要求，维护责任单位对异常问题提供原厂现场技术支持服务。

⑥发生故障后，维护责任单位提交给业主的故障报告要求详细描述故障情况，其中至少应包括以下内容：故障发生的时间、故障发生的平台、故障发生的软件名称和版本、故障现象、故障影响的范围、故障信息、故障持续及恢复时间、故障分析解决过程、故障原

因、处理故障所采取的动作、对该类故障的预防性建议等。

⑦做好重大活动或会议或节假日期间保障，配合上级部门或信息化相关主管部门进行信息系统专项检查等，做好值守监控、专项检查、整改，提交相关检查整改报告。做好云平台的灾难恢复演练保障。

3.6.7 安全可信标准

安全可信标准指的是针对智慧城轨脑库面临的安全问题，提出的应用层安全、平台层安全、基础设施层安全、端层安全相关技术标准。包含设施安全、系统间协同安全（采用硬隔离还是软隔离）、平台自身安全、网络安全。

应用层安全包含运行、服务、管理等业务应用及智能运营中心的安全。

平台层安全包含集成平台安全和通用能力平台安全（含人工智能平台、物联网平台、智能视频服务平台、大数据平台、融合通信平台等），包括这些平台为上层业务应用提供通用能力服务的安全。

基础设施层安全包含无线接入网、有线接入网和 IP 承载网等基础网络的安全，以及云数据中心的安全。

端层安全包含各类终端设备的安全，如通信/会议类终端、环境感知类传感器、业务场景移动终端、无动力设备定位终端等。

3.7 智慧城轨脑库发展战略

新形势下，不断涌现的挑战与机遇并存，智慧城轨脑库作为我国城市轨道交通发展的主要方向，需要持续关注前沿技术和颠覆性技术的创新应用，争取实现关键核心技术自主可控，掌握创新和发展的主动权。城市轨道交通运输生产、运营管理、经营决策全过程、全生命周期的高度信息化、自动化、智能化已成为未来城市轨道交通的主要发展方向，目标是安全可靠、经济高效、舒适便捷、节能环保。云计算通过以大数据集中式处理和并发业务请求为主要特征的服务器集群、面向深度学习任务的 AI 服务器等云端计算设备，形成行业云和专业算力中心云等多形态的云资源，构建智慧城轨脑库基础设施基座，实现弹性存储、即取即用，支持对多源、异构大数据的高效处理，扩大数据规模，降低算力成本，加快数字化进程。

依托现有城市轨道交通政策法规与智慧城轨发展现状，根据智慧城轨脑库需求分析，遵循"发展现状及问题概述—政策法规目标指引—总结战略发展路径—现有示范应用及工程"的逻辑，提出以下智慧城轨脑库发展战略。

3.7.1 推动线网运输组织预测精细化、管理信息化、决策智能化

城市轨道交通网络化运营是提升运输组织效率的重要手段。随着我国城市轨道交通线路数量以及建设里程的增加，部分城市轨道交通线网已初具规模。考虑到不同制式线路的

建设标准差异，相同制式线路的建设时间与设计标准差异，需要建立的标准非常复杂，为响应国家提出的城市轨道交通由高速发展向高质量发展转变的号召，需要对线网进行高质量和高层次规划，避免设备与线网规划不匹配，解决都市圈不同城市轨道交通以及同一城市不同运输方式发展不平衡、不充分的问题。目前，虽然部分城市已实现部分线路的共线管理，但由于线网组织运输涉及变量繁多，配线设计和换乘条件复杂，需要研究设计更合理的优化算法和更可靠的通信技术，建立智能化线网级调度指挥中心，实现线路间联动及网络化运营调度。并在互联互通的基础上开展灵活编组、大小混编等低能耗配置的列车编组研究。

总结线网运输组织战略发展路径，可以从预测精细化、管理信息化、决策智能化三个方面进行论述。

（1）预测精细化

预测精细化首先要实现路网与客流数据的精准监测，研发线网大客流预警分析与监控系统，构建基于云架构的数据中心，基于共享数据平台，与专业系统实现数据共享，进一步提高实时监控和信息采集水平。其次，要实现城市轨道交通网络运能运量的精准匹配，研究基于多源客流数据融合的列车运行计划编制系统，实现网络客流监测预警、网络运力资源优化配置、运能运量精确匹配和列车全自动运行的运营组织。最后，实现多制式轨道交通融合以及多种运输方式协调，研究重要交通枢纽的客流态势演变、客流协同管控以及综合交通协同调度，提高运输效率，持续推进市区城市轨道交通、市域快轨、城际铁路"三网融合"，明确轨道交通线网在综合运输中的定位，深化研究轨道交通与其他公共交通的顺畅衔接，实现城市级公共交通的资源共享和协同运营。

（2）管理信息化

管理信息化的关键是要构建智慧车站管控体系，实现乘客管理、设备互联以及组织运营。设备互联的基础是网络互联，网络互联对标准编制的统一提出更高的要求，即要求研发高效能耗管理、环境质量管理及人员绩效管理等智能系统，从而实现车站行车及环境设备的自动运行、泛在感知和安全便捷的乘客服务。

（3）决策智能化

决策智能化首先要将现有的决策响应模式集成化，建造推广线网运营调度（应急）指挥中心（NOCC），研发部署智慧城市轨道交通线网运输组织辅助决策系统。其次，要对城市轨道交通线网内部协调组织决策进行优化，研究城市轨道交通智能优化、应急响应和智慧调整的模型、方法和技术体系；研究突发事件发生演化规律，建立应急协调联动体系，智能生成应急预案；基于历史决策，构建数学模型，达到决策模型化高度，形成平台的日常决策支持，如除了发布交通拥挤指数来衡量城市居住环境和交通服务水平外，还需纳入交通安全指数，评价交通安全水平，提出相应改善措施，确保交通安全。最后还要提高抵御城市轨道交通线网运营外部风险的能力。

城市轨道交通线网运输组织发展战略总结见图 3-30。

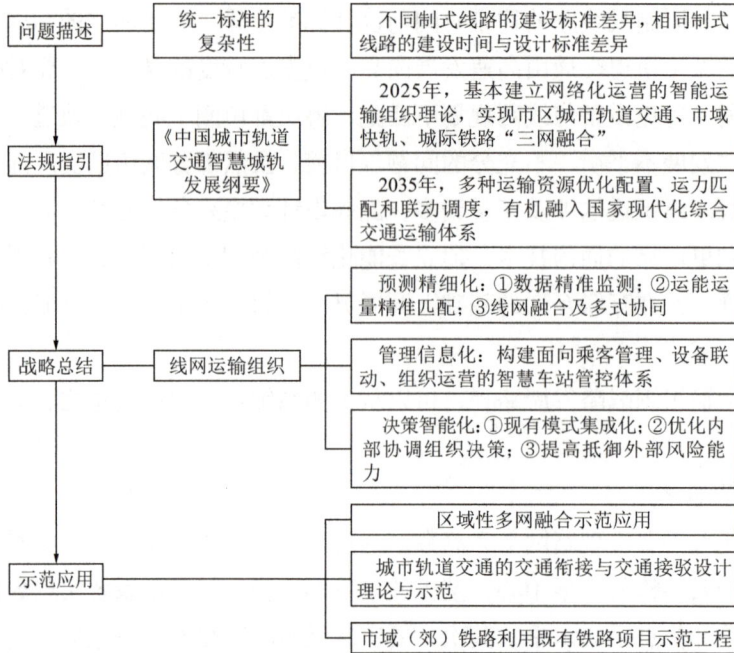

图 3-30　线网运输组织发展战略总结

3.7.2　构建基础设施设计、建造、运维一体化平台

随着新材料、新结构、装配式建造、数字科技和智能技术等新兴技术的发展，既有城市轨道交通工程基础设施的性能提升以及新建工程的设计、建造及运维一体化、智能化及绿色化将成为主要的发展趋势。城市轨道交通行业应加强基于 BIM 的智能信息设施建设，以及基于数据、智能化装备和算法、卫星导航位置服务，构建基础设施无人式、一体式、沉浸式的面向勘察、设计、建造和运营的智能协同系统和装备体系，并采用可实现智能感知、可修复、可再生、绿色低碳的高性能材料技术，实现桥、隧、路、轨、站等人工结构物在全生命周期的一体化、智能化和绿色化。

实现轨道交通基础设施设计、建造、运维一体化，设计层面要预留硬件设施互联互通条件，运维方面要实现网络互联互通，数字信息无障碍传输，突破信息孤岛。另外，既有线路的优化问题仍不可忽视，需要在规划设计层面考虑城市轨道交通快速、大运量的居民出行需求，建造层面需要采用工程微创技术对线路局部区段进行改造，将对线路运营的影响降至最低。智慧城轨的深入发展，使得 BIM 的应用更加丰富。将先进信息化、智能化技术与 BIM 结合，在城市轨道交通的全生命周期中创造更大的附加价值，是当前重点研究和突破的方向。推动城市轨道交通工程基础设施设计、建造、运维一体化，需要建设基于 BIM 的基础设施状态智能化管理平台。

在设计与建设方面，城市轨道交通基础设施一体化发展从模型建立、评价体系、仿真系统三个层次入手：建立基于 BIM 的全线基础设施模型，包括轨道、路基、桥梁、隧道等物理结构以及供电、通信、信号等内部组成，以 BIM 设计模型、施工模型、实景模型、竣工模型"一模到底"为目标，建设全生命周期的 BIM 平台，并基于国家安全层面力争实现 BIM 平台的自主化。此外，采用基于传感器技术与 5G 通信技术，监测噪声、振动、位移等数据信息，并实现基础设施、设备之间的数据实时无障碍交换。对于评价体系，采用基于实时监测的振动、变形、噪声、位移等数据，确立评价标准并建立综合评价体系，同时建立反馈机制，运用传感、视频系统、卫星遥感等技术，适时更新评价标准与体系。对于仿真系统，研究现有仿真平台特性，进行仿真平台耦合或进行集成仿真平台开发，实现对车辆、基础设施与环境的综合仿真分析与评价。

城市轨道交通基础设施一体化发展总结见图 3-31。

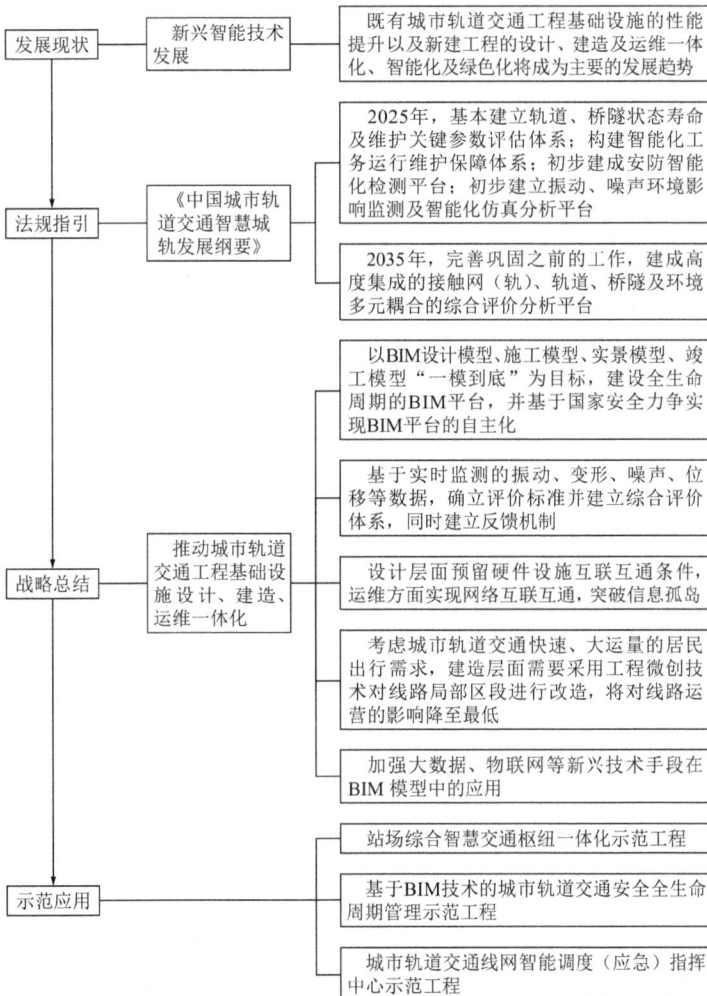

图 3-31　城市轨道交通基础设施一体化发展总结

3.7.3　提高关键技术及装备自主化率和国产化率

城市轨道交通的快速发展将带动城市轨道交通装备需求的不断增长，制造业的转型升级也为我国城市轨道交通技术装备自主化带来新的机遇，互联互通的发展需求也将加快技术装备的标准化进程，与此同时，越来越激烈的国际竞争也将催生领先的城市轨道交通技术装备制造企业。因此，我国需要继续提高城市轨道交通装备产品及关键技术的自主化率和国产化率，实现技术标准化和产品多样化，以工业化芯片技术及工业软件自主化、核心部件国产化为目标，在移动装备的全方位态势感知、自动驾驶、运行控制、故障诊断、故障预测以及健康管理等方面进一步实现智能化，城市轨道交通装备应小型化，实现低能耗、可拆卸、可通用，以提高利用率、维修便利度。实现我国城市轨道交通装备的技术水平和核心竞争力的提升，需要政府加强政策指引，坚持"政产学研用金"六位一体创新工作机制，坚持问题导向，找准短板、攻坚克难，有效推进实现城市轨道交通装备的安全可控。提高关键技术及装备自主化率和国产化率体现在车辆制造、列车控制、智能通信、行车安全四个方面。

车辆制造方面，重点是研制不同运量和速度的多制式车辆，研制并量产标准化 A 型车、B 型车，研究其他智能化新型轨道交通制式的车辆，以适应多种运量需求。

列车控制方面，重点是研制智能化列车自主运行控制系统，研究集约型车辆网络基础平台、全自动运行系统虚拟连挂的多列车协同编组技术、深度集成列车多专业系统、车地和车车无线通信的模块化方法，并构建一体化平台。

智能通信方面，促进 5G+技术在城市轨道交通的应用落到实处，推进非行车安全信息车地通信向 5G+融合演进；研究超大容量、全分布式组网的新一代网络，实现智能流量分配，为城轨云、大数据等应用提供基础；注重通信安全，开展信息安全顶层设计，确保通信业务和数据资源的安全性和机密性。

行车安全方面，在车站级集成弱电专业所有装备信息综合感知与实时控制，深度融合全自动运行系统，实现线路级、路网级综合显示，通过共享乘客向导系统信息实现车地旅客向导信息一体化；基于大数据、5G+等新技术，研发人脸识别、智能感知的视频系统；研究轨行区障碍物检测系统，辅助行车安全。

城市轨道交通技术及设备自主创新发展总结见图 3-32。

3.7.4 促进运输服务与安全保障系统协同化

在未来，运营管理、运输服务、运输组织的一体化、网络化、集成化、绿色化、智能化和协同化将受到空前重视。面向多层次服务需求的客货运产品智能化、协同运营与服务技术，将推动以轨道交通为骨干、水陆空多式联运的一体化综合交通枢纽体系建设，实现多样化、超高速和多栖化的客运、货运服务，提升运输服务效率及品质，降低系统能耗。

建设智慧城轨运控系统，推动开展全网客流实时监测与预警，实现城市群之间的数据同步发布、精细治理，形成以不同中心城市为枢纽的共享式城市群数据库。推进实施客流推演和管控效果预判，以具备精准的客流掌控能力，精准满足乘客服务需求，提高复杂环境下列车运行韧性，以应对城市群高强度、高密度的特点。基于泛在感知及交互技术的轨道交通安全保障技术，可逐步实现由事件驱动型向主动预防型转变的关键技术发展，推动多层次、多粒度、一体化的安全综合保障技术体系的全面发展，实现对基础设施、载运装备、在途服务和环境的全过程、全要素、多方位的安全监测，提升系统的风险预警、应急处置与救援能力。

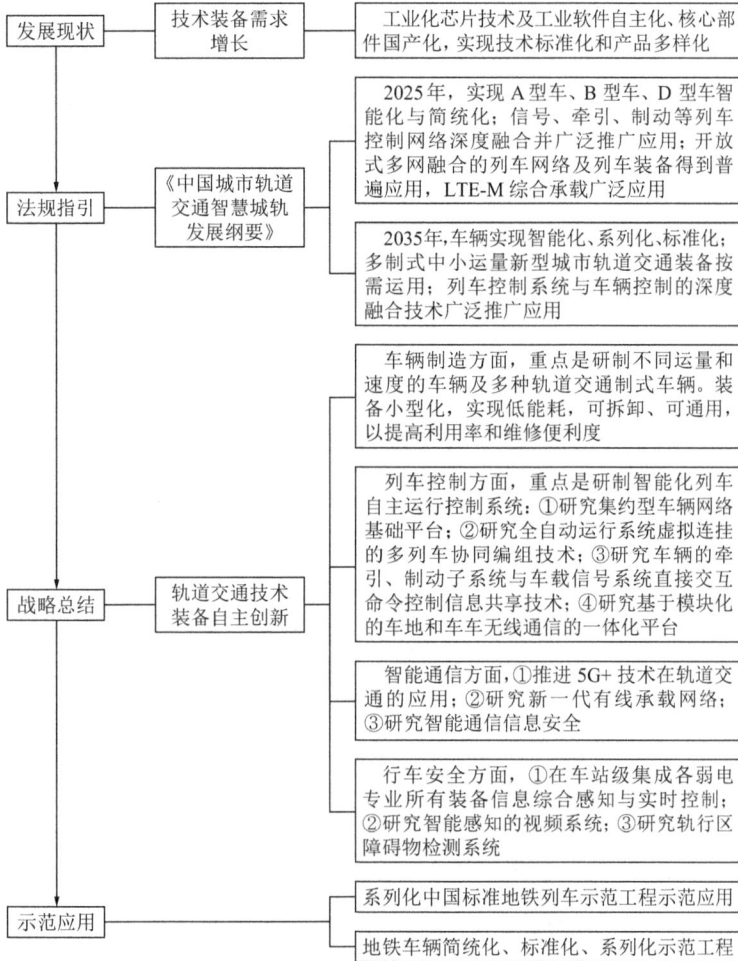

图 3-32　城市轨道交通技术设备自主创新发展总结

在具体内容上，一是要建设与智能调度体系协调联动的运营保障系统，增强车轨综合感知能力，提高供电、通信等系统的安全韧性，以预防及响应火灾、水灾等自然灾害为前提，保障设施安全、网络安全、平台安全及系统间协同安全，并在运营层面降低系统能耗。二是研发互联互通的智能运维决策系统，结合设备故障预测与健康管理，实现设备全生命周期管理，提升安全运营能力。三是深入研究大数据、人工智能等新技术在运输服务提升与安全保障方面的应用：大数据方面，构建城市轨道交通运营设备大数据监测评估系统，实现安全生产监管智能化，提升隐患治理与风险管控能力。人工智能方面，完善智能巡检系统，降低人工巡检成本，综合检测与监测设备状况及周边环境状态，在线集成传感数据。

城市轨道交通运输服务与安全保障发展总结见图 3-33。

```
                              ┌──────────────────────────────────────┐
                              │ 面向多层次服务需求的客货运产品智能化、│
┌────────┐    ┌──────────┐   │ 协同运营与服务技术，将推动以轨道交通  │
│发展现状│────│运输服务及安全│───│ 为骨干、水陆空多式联运的一体化综合交  │
└────────┘    │保障需求升级│   │ 通枢纽体系建设，实现多样化、超高速和  │
              └──────────┘   │ 多栖化的客运、货运服务，提升运输服务  │
                              │ 效率及品质                            │
                              └──────────────────────────────────────┘
                              ┌──────────────────────────────────────┐
                              │ 2025年，车辆、能源、通信、信号等智    │
                              │ 能运维系统在全行业推广应用，日常检修  │
                              │ 效率和车辆整体可靠性达到世界先进水平；│
                              │ 建立基于大数据的线桥隧、通信信号以及  │
                       ┌──────│ 机电设备等多专业设备智能运维体系和行  │
┌────────┐    ┌──────────┐   │ 业标准；基本建成列车调度指挥、运行控  │
│法规指引│────│《中国城市轨道│   │ 制、行车作业等关键系统安全保护和风险  │
└────────┘    │交通智慧城轨│   │ 评估的标准化体系                      │
              │发展纲要》 │   └──────────────────────────────────────┘
              └──────────┘   ┌──────────────────────────────────────┐
                       └──────│ 2035年，覆盖城市轨道交通全行业的智    │
                              │ 能运营安全和综合运维体系全面建成；行  │
                              │ 业技术标准发布实施，部分技术标准进入  │
                              │ 国际标准体系                          │
                              └──────────────────────────────────────┘
                              ┌──────────────────────────────────────┐
                              │ 建设与智能调度体系协调联动的运营保障  │
                              │ 系统。增强车轨综合感知能力，提高供电、│
                       ┌──────│ 通信等系统的安全韧性，以预防及响应火灾、│
                              │ 水灾等自然灾害为前提，保障设施安全、  │
                              │ 网络安全、平台安全及系统间协同安全，  │
┌────────┐    ┌──────────┐   │ 并在运营层面降低系统能耗            │
│战略总结│────│运输服务与安全│   └──────────────────────────────────────┘
└────────┘    │保障协同化│   ┌──────────────────────────────────────┐
              └──────────┘──│ 研发互联互通的智能运维分析决策系统。 │
                       ├──────│ 综合检测与监测设备状况及周边环境状态，│
                              │ 在线集成传感数据                      │
                              └──────────────────────────────────────┘
                       └──────┌──────────────────────────────────────┐
                              │ 深入研究大数据、人工智能等新技术在    │
                              │ 运输服务提升与安全保障方面的应用      │
                              └──────────────────────────────────────┘
                              ┌──────────────────────────────────────┐
┌────────┐                ┌──│ 建设网络客流推演与智能调度系统示范    │
│示范应用│────────────────┤  │ 工程                                  │
└────────┘                │  └──────────────────────────────────────┘
                          └──┌──────────────────────────────────────┐
                              │ 信息发布协同系统应用示范工程          │
                              └──────────────────────────────────────┘
```

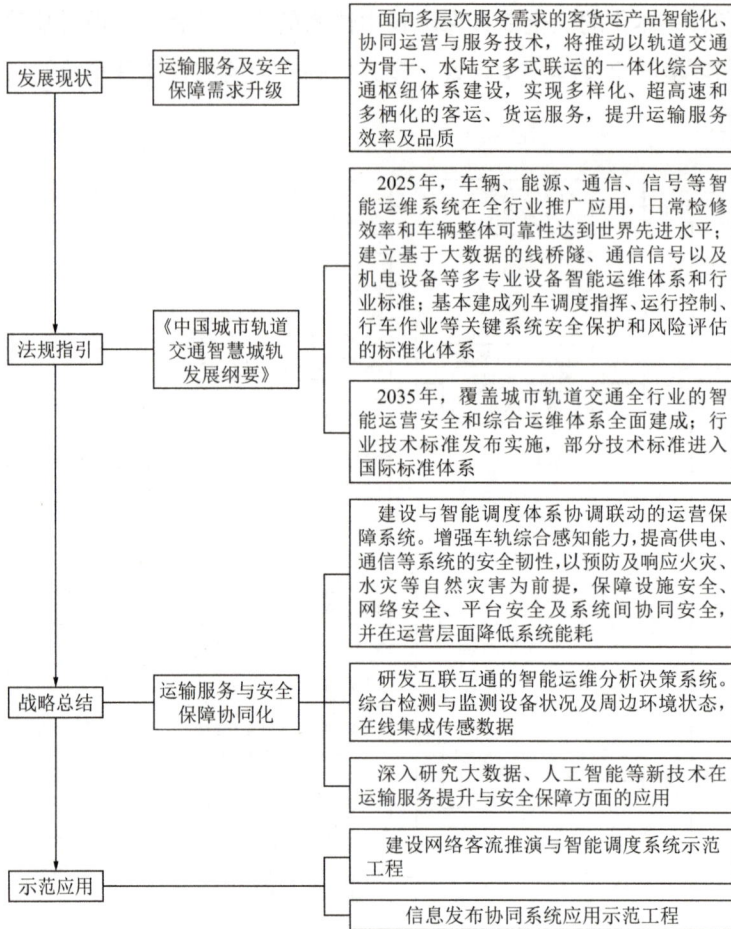

图 3-33　城市轨道交通运输服务与安全保障发展总结

3.7.5　研发推广节能环保型城市轨道交通能源系统

　　智慧城轨的发展不应以牺牲环境为代价，绿色化是智慧城轨的发展目标之一，故应研发推广低能耗、低成本、可持续的节能环保型城市轨道交通能源系统；不断提高面向高能效、绿色化和智能化的牵引供电核心装备技术水平，推动"源-网-荷-储"协同的智能高效牵引供电技术及核心装备的系统化和工程化，推动在新建线路和既有线路的建造和改造过程中的新型能源供给核心技术的应用；在载运装备方面，发展高能效比、轻量化的供电技术、车体设计制造技术以及环境降噪技术，实现列车运营过程中的低成本、可持续发展；构建交流中压环网与推广直流牵引网的双向变流技术，推进能源系统关键部件如直流保护、直流配电开关的国产化开发应用；研究能耗-客流的耦合关系，建立能源系统动态模型；研究探索市电系统供电方案，实现线网级能源调度；积极推广永磁牵引技术，优化城市轨道交通能源系统设计理论方法，利用客流、车辆、信号、环境控制等信息建成先进的智能能源系统。

　　节能环保型城市轨道交通能源系统发展总结见图 3-34。

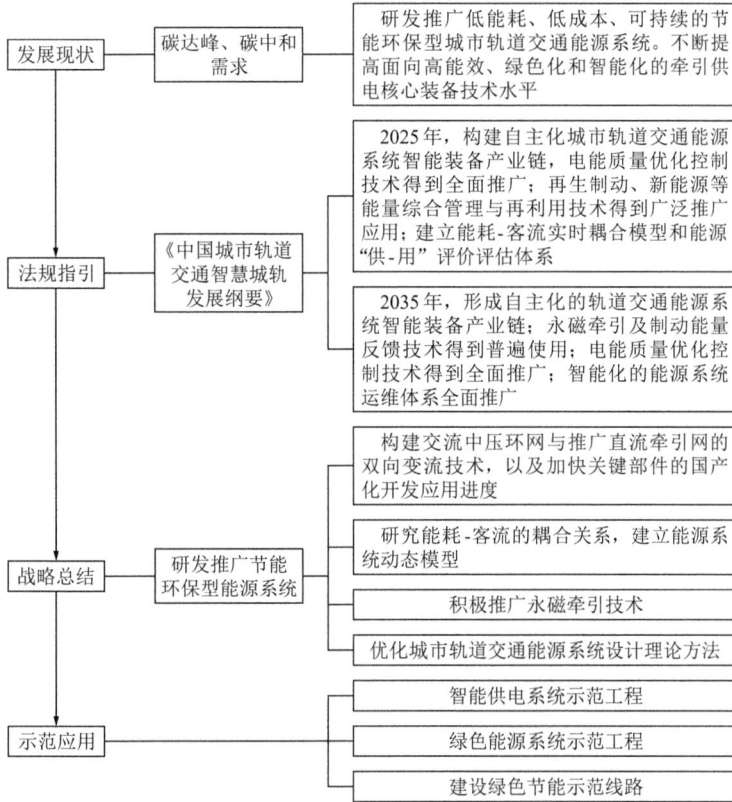

图 3-34 节能环保型城市轨道交通能源系统发展总结

第 4 章

智慧城轨关键技术示范应用——

智慧乘客服务：客流预测

智慧城轨
关键技术研究与应用

4.1 客流分析与预测研究的背景和意义

4.1.1 研究背景

城市轨道交通作为快捷、安全、经济、低碳的出行方式，成为广大居民日常出行首要选择，也在很大程度上缓解了城市拥堵和环境污染等问题。由于城市轨道交通相比于小汽车出行有许多优势，各级政府对城市轨道交通的发展十分重视。据"十四五"规划，未来我国城市轨道交通运营里程将新增 3000km，预计"十四五"累计客运量将突破千亿人次，累计完成投资额达到 18188 亿元。目前，城市轨道交通发展趋于稳定，各城市轨道线路数量逐年增长，客运人数也逐年递增，整体运营趋于多元化、网络化、智能化。2023 年城市轨道交通运营情况见图 4-1。

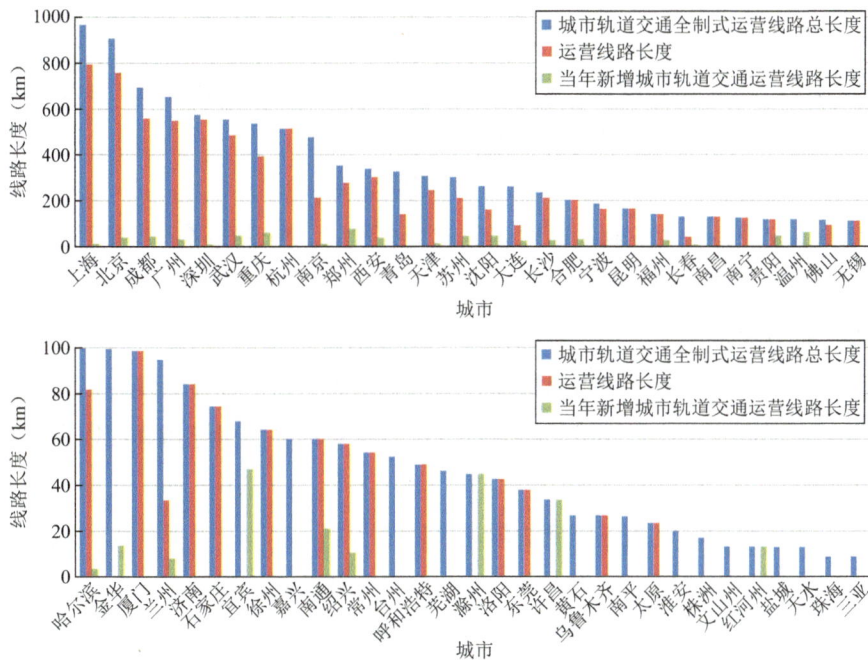

图 4-1 2023 年城市轨道交通运营情况

随着我国对城市轨道交通建设投入力度的增大，未来将有更多城市拥有轨道交通系统。以地铁为例，地铁线路网络密度随着城市地铁客流量增长而逐年提升，同时当前我国大部分城市的城市轨道交通运营企业在经营管理方面都存在亏损现象，需要依靠地方政府的财政支持和补助才能正常运营。因此提升客流管控的智能化、精确化水平将会成为未来城市轨道交通智慧运营的发展方向，通过对过去客流数据归类分析，进而对未来出行客流进行预测，从而制订相应的行车运营计划。而客流预测准确度越高，将会促使城市轨道交通运营企业制订的行车运营计划更符合客流变化规律，使客流与线路运力更加匹配，不仅提高城市轨道交通运营企业运营效率，减少运营成本，还能提高城市轨道交通在乘客心中的吸引力和认可度，同时也能在一定程度上缓解城市道路交通拥堵压力。

4.1.2 研究意义

（1）改善城市交通环境、方便乘客出行、提高出行效率

①提升乘客对城市轨道交通出行满意度，缓解城市道路交通拥堵，提高居民出行的幸福指数。

②基于准确的短时客流预测结果，出行乘客可以制定更合理的出行方案，减少候车时间，极大提升出行体验，进而提高生活幸福指数。

③城市轨道交通运营企业可以根据客流预测结果，制定更加合理有效的列车时刻表以及运营计划，从而提高运营效率。具体而言，第一，通过短时客流精准预测，城市轨道交通运营企业能够制定更加科学、高效的行车间隔计划，能够减少乘客在站台候车时间，提高乘客出行满意度；第二，基于短时客流预测的行车间隔计划，使得城市轨道交通运营更加符合客流规律，方便乘客乘车，顺畅出行，能够吸引更多乘客选择城市轨道交通出行，很大程度上缓解了城市道路交通的拥堵压力。

（2）提升日常运营效率，减少运营成本和能源消耗

①城市轨道交通运营企业利用短时客流的精准预测，提升线路运营智慧化水平，能够一定程度提高工作效率，同时优化行车间隔，减少线路日常运营成本和能源消耗。

②有助于提升突发情况以及大客流情况下的应急处置能力。

③准确的短时客流预测结果可以提供客流信息预警，从而在突发情况以及大客流情况下，城市轨道交通运营企业有充足的时间进行设备组织和客流引导指挥，以保障乘客的出行安全。

（3）为国家和政府制定相应政策法规提供参考

基于短时客流预测的运营优化方案，有利于国家和政府部门制定相关政策法规，为缓解交通压力提供新思路、新方法，使政府对城市轨道交通的运营管理越发科学化、精准化。

4.2 城市轨道交通客流概述

4.2.1 客流概念

客流在宏观层面是指居民在各种出行过程中，通过自身动作或其他方式产生的方向性流动，具备流量、流向以及流时等关键要素，而作为被社会学、经济学以及交通工程学等学科广泛应用与研究的对象。客流受多元化的交通方式、区域农业与经济发展程度、城乡建设、文化程度、百姓生活水平，以及各种基础设施建设分布等因素影响。

在城市轨道交通领域，客流是建设科学的城市轨道交通运输网络、分配相关调度运力以及优化行车间隔计划的前提条件，通过分析城市轨道交通客流的变化规律，能够从变化值的起伏中发现客流变化的波动性。若考虑区域差异情况，客流波动性指标可以用地域不均匀系数表示；若考虑客流流向差异情况，客流波动性指标可用方向不均匀系数表示；若考虑时间差异情况，客流波动性指标可用不同时间粒度的不均匀系数表示。

4.2.2　客流分类

城市轨道交通客流按运输工具不同，可分为地铁客流、轻轨客流、单轨客流、磁悬浮客流、市域快轨客流等。

若按时间长短进行划分，可分为短期客流与中长期客流两类。其中短期客流又可细分为全日内小时客流、高低峰小时客流以及一周内客流等，而中长期客流常包括季节性客流、月客流、年客流等。

若按线路空间分布进行划分，可分为断面客流与车站客流。其中断面客流是指特定时间内，沿线路某方向的区间客流，而车站客流是指在车站上下车及换乘的客流。

若按客流来源进行划分，可分为基本客流、转移客流和诱增客流三类。其中基本客流用线路自身客流与正常随时间增长客流之和表示；转移客流是指从其他交通出行方式转移至城市轨道交通的客流；诱增客流是指在城市轨道交通带动下，诱发周边住宅与商业增长的客流。

4.2.3　客流影响因素

（1）城市居民人口

城市居民人口是影响城市轨道交通客流的重要因素之一，它给地区带来经济效益的同时，也给城市交通出行带来了巨大负担，而城市轨道交通作为重要的交通出行方式之一，在大城市中承担着整个城市居民 50% 以上的出行。因此，城市居民人口是影响客流的关键因素。

（2）票价水平

票价水平是影响城市轨道交通客流的重要因素之一，最为明显的是每当票价相对于人们生活水平降低时，乘坐城市轨道交通的乘客数量明显上升。同时，不同人群对票价的关注度也不一样，低收入乘客对票价的关注度往往较高收入乘客要高得多。例如，2015 年北京地铁 15 条运营线路在调价后的一周，客流从 852.25 万人次下降到 766.01 万人次，减少了约 10.1%，由此可见，票价水平直接对城市轨道交通客流产生影响。

（3）服务水平

服务水平是如今居民出行所关注的重点之一。对于乘客而言，他们更愿意从多元化的出行方式中选择一个舒适性更高、用时和成本最少的出行方式。相较于传统道路交通而言，城市轨道交通以其经济、准时、方便的特点更具优势。由此可见，服务水平是影响城市轨道交通客流的重要因素，而相关企业通过提高运营服务水平能够很大程度上促使客流增长。

（4）线路规划与车站选址

线路规划与车站选址也在很大程度上影响整个线路客流。政府在城市轨道交通线路规划和车站选址的相关问题上，会充分考虑城市各个区域的属性，不同属性区域的客流类型以及客流需求是不尽相同的，以城市居住区为例，存在明显早晚客流高峰，而旅游区客流则会出现工作日与周末的两极差异。由此看来，科学的线路规划与车站选址是稳定城市轨道交通客流的保障。

（5）节假日、天气变化以及特殊活动

节假日、天气变化以及特殊活动等对城市轨道交通客流也会产生极大影响，例如每年春节期间，城市轨道交通客流会出现大幅度增长。另外极端天气（如台风、暴雪等）以及特殊活动发生时，城市轨道交通客流会出现断崖式下跌。由此可见，做好节假日、天气变化以及特殊活动等情况下城市轨道交通相关应对工作，对保障城市居民出行安全具有十分重要的现实意义。

4.3 客流预测国内外研究现状分析

客流预测是指根据数据采集设备收集到的历史客流数据，研究客流信息的变化规律和发展趋势，对客流的未来状态或发展趋势做出科学的判断和推测。作为智慧交通系统的一部分，客流预测一直以来都是国内外不同领域研究学者的研究热点。根据时间跨度、客流规模以及预测精确度的不同，客流预测可以从宏观、中观和微观三个角度分为中长期客流预测和短期客流预测。

中长期客流预测（一般指未来 10～25 年）主要是根据城市的发展规划，从经济因素、人口因素、就业因素这些基本面展开研究工作，利用四阶段法对线网客流规模、分布以及总客流量进行预测，目标是协助城市管理部门进行城市轨道交通线网的规划建设和车站设置。短期客流预测通常是指周期为几个小时甚至更小粒度（5～30min）的客流预测，对交通状况实时评估、动态客流管理、大客流组织和客流疏散具有重要的指导意义。

短期客流预测不仅具有时效性强、随机性强的特点，而且容易受工作日、天气变化、大型活动等诸多外部因素的影响，给预测带来了很大的困难。本节主要综述国内外对城市轨道交通车站短期客流预测的研究。目前，短期客流预测的研究方法主要分为三类：基于统计学理论的客流预测方法、基于机器学习的客流预测方法和基于多模型融合的客流预测方法。

其中基于统计学理论的客流预测方法应用最广泛，包括了许多常见的模型，如：自回归移动平均模型（Autoregressive Integrated Moving Average Model，ARIMA）、卡尔曼滤波模型、指数平滑模型等。随着计算机技术的不断发展，许多研究者提出将机器学习应用于客流预测方面，如：支持向量机（SVM）、贝叶斯算法、决策树、随机森林等；深度学习作为机器学习领域的进一步发展，对预测精度和预测收敛速度有更高要求，包括循环神经网络模型（RNN）、长短期记忆网络模型（LSTM）、反向传播神经网络模型（BPNN）等。

1）国际研究综述

（1）基于统计学理论的客流预测方法

假设未来一段时间内的客流数据与历史客流数据具有相同的数据性质，然后根据统计学理论对历史客流数据进行建模计算得到未来时间段客流数据的方法被称为基于统计学理论的客流预测方法。这类模型主要包括简单的历史平均模型、时间序列分析模型、指数平滑模型、卡尔曼滤波模型以及非参数回归模型等。

交通流预测方向上的研究开展较早，因此，短时客流预测可以借鉴交通流预测的研究成果。20世纪80年代初，Ahmed等首次将ARIMA模型应用于交通流的短期预测中，并且取得良好的预测效果。Box等将自回归移动平均模型用来对交通流进行预测研究，并根据其时间序列特点，在早期的交通流预测中取得了十分不错的效果。Manoel等在道路交通流实验过程中，提出通过支持向量机模型对道路交通流异常进行预测，该模型同时将天气、环境等因素考虑在内，可以准确预测道路交通流情况。

Levin等在高速公路交通流的预测实验中发现，ARIMA(0,1,1)是一种重要的预测模型。ARIMA模型可以有效消除时间序列短期的波动，因此可以很好地时间序列数据的长期特征信息，在交通流预测领域受到众多研究学者的青睐。许多学者在此基础上作了更深入的研究，针对不同的应用场景，提出了各种变体模型。Williams等提出了季节性自回归移动平均模型（SARIMA）。Kum等克服了SARIMA模型需要大量输入数据的缺点，并且在有限的交通流数据上进行了验证。Kamarianakis等建立了时空ARIMA模型，并将此模型应用于交通流预测中。

Okutani等在卡尔曼滤波理论基础上建立了交通流预测模型，并对道路上15min粒度交通流进行了实时预测，最后提出交通流控制策略以缓解交通拥堵等问题。Guo等对卡尔曼滤波器进行了改进，提出了自适应卡尔曼滤波器，在实验中发现，自适应卡尔曼滤波器对不稳定数据具有高度适应性，为不稳定数据的处理提供了很好的借鉴。Zhou等建立了混合双卡尔曼滤波器模型，其在四个真实数据集上的实验结果表明，此模型在时间和空间上都要优于经典卡尔曼滤波器。

（2）基于机器学习的客流预测方法

爆炸式增长的数据量以及大幅提升的电脑算力给智慧交通系统带来了巨大的发展。同时基于数据驱动的机器学习模型，如支持向量机、贝叶斯算法以及神经网络等，在智慧交通领域特别是短期客流预测方面取得了较好的效果。国内外智慧交通研究学者逐步从统计学习模型研究转向机器学习模型研究。

Roos 等提出把动态贝叶斯网络与高斯模型结合，从而提高城市轨道交通客流预测效果。Zarei 等提出利用随机森林概念构建基于随机森林的客流预测模型。Wang 等提出基于多层感知机的客流预测模型，该模型考虑了多种客流变化影响因素，并将其带入模型中进行训练，通过实验发现，该模型在预测方面有较好效果。Zhang 等提出一种融合自回归移动平均模型与小波分解的预测模型，并将其应用于短时客流预测领域，通过实验发现，该模型具备两种子模型的优点。

深度学习作为机器学习的一个分支，在短时客流预测领域也十分常见。Zhao 等将 LSTM 应用于客流预测，构建基于二维长短期记忆网络的短时客流预测模型，通过实验发现该模型具备较好的时间、空间特征。Sun 等提出一种基于贝叶斯算法的交通流预测模型，此模型既适用于完整的交通流数据集，又适用于不完整、有缺失的交通流数据集。Jeremy 等提出一种基于动态贝叶斯算法短期客流预测方法，此模型通过高斯混合模型将局部影响条件转换为线性高斯分布，从而更好地捕捉变量之间的非线性关系。Chang 等提出一种基于 K 近邻算法（K-Nearest Neighbor，KNN）的交通流预测模型，在实际数据集上进行了多次实验，实验结果表明，该模型可以适应波动性大、不稳定的交通流。Dong 等基于小波分解建立 XGBoost（优化的分布式梯度提升）短时交通流预测模型，首先对交通流进行小波分解与重构得到高频与低频信息，并利用高频与低频信息对预测模型进行训练，然后通过大量实验，表明该模型在交通流预测中具有良好的应用效果。Lv 等提出基于堆栈式自编码神经网络的交通流预测模型，该模型利用自动编码器表示交通流的时间和空间特征，并且采用分层的训练方式进行模型训练，大量实验结果表明此交通流预测模型具有优越的性能。Duan 等在堆栈式自编码神经网络的基础上进行了改进，使得该模型可以很好地适用于有数据缺失的数据集。

（3）基于多模型融合的客流预测方法

不同的预测模型都有各自的优缺点，对场景的适应性不同。基于多模型融合的客流预测方法可以综合各个模型的优点，从而建立预测性能更佳、适应性更好的融合预测模型。

Jiang 等综合经验分解模型和灰色支持向量机模型，建立了一种融合短期需求的预测模型。Xie 等将时间序列数据分解为三个组成部分：趋势周期组成部分、季节因素组成部分和不规则组成部分，在此基础上建立了基于季节分解和最小二乘支持向量回归模型的融合预测方法，最终将此融合模型应用于航空客运流量的短期预测中。Li 等对交通流数据进行了特征分析，并以客流特征为输入，分别构建了支持向量机预测模型和 ARIMA 预测模型，并在此基础上将模型进行了融合。Gao 等基于小波理论与神经网络理论，构建了小波神经网络（WNN）模型，并在实际交通流数据集上进行了多次实验，实验结果表明，此模型具有良好的预测效果。Shi 等提出基于 XGBoost 和贝叶斯算法融合的列车到站延迟预测模型，首先基于可能影响下一站列车到达的 11 个特征建立了 XGBoost 预测模型，然后利用贝叶斯算法对 XGBoost 的超参数进行调优，最后通过实际案例表明该模型具有良好的预测效果。Ma 等基于 GPS（全球定位系统）数据，建立了一种限制玻尔兹曼机与循环神经网络相融合的预测模型，并将其应用于道路交通拥堵的预测中，并在实验中验证了该模型的有效性和适应性。

2）国内研究综述

（1）基于统计学理论的客流预测方法

韩超等对基于 ARIMA 的交通流预测模型进行了改进，并且在交通流数据上进行了大量预测实验，结果表明，此模型可以通过减少遗忘因子，达到提高模型的预测性能的目的。翁小雄等在广州实际交通流数据集的基础上，提出 ARIMA 短时交通流预测模型，并且详细描述了建模过程，该模型能够有效提取交通流的特征和规律。孟品超等对滑动平均法进行改进，并将模型应用于城市轨道交通客流的短时预测中，该模型的算法原理是通过实时数据对模型的参数进行迭代更新。宫晓燕等对传统的非参数回归模型进行了改进，通过 K 搜索算法对时间序列数据进行了重新组织，通过此改进的预测模型实现了短时交通流的实时有效预测。熊杰等在城市轨道交通客流数据分析的基础上构建了卡尔曼滤波预测模型，并且可以通过实时采集的数据对模型进行参数更新，该模型可以准确预测早晚高峰客流量。张智勇等基于卡尔曼滤波原理进行了模型改进工作，利用北京地铁实时客流数据对改进模型进行验证，结果表明该模型能够提升预测信息的实时性。石曼曼对相空间的卡尔曼滤波器进行改进，将原始数据中相对应时间的交通流差值作为客流特征，在实际交通流数据中进行多次仿真，并计算模型的参数，实验证明，该模型在交通流预测中有较好的应用效果。

对于短时客流预测研究，国内众多学者通过不断钻研，取得了十分显著的成果。赵鹏等结合车站客流变化规律，提出基于季节变动的时间序列模型，并将其应用于北京地铁车站的客流预测。王夏秋等针对月客流量的季节波动性，提出了一种基于季节指数的自回归积分滑动平均模型，用于对南京地铁车站客流进行预测研究，通过对比实验发现，加入季节指数后的预测模型误差小，精确度更高。张智勇等对基于卡尔曼滤波理论的短时客流预测模型进行改进，并以北京地铁车站客流数据进行实验分析，结果表明，此模型能够有效对短时客流进行预测，且具备较高的实时性和准确性。孟品超等通过对实时客流数据进行迭代，得到改进滑动平均法（MA）的客流预测模型，并与 SVM、WNN 等其他 4 种方法对比，结果表明，改进后的模型计算速度明显更加具备优势。王锦添等针对公交客流数据随机性和复杂性等问题，通过 KNN 非参数回归的方法对公交客流进行预测，经过实验发现，该方法所得数据与实际客流数据具有较高拟合度。

（2）基于机器学习的客流预测方法

在机器学习领域，孙晓黎等提出一种基于集成 XGBoost 算法的客流预测模型，并以西安地铁刷卡数据为例，对比 ARIMA 等其他预测模型，结果发现通过机器学习的 XGBoost 预测模型能提高预测精确度和迭代速度。杨信丰等提出将 AP 聚类算法与支持向量机模型进行结合，通过 AP 聚类算法来提高支持向量机模型的预测精度。汤旻安等通过对最小二乘支持向量机模型进行模糊信息粒、混沌粒子群优化，使得该模型兼具模糊信息粒化的提取信息能力和粒子群算法的全局搜索能力，并以广州地铁早晚高峰客流数据为例进行实验，结果发现，该预测模型能够有效追踪客流的变化趋势。而在深度学习方面，李洁等通过多层网格搜索来细化参数，提出了基于 LSTM 的客流预测模型，经研究发现，提高隐含层与神经元数量能够在一定程度上提高预测效果与收敛速度。李梅等以上海地铁刷卡数据为例，利用 Pearson 相关分析法提取影响因子，构建基于 LSTM 的短时客流预测模型，通过将预测结果与 MLR（多元线性回归）模型、BP 模型相比较，发现 LSTM 在客流预测方面表现良好。陈深进等为解决公交客流随机性、不确定性等困难，结合无监督学习理论，构建了改进卷积神经网络（CNN）的客流预测模型，通过实例训练发现，改进后的模型预测误差更小，可靠性更高。傅晨琳等为解决客流序列波动问题，提出一种基于 EEMD（经验模态分解）-BP 的短期客流预测模型，通过对进站客流序列模态进行分解与筛选，最终实现对短期客流的合理预测。施小龙等通过融合多种机器学习模型，验证得到多特征融合的模型比单一模型在客流预测方面更加具备优势。

傅贵等基于支持向量机建立了短时交通流预测模型，引入核函数对交通流数据进行了预处理，最后利用广州市交通流监测系统上的实际数据验证了此模型的可行性和有效性。张凯建立了基于最小二乘支持向量机的城市轨道交通客流预测模型，同时构建了混沌粒子群优化算法对预测模型参数进行寻优，最后利用成都地铁 1 号线的实际数据进行了实验，结果表明该模型在城市轨道交通客流预测中有较好的应用效果。郭文对苏州地铁客流数据进行了特征分析，并以此为输入构建了基于支持向量机的短时客流预测模型，其中模型的参数通过遗传算法进行寻优。张淑玉从历史客流数据和预售期间已售票额两种数据出发，提出基于发车时间、旅行时长、节假日等客流特征的贝叶斯模型，最后利用京沪高铁客流数据进行了验证。张琛对北京地铁客流数据进行了特征分析，以客流的时空特征为输入，分别构建了单断面和多断面预测模型。付宇等在城市轨道交通车站客流的基础上，结合日期、时段、天气、活动时间等外部客流特征，构建了基于 XGBoost 的大型活动期间地铁客流预测模型。李若怡对 LSTM 模型进行了改进，将时空特征作为模型的输入层，并将此模型应用于地铁 OD 的预测中，最后基于北京地铁客流数据验证了模型的可行性和有效性。

（3）基于多模型融合的客流预测方法

谭满春等构建了 ARIMA 和神经网络的组合模型，通过 ARIMA 模型捕捉变量之间的线性关系，同时利用神经网络捕捉变量之间的非线性关系。罗向龙等对原始数据进行差分处理，并在此基础上，首先利用深度信念网络学习特征，然后将学习到的特征输入支持向量机中，从而实现交通流的预测。刘钊等人提出了 KNN 与支持向量回归分类器的组合预测模型，其中 KNN 负责与当前状态近似的历史交通流的重构工作，支持向量回归分类器负责实现交通流预测，最后基于实际交通流数据验证了模型的有效性。李得伟等将加权历史平均自回归模型、ARIMA 模型以及 WNN 进行组合，研究分析得出组合模型的预测效果更好，但是并没有改变预测误差的结构。罗向龙等人针对交通流的时空性，提出了

KNN-LSTM 模型，首先利用 KNN 算法测量不同车站之间的距离，从而筛选出与预测车站相近的K个车站，最后将K个车站的数据输入 LSTM 模型中进行预测。赵欣基于城市轨道交通 AFC 刷卡数据，利用 Hadoop 大数据平台进行客流时空特征分析，提出基于高斯过程回归模型与岭回归模型的车站短时客流预测模型，该模型具有良好的时间效率与预测精度。胡洪滔分别构建了基于 LightGBM 和 LSTM 的对外客运枢纽车站的客流短时预测模型，并通过动态回归器（Dynamic Regression Selection，DRS）进行模型融合，得到了 LGB-LSTM-DRS 局部最优融合预测模型，最后以成都东站 AFC 客流数据为例，验证了 LGB-LSTM-DRS 模型的预测性能。

4.4 短时客流预测方法分类及评价

客流预测主要是根据收集到的历史客流数据，通过相应的数据模型估算未来特定时间段内的客流量的一个过程。

收集到的历史客流数据集合可以用$\{x(i,t)|i=1,2,3,\cdots,N;\ t=1,2,3,\cdots,T\}$表示，其中$x(i,t)$表示在第$i$个车站，第$t$个时间段内收集到的车站客流量，$N$表示历史车站客流量的总数据条数，$T$表示历史车站客流量的总时间段。客流预测问题则是在历史客流数据集合上，求解未来时间段的客流量$x(i,t+1)$，如图 4-2 所示。

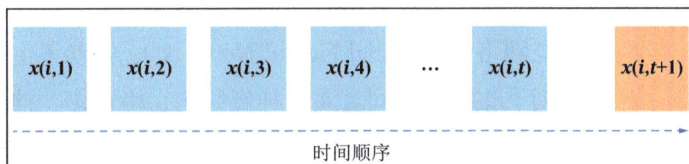

图 4-2 客流时间序列信息示意图

4.4.1 短时客流预测方法分类

早在 20 世纪 80 年代，一部分研究人员已经开始将客流预测运用于交通领域，作为客流研究的重点，短时客流预测研究不断深入，出现了许多具有代表性的预测模型和方法。根据当前客流预测研究现状，常见的短时客流预测模型可以按方法性质分为三大类：参数法、非参数法和组合法。具体分类如图 4-3 所示。

（1）参数法

参数法是指将数据序列通过有限参数加以限定，通过参数对数据分布规律加以假设，从而得到符合数据规律的预测。其中以时间序

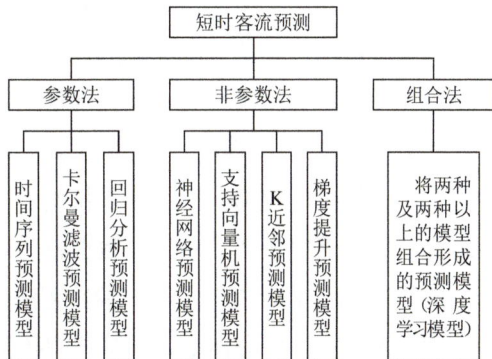

图 4-3 短时客流预测模型分类

列预测模型、卡尔曼滤波预测模型以及回归分析预测模型为代表。

时间序列预测模型是通过分析过去某时间内客流变化，结合其规律特征，对未来某时段内客流情况进行预测。从时间序列预测模型的定义中可以发现，该模型所分析的对象具有明显的时间先后顺序，这种时间先后顺序可以是周期性的顺序，也可以是季节性或趋势性的顺序。通过对国内外时间序列预测模型的研究发现，该模型具备结构简单且在大量数据支持下预测准确度较高的优势，但该模型未考虑时间序列中的偶然因素影响，且实用性较低，对随机性事物的预测能力较弱。

卡尔曼滤波是 20 世纪 60 年代初提出的一种算法，用于解决数据系统中噪声和干扰问题。通过对卡尔曼滤波的研究可以发现，它的优势在于能够对稳定和非稳定数据进行滤波处理，具备较好的适应性和鲁棒性。但它同样也存在缺点，在对随机性较强的非线性事件进行预测时，其准确度不高，且该模型较为复杂，受外在因素影响较大。

回归分析预测（Regression Analysis Prediction）是通过统计归纳数据，结合变量间特点，构建回归方程。根据自变量的不同，其常常可分为一元回归分析预测模型和多元回归分析预测模型。虽然该模型具备操作简单的优势，但难以应对突发事件的预测。

（2）非参数法

非参数法是指由于数据序列分布无规律，且随机性高，不能通过有限参数加以限定，只能假定一个无限维且伴随数据信息不断增长的参数来确定。其中以神经网络、支持向量机、K 邻近模型等为代表。

神经网络全称为人工神经网络（Artificial Neural Network），是参考生物体内神经结构和功能所提出的数学运算模型。该模型如同真实的神经结构，由许多"神经元"组成，而每个"神经元"代表着一种激励函数，这些激励函数间由权重相连。通过调整函数和权重，使神经网络能传递不同神经信息。随着对神经网络研究不断深入，相关算法的应用也越来越多。其优势在于有较强运算与学习能力，适应性较高，缺点在于训练过程较为复杂，迭代速度较慢，且部分神经网络在运输过程中容易陷入局部最优的误区。

支持向量机（Support Vector Machine，SVM）于 1964 年被 Vapnik 和 Alexey 提出，是一种常见的机器学习方法,该模型通过寻求结构风险最小化来提高监督式学习的泛化能力，以达到经验范围和置信范围优化的效果。同时支持向量机本质上是一种二分类模型，能够将低维问题映射到高维空间，从而降低问题复杂度。该模型优势在于具备较强的鲁棒性和泛化能力，分类思想简单，能够通过向高维映射的方式降低问题复杂度，在样本数据量较小时，实验精确度较高。但由于其精确度高低取决于核函数的选取，所以该模型对大规模训练样本操作能力较弱，对缺失数据较为敏感。

K 邻近模型（KNN）作为非参数算法，在分类和回归场景应用广泛。其基于数据相似性原理，先计算待分类样本与训练集中各样本的距离，选取距离最近的 K 个邻居样本，在分类任务中，依据 K 个邻居中出现频率最高的类别确定待分类样本类别，在回归任务中则取邻居数值的平均值。K 值的选择对模型性能影响显著，需借助交叉验证确定。该模型简单直观、无需训练且能适应多种数据分布，但在大规模数据处理时，存在计算量大、内存占用高和缺乏可解释性的问题。

（3）组合法

组合预测模型是指为实现相同的预测目标，将两种及两种以上模型组合成新的模型，这种模型结合了各子模型优势，且能够在一定程度上扩大这种优势。以深度学习的组合模型为例，常见的组合形式可以分为等权组合与非等权组合两种，其中等权组合是指各个子模型的预测值按相等权值组合成新的预测值，而非等权组合的预测值由不同权值的子模型计算得到。虽然组合预测模型能够结合各个子模型的优势，但同样各个子模型的缺点也会影响组合模型的预测效果，造成准确度下降、收敛速度缓慢等后果。

通过对比上述三类客流预测方法能够发现，客流预测模型可能会存在稳定性差、准确度易受随机因素影响、对原始数据要求高、算法复杂等缺点。例如时间序列模型初始化复杂，且对数据样本要求较高。KNN 模型学习能力较差，且预测精度和效率较低。支持向量机模型过于依赖核函数的选取，对预测结果存在一定干扰。神经网络模型存在训练成本高、易过拟合、可解释性差以及对大规模数据依赖度高等不足。

4.4.2　客流预测模型的评价方法

在智能算法研究方面，通过引入评价指标对智能算法性能进行评定十分重要。采用合适的评判方法和依据，在一定程度上会对研究结果产生显著影响。因此结合研究需要，为反映真实值和预测值间误差情况，多采用平均绝对误差、均方根误差及平均绝对百分比误差作为客流预测准确性的评判标准。

平均绝对误差（Mean Absolute Error，MAE）通过预测值与实际值之间绝对差值的算术平均来表示。在数理统计领域，平均绝对误差作为一种线性分数，通过将预测值与实际值间差值绝对化，避免出现正负相消的困境，因此能更好地反映预测值误差的实际情况。具体表达式如下：

$$\text{MAE} = \frac{1}{N}\sum_{i=1}^{N}|x_i - x_i'| \tag{4-1}$$

均方根误差（Root Mean Square Error，RMSE）通过预测值与实际值之间差值的标准差来表示，在数理统计领域，均方根误差用于衡量预测值与实际值之间的偏移量。具体表达式如下：

$$\text{RMSE} = \sqrt{\frac{1}{N}\sum_{i=1}^{N}(x_i - x_i')^2} \tag{4-2}$$

平均绝对百分比误差（Mean Absolute Percentage Error，MAPE）通过预测值与实际值之间差值占实际值百分比的平均来表示。具体表达式如下：

$$\text{MAPE} = \frac{100\%}{N} \sum_{i=1}^{N} \left| \frac{x_i - x_i'}{x_i} \right| \tag{4-3}$$

4.5 基于统计学理论的客流预测

本小节主要对基于统计学理论的 ARIMA 模型展开讨论。ARIMA（p, d, q）模型是针对不平稳时间序列建立的。其算法原理是通过差分将非平稳数据平稳化，然后在此基础上对偏自相关函数和自相关函数进行分析，最终建立 ARIMA 模型实现对时间序列数据的预测。

ARIMA（p, d, q）可表示为：

$$\varphi_p(B)(1-B)^d X_t = \theta_q(B)\varepsilon_t \tag{4-4}$$

式中：X_t——原序列；

$\quad B$——滞后算子，$BX_t = X_{t-1}$；

$\quad p$——模型的自回归阶数；

$\quad q$——移动平均阶数；

$\quad d$——差分次数；

$\quad \varphi_p$——自回归算子，$\varphi_p(B) = (1 - \varphi_1 B - \cdots - \varphi_p B^p)$；

$\quad \theta_q$——移动平均算子，$\theta_q(B) = (1 - \theta_1 B - \cdots - \theta_q B^q)$；

$\quad \varepsilon_t$——白噪声序列，均值为 0、方差为 δ^2 的随机变量序列。

ARIMA（p, d, q）模型的主要建模步骤如下。

（1）平稳性检验

采用 ARIMA 模型首先要判断原始时间序列数据是否平稳。数据平稳性检验的主要方法包括直观判断法（数据可视化）和参数检验法（自相关系数、偏自相关系数、单位根检验）。如果检验发现原始时间序列数据是非平稳数据，就需要对原始时间序列数据进行平稳性处理。目前主流的平稳性处理方法有对数变换方法、差分处理方法以及这两个方法配合使用的方法。

（2）模型定阶

时间序列数据经过平稳性检验及处理后，需要计算时间序列的自相关系数和偏自相关系数，然后对这两个系数进行研究分析，从而得到模型的阶数。

（3）模型参数估计及检验

ARIMA 模型最常用的参数估计方法是最小二乘估计法，其具体公式如下：

$$\beta = (\alpha_1, \cdots, \alpha_p, b_1, \cdots, b_q) \tag{4-5}$$

$$F_t(\beta) = \alpha_1 x_{t-1} + \cdots + \alpha_p x_{t-p} - b_1 \varepsilon_{t-1} - \cdots - b_q \varepsilon_{t-q} \tag{4-6}$$

其中残差平方和表示为：

$$Q(\beta) = \sum_{t=1}^{n} \varepsilon_t^2 = \sum_{t=1}^{n} \left(x_t - \alpha_1 x_{t-1} - \cdots - \alpha_p x_{t-p} - b_1 \varepsilon_{t-1} - \cdots - b_q \varepsilon_{t-q} \right)^2 \tag{4-7}$$

对时间序列数据的残差平方和进行计算，根据计算结果，选择其中最小的那组参数作为 ARIMA 模型的参数。在模型参数估计完成之后，还需要对模型的有效性进行检验，初步判断此模型能否充分提取数据信息。其中，F 检验和卡方检验是目前数据领域最常用的检验算法，其核心原理是对残差序列进行白噪声判断，如果残差序列是白噪声序列则说明此模型有效。

（4）模型预测

经过平稳性检验、模型定阶、模型参数估计及检验这些工作之后，所构建的 ARIMA 模型就可以应用于时间序列数据预测。

4.6　基于机器学习的客流预测

一般而言，机器学习可分为监督学习、非监督学习、半监督学习和强化学习。本研究考虑到短时客流预测模型的准确性以及鲁棒性，选取近几年在城市轨道交通车站短时客流预测方面应用较广泛的模型——BPNN、LightGBM 和 LSTM 模型，进行详细论述。

4.6.1　BPNN

BPNN 即反向传播神经网络，在神经网络中对误差逆向传播，其本质上还是多层感知器的一种，也是如今最值得研究者探索的神经网络模型之一。该模型能够处理较为复杂的映射关系且具备较强的模仿能力，其映射关系中的运算方程式可以不用提前给定，常凭借误差逆向传播来调节网络中权值和阈值，致使输出结果与期望值在可接受范围内。通常 BPNN 中包括了输入层（input layer）、输出层（output layer）以及隐含层（hide layer），其中隐含层可分为单层和多层。作为一种多层的感知神经网络，BPNN 在运行时信号沿着"神经元"向前传播，而误差则沿着"神经元"逆向传播。BPNN 结构如图 4-4 所示。

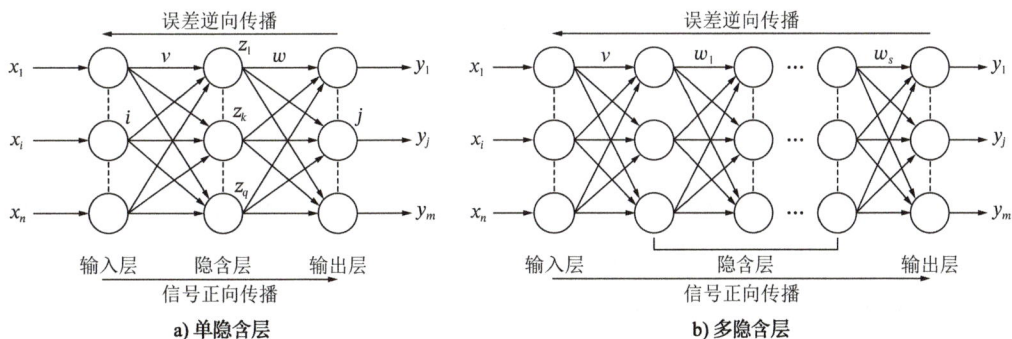

a) 单隐含层　　　　　　　　　　　　b) 多隐含层

图 4-4　BPNN 结构图

由图 4-4 可知，在 BPNN 中，$x_1, x_2, \cdots, x_n$ 为神经网络的输入值，$y_1, y_2, \cdots, y_m$ 代表神经网络的输出值，隐含层中 w_{ij} 或 w_{jk} 为连接输入层和输出层的连接权值，通过连接权值可以调节输入值的占重比,以达到神经网络模型函数映射效果。

从 BPNN 算法原理上分析,该模型主要包括两个传播过程,分别是信号正向传播以及误差逆向传播。在信号正向传播时,信号从输入层输入神经元,经过隐含层作用于输出层节点,通过相应 BP 算法,产生输出信号,将产生的信号与实验期望结果对比,若与期望结果差异过大,则触发误差逆向传播。在误差逆向传播过程中,输出的误差按输出层—隐含层—输入层的顺序传递,当误差经过各层时,会被各层记录,从而调整对应权值和阈值大小,使得误差沿梯度下降,在经历不断的算法训练后,得到最小误差对应的 BPNN 参数(即权值和阈值)。

结合相关特点,以最简单的三层结构为示范,相对应的 BPNN 建模与训练步骤如下。

步骤一:BPNN 初始化。确定数据序列 x 和 y,其中 $x = (x_1, x_2, \cdots, x_n)$,$y = (y_1, y_2, \cdots, y_m)$。同时根据实验情况假设输入层节点数为 n,隐含层节点数为 l,输出层节点数为 m,输入层到隐含层的权重为 w_{ij},从隐含层到输出层的权重为 w_{jk},输入层到隐含层的阈值为 a_j,隐含层到输出层的阈值为 b_k,学习速率为 η。

步骤二:计算隐含层的输出。结合步骤一中相关设定值,得到模型中隐含层的输出值 H_j:

$$H_j = g\left(\sum_{i=1}^{n} w_{ij}x_i + a_j\right) \tag{4-8}$$

式中:$g(x)$——激励函数,一般情况下会使用 Sigmoid 函数代替,使用 Sigmoid 函数能够将负无穷到正无穷的信号转换为 0 到 1 之间,具体公式如下:

$$g(x) = \frac{1}{1 + e^{-x}} \tag{4-9}$$

步骤三:计算从隐含层到输出层的输出。结合步骤一中相关设定值与步骤二中隐含层的输出,得到 BPNN 输出层的输出值 O_k:

$$O_k = \sum_{j=1}^{l} H_j w_{jk} + b_k \tag{4-10}$$

步骤四:计算网络输出误差。通过将输出层的输出结果与期望值对比,得到 BPNN 的输出误差,并用最小二乘法表示:

$$\varepsilon = \frac{1}{2}\sum_{k=1}^{m}(Y_k - O_k)^2 \tag{4-11}$$

式中:Y_k——期望值。

步骤五:神经网络的权值更新。比较输出结果与期望值,若两者相差较大,则将误差进行逆向传递,并同时调整网络中权值大小。

隐含层权值更新:

$$w_{jk} = w_{jk} + \eta H_j(Y_k - O_k) \tag{4-12}$$

输入层权值更新:

$$w_{ij} = w_{ij} + \eta H_j(1 - H_j)x_i \sum_{k=1}^{m} w_{jk}(Y_k - O_k) \tag{4-13}$$

步骤六：神经网络阈值更新。在误差逆向传递过程中，同样会对整个网络中的阈值进行调整。

隐含层阈值更新：

$$b_k = b_k + \eta(Y_k - O_k) \tag{4-14}$$

输入层阈值更新：

$$a_j = a_j + \eta H_j(1 - H_j)\sum_{k=1}^{m} w_{ij}(Y_k - O_k) \tag{4-15}$$

步骤七：判断算法是否终止。经过多次迭代训练，若满足终止条件，则 BPNN 算法终止，并输出对应结果；若不满足终止条件，则回到步骤二中重新计算。

结合以上所有步骤，BPNN 算法具体流程如图 4-5 所示。

相比于其他机器学习算法，BPNN 在非线性映射和网络结构方面具备较强优势，并且其结构简单，适合在多个领域进行研究应用。但随着计算数据与条件的复杂化，BPNN 同样存在一定劣势，如学习和收敛速度较慢、输出结果容易陷入局部最优困境、网络扩展能力较弱等。因此，可通过引入其他搜索算法（如麻雀搜索算法）对 BPNN 进行优化改进，以提高 BPNN 模型预测精确度和收敛速度，同时避免陷入局部最优困境。

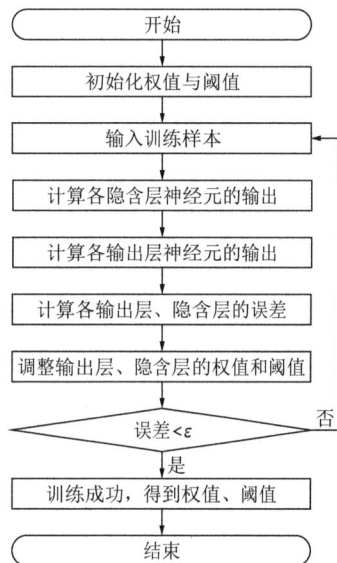

图 4-5　BPNN 算法的流程图

4.6.2　LightGBM

LightGBM 全称为轻量梯度提升模型，是 2017 年 1 月由微软亚洲研究院提出的一个开源框架。LightGBM 是基于梯度提升决策树算法改进的集成机器学习算法，是对梯度提升决策树算法的高效工程实现，可以改善梯度提升决策树算法处理大数据效率不高的缺点，使其更快地用于工业实践。LightGBM 在原来 XGBoost 算法基础上做了进一步改进，通过集成多棵决策树提升模型的预测性能，使得模型算法在性能、准确率、训练速度等方面相比于其他梯度提升决策树算法有着明显的优势。目前，LightGBM 是梯度提升决策树算法最优秀的实现框架之一，被各个领域的研究人员广泛使用。

（1）决策树

决策树是一种常见的机器学习算法，其原理是使用树模型进行决策，其决策过程可以理解为数据结构中的树结构，因此被称为决策树。根据执行任务的不同，可以将决策树分为分类决策树模型和回归决策树模型两大类。

回归决策树包括节点和有向边两部分，其中节点根据所在位置的不同，分为内部节点和叶节点。内部节点中存储数据的特征信息，而叶节点中存储最后输出回归结果，也就是预测值。在执行回归预测任务时，将会根据提供的数据特征，从根节点开始，对决策树进行递归遍历操作，最后得到的叶节点中存储的数值就是最后的预测结果。回归决策树主要包括特征选择、树的生成和剪枝三部分，其具体过程如下。

对于给定的训练数据集：

$$D = \{(x_1, y_1), (x_2, y_2), \cdots, (x_N, y_N)\} \tag{4-16}$$

其中，x_i表示输入变量，$y_i \in \{1, 2, \cdots, K\}$表示类属性。假设叶节点有$M$个单元划分，可表示为$R_1, R_2, \cdots, R_M$，其中$R_M$中存储着一个输出值$C_m$，则回归树可用式(4-17)表示。

$$f(x) = \sum_{m=1}^{M} C_m I(x \in R_M) \tag{4-17}$$

其中，x为指示变量，当$x \in R_M$时I等于 1，其他情况则等于 0。

叶节点被划分完成后，一般使用平方误差计算模型在输入数据上的误差。当平方误差最小时，单元划分上的输出为最优结果。因此可以得出，单元划分的最优输出是在全部输入数据的结果上进行求均值操作，对应的公式为：

$$C_m = \text{ave}(y_i | x_i \in R_M) \tag{4-18}$$

其中，叶节点基于启发式算法进行划分，核心原理主要是首先选择第j个特征$x^{(j)}$作为切分变量，然后选取它的数值s作为切分点，大于s的数据被划分到右子树，小于s的数据被分到左子树，具体公式如下：

$$R_1(j, s) = \{x | s^{(j)} \leqslant s\} \ \& \ R_2(j, s) = \{x | x^{(j)} > s\} \tag{4-19}$$

对全部输入变量进行遍历，可以计算得到最优的切分变量j和最优的切分点s，具体公式如下：

$$\min_{j,s} \left[\min_{c_1} \sum_{x_i \in R_1(j,s)} (y_i - c_1)^2 + \min_{c_2} \sum_{x_i \in R_2(j,s)} (y_i - c_2)^2 \right] \tag{4-20}$$

对于固定输入变量j的最优切分点s：

$$c_1 = \text{ave}(y_i | x_i \in R_1(j,s)) \ \& \ c_2 = \text{ave}(y_i | x_i \in R_2(j,s)) \tag{4-21}$$

根据最优切分变量以及切分点，在对全部的输入变量进行遍历操作的时候，递归地将输入空间划分为左、右子树两个区域，直到最后满足停止的条件为止，这样即构建完成一棵决策树。

（2）树集成方法

单个决策树模型能灵活处理各类数据，且鲁棒性较高。但是，单个决策树模型结构比较简单，随着任务复杂度的增加，单个决策树的性能和准确度的表现越来越差。在处理多特征的回归和分类任务的时候，预测结果并不是很理想。集成学习的出现，很好地改善了单个决策树的局限性。在集成学习中，将大量的决策树组合在一起，通过某种组合策略（平均法、投票法和学习法等）对学习结果进行集成，以期得到一个更好更全面的模型。

决策树集成算法有 Bagging 和 Boosting。基于 Bagging 的思想，Breiman 提出了随机森林算法。其原理是，在学习过程中，在每个候选分割处使用随机的特征子集来减弱决策树之间的依赖性，从而达到模型集成的目的。另外一个集成算法是 Boosting，它通过对上一步学习过程中错误分类的观测值施加更大的权重，从而在集成过程中顺序构造分类器。Boosting 的核心原理是利用损失函数的负梯度信息来训练新加入的弱分类器，最后把这些弱分类器合并到当前模型中。Boosting 的灵活性较高，在不同的应用场景和机器学习任务中都表现优异。

（3）LightGBM 算法

一般地，机器学习算法在回归任务中的目标是寻找一个适合的模型，并通过迭代不断优化参数求解得到一个最佳参数，这时候的模型就是最后训练好的模型。LightGBM 模型的目标函数表示为：

$$O_{\mathrm{bj}} \approx \sum_{i=1}^{N} l(y_i, \hat{y}_i) + \sum_{t=1}^{L} \Omega(f_t) \tag{4-22}$$

其中，$\sum_{i=1}^{N} l(y_i, \hat{y}_i)$为损失函数，用于衡量模型在训练数据集中的拟合误差；$\sum_{t=1}^{L} \Omega(f_t)$为正则项，表示模型的复杂程序，通过对模型正则项的控制，可以解决过拟合的模型问题。在模型的第t次迭代中，目标函数为：

$$O_{\mathrm{bj}}^{(t)} \approx \sum_{i=1}^{N} l(y_i, \hat{y}_i) + \sum_{t=1}^{L} \Omega(f_t) = \sum_{i=1}^{N} l[y_i, \hat{y}_i^{t-1} + f_t(a_i)] + \Omega(f_t) \tag{4-23}$$

其中，$f_t(a_i)$表示第t次迭代时新生成的树，其二阶泰勒展开式可表示为：

$$f(x + \Delta x) \approx f(x) + f'(x)\Delta x + \frac{1}{2} f''(x)\Delta x^2 \tag{4-24}$$

目标函数损失项的二阶泰勒展开式可表示为：

$$O_{\mathrm{bj}}^{(t)} \approx \sum_{i=1}^{N} \left[l(y_i, \hat{y}_i^{t-1}) + g_i f_t(x_i) + \frac{1}{2} h_i f_t^2(x_i) \right] + \Omega(f_t) \tag{4-25}$$

其中，g_i是损失项的一阶导数，h_i是损失项的二阶导数。

$$g_i = \partial_{\hat{y}_i^{t-1}} l(y_i, \hat{y}_i^{t-1}), h_i = \partial^2_{\hat{y}_i^{t-1}} l(y_i, \hat{y}_i^{t-1}) \tag{4-26}$$

在第t步迭代过程中，$\hat{y}_i^{t-1}$是已知的，因此可以将目标函数中的常数项$l(y_i, \hat{y}_i^{t-1})$省去。则回归树的函数可表示为$f_t(x) = w_{q(x)}$，表示输入x被划分到叶节点$q(x)$时的取值。将回归树模型的复杂度和 L2 范数作为正则项，可表示为：

$$\Omega(f_t) = \gamma T_{\mathrm{r}} + \frac{1}{2} \lambda \sum_{j=1}^{T_{\mathrm{r}}} w_j^2 \tag{4-27}$$

式中：T_{r}——叶节点的个数；

　　　w_j——叶节点的值；

　　　w_j^2——L2 范数。

因此，目标函数可以表示为：

$$O_{bj}^{(t)} \approx \sum_{i=1}^{N}\left[g_i f_t(x_i) + \frac{1}{2}h_i f_t^2(x_i)\right] + \Omega(f_t)$$

$$= \sum_{i=1}^{N}\left[g_i f_t(x_i) + \frac{1}{2}g_i f_t(x_i)\right] + \gamma T_r + \frac{1}{2}\lambda\sum_{j=1}^{T_r}w_j^2$$

$$= \sum_{j=1}^{T_r}\left[\left(\sum_{i \in I_j}g_i\right) + \frac{1}{2}\left(\sum_{i \in I_j}h_i + \gamma\right)w_j^2\right] + \gamma T_r$$

$$= \sum_{j=1}^{T_r}\left[G_j w_j + \frac{1}{2}(H_j + \gamma)w_j^2\right] + \gamma T_r \tag{4-28}$$

其中，$G_j = \sum\limits_{i \in I_j}g_i$，$H_j = \sum\limits_{i \in I_j}h_i$。目标函数的极值点可以表示为：

$$w_j^* = -\frac{G_j}{H_j + \lambda} \tag{4-29}$$

则其对应的目标函数可表示为：

$$O_{bj}^{(t)} = -\frac{1}{2}\sum_{j=1}^{N}\frac{G_i^2}{H_j + \lambda} + \gamma T \tag{4-30}$$

LightGBM 模型使用上面的最优目标函数作为评价准则，对所有输入特征进行遍历，对决策树节点进行分裂。每棵树的叶节点只在最佳分裂处进行分裂，最佳分裂点和最佳分裂特征由分裂增益决定，分裂增益的计算公式为：

$$Gain = \frac{1}{2}\left[\frac{G_L^2}{H_L + \lambda} + \frac{G_R^2}{H_R + \lambda} - \frac{G_L + G_R}{H_L + H_R + \lambda} - \gamma\right] \tag{4-31}$$

其中，G_L、H_L 和 G_R、H_R 分别是左右子节点的一阶导数和二阶导数，γ 为加入一个叶节点后增加的模型复杂度。Gain 值为正，表示分裂后目标函数值越低，树模型的结构越好；当 Gain 为负的时候，节点则停止分裂。因此，分裂增益可作为学习过程中的评估器，在叶节点进行分裂的时候，选择 Gain 最大的进行分裂。

4.6.3 LSTM 算法

循环神经网络（Recurrent Neural Networks，RNN）在隐藏层中具有递归机制，可以捕捉特定时刻和过去时刻的特征。因此，RNN 可以将上下文语义信息关联起来，被广泛应用于时间序列数据的研究处理中。但是，随着网络层数和迭代次数的增加，RNN 的后续节点将逐渐忘记先前的信息，从而产生梯度消失或梯度爆炸问题。为了解决这些问题，LSTM 在RNN 的基础上进行了改进，可以克服模型出现梯度爆炸或梯度消失的缺陷，从而实现对长间隔和长延迟的数据集的预测。

LSTM 模型主要包含输入层、隐藏层和输出层。但是 LSTM 与 RNN 的区别在于，LSTM 用存储单元代替了 RNN 中的基本单元。存储单元专门用于保存历史信息，关键是单元状态和三个门，它们在信息流处理中起着不同的作用。单元状态是信息传输的路径，它使信息能够按顺序传输。该单元包含三个门，分别是输入门、遗忘门和输出门，首先由遗忘门确定神经元结构中需要遗弃的无用信息，然后由输入门确定神经元结构中需要保留的有用信息，最终由输出门确定输出的结果。具体如图 4-6 所示。

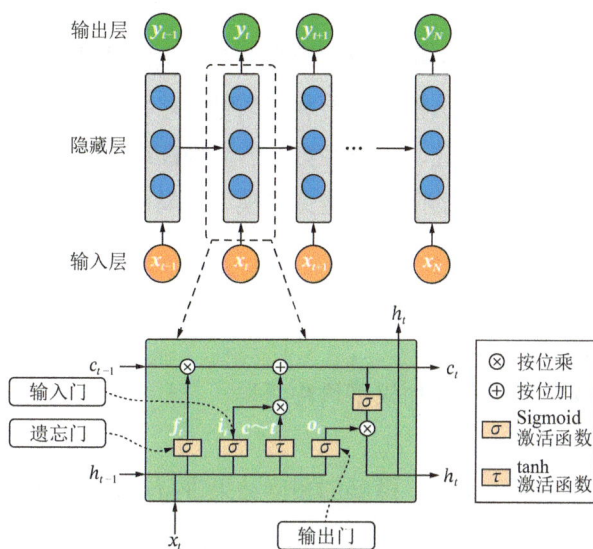

图 4-6　LSTM 模型的结构图

其中输入门、遗忘门和输出门的公式如下。

输入门：

$$i_t = \sigma\big(\boldsymbol{W}_i[c_{t-1}, h_{t-1}, x_t] + \boldsymbol{b}_f\big) \tag{4-32}$$

$$c_t{}' = \tau(\boldsymbol{W}_c[h_{t-1}, x_t] + \boldsymbol{b}_c) \tag{4-33}$$

$$c_t = f_t c_{t-1} + i_t . c_t{}' \tag{4-34}$$

遗忘门：

$$f_t = \sigma\big(\boldsymbol{W}_f[c_{t-1}, h_{t-1}, x_t] + \boldsymbol{b}_f\big) \tag{4-35}$$

输出门：

$$o_t = \sigma\big(\boldsymbol{W}_o[c_t, h_{t-1}, x_t] + \boldsymbol{b}_o\big) \tag{4-36}$$

$$h_t = o_t \tan h\,(c_t) \tag{4-37}$$

式中：　x_t——输入参数；

　　　　h_t——输出参数；

　　　　i_t——输入门的输出参数；

　　　　f_t——遗忘门的输出参数；

　　　　c_t——t 时刻神经元的状态；

　　　　o_t——输出门的输出参数；

　　　　$\boldsymbol{W}$——权重矩阵；

　　　　$\boldsymbol{b}$——偏差矩阵；

　　　　σ、τ——激活函数。

4.7 组合模型预测

在实际客流预测过程中，每个单一模型因为自身算法的特性，都有各自的优点和局限性。因此，可以通过构建多个算法模型，再利用某种策略将所构建的算法模型进行融合，构建一个比单一模型预测效果更佳、适应性更好的高性能综合算法模型。这种多模型融合的模型可以在兼顾各类算法优点的同时，避免单模型的局限性和缺点。目前，主要的融合方法有平均法、投票法以及学习法。

4.7.1 平均法

平均法可以分为简单平均法和加权平均法两类。

（1）简单平均法

简单平均法的原理是将几个单一模型的预测结果进行简单求均值，公式如下：

$$H(x) = \frac{1}{n} \sum_{i=1}^{T} h_i(x) \tag{4-38}$$

其中，$\{h_1, h_2, \cdots, h_T\}$表示单一模型的集合，$T$表示模型的个数；$h_i$表示在$x$上的输出。

（2）加权平均法

加权平均法公式如下：

$$H(x) = \sum_{i=1}^{T} w_i h_i(x) \tag{4-39}$$

其中，w_i表示单一模型h_i的权重，并且$w_i \geqslant 0$，$\sum_{i=1}^{T} w_i = 1$。

加权平均法的权重w_i是从模型训练过程中学习得到的。当需要融合的模型的规模较大时，模型在融合过程中要学习的权重比较多，会产生过拟合的现象。因此，应该根据实际情况在简单平均法和加权平均法之间进行选择，一般而言，当单一模型的性能相近的时候通常选择简单平均法，而当单一模型性能差距较大的时候则选择加权平均法。

4.7.2 投票法

对于分类任务，投票法是最常用的模型融合策略。一般来说，常见的投票法包括：绝对多数投票法、相对多数投票法和加权投票法。

（1）绝对多数投票法

绝对多数投票法的原理是对多个单一模型的预测结果进行投票，若某个预测标记的票数超过一半，则判定为这个类别，否则拒绝预测，公式如下：

$$H(x) = \begin{cases} c_j, & \text{当} \sum_{i=1}^{T} h_i^j(x) > 0.5 \sum_{k=1}^{N} \sum_{i=1}^{T} h_i^k(x) \\ \text{拒绝}, & \text{其他} \end{cases} \tag{4-40}$$

（2）相对多数投票法

相对多数投票法的原理是对多个单一模型的预测结果进行投票，预测结果为得票数最高的那个标记类别，若同时有两个或多个标记获得最高投票数，则随机从中选取一个。若两个或多个类别得票数相同，则在相同得票数的类别中随机预测其中一个，公式如下：

$$H(x) = c_{\underset{j}{\mathrm{argmax}}} \sum_{i=1}^{T} h_i^j(x) \tag{4-41}$$

（3）加权投票法

加权投票法的原理是给每个单一模型赋予一个权重，然后对加权后的单一模型的预测结果求均值，最后根据票数来判断最终的类别。

$$H(x) = c_{\underset{j}{\mathrm{argmax}}} \sum_{i=1}^{T} w_i h_i^j(x) \tag{4-42}$$

加权投票法和加权平均法相似，w_i 表示单一模型 h_i 的权重，通常 $w_i \geqslant 0$，$\sum_{i=1}^{T} w_i = 1$。

4.7.3　学习法

当训练数据的规模比较大时，有一种性能相比于平均法和投票法更优秀的融合策略，即学习法。学习法的原理是利用另一个模型来对模型集合进行融合。我们习惯把模型集合中的单一模型称为初级分类器，把用于融合的模型称为次级分离器。

Stacking 是比较常用的算法，其原理是先通过训练得到多个初级学习器，然后利用训练得到的初级分类器进行预测，最后把预测结果生成的新数据用于训练次级学习器。具体过程如图 4-7 所示。

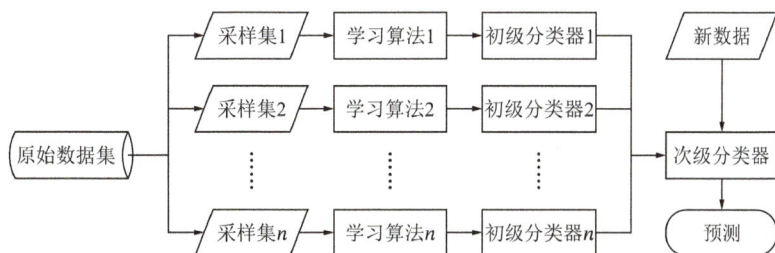

图 4-7　学习法融合多模型的过程示意图

4.8　城市轨道交通车站自动售检票系统（AFC）数据预处理

AFC 数据是在乘客携带车票通过自动检票机的有效验证后，记录下的刷卡设备 ID（身份标识号）、车站、时间等相关交易数据，是研究城市轨道交通运营情况的基础数据之一。

4.8.1 数据预处理

截至目前，我国城市轨道交通获取并处理乘客票据的主流方式是采用 AFC 系统，但是由于某些原因，例如物理硬件系统故障、软件系统故障、网络传输异常以及人为因素等一系列意外事件，所收集到的原始 AFC 刷卡数据会存在异常值、空值等问题。

异常数据主要包含以下几种类型：

（1）进出站信息不完整，只包含进站记录或者只有出站记录。

（2）进出站的地铁车站是同一个车站。

（3）进出站时间逻辑混乱。

（4）乘客的旅行时间不合理，旅行时间存在过大或过小问题。

这些有问题的数据将会对后期的数据分析以及地铁车站短时客流的预测结果造成不良影响。因此，为了保证构建的预测模型具有高质量的数据输入，首先需要在原始数据的基础上根据预定义的算法对"脏数据"进行清洗，将"脏数据"处理成满足数据质量要求的合理数据。

4.8.2 车站进出客流提取算法

车站客流量的含义是在统计周期T范围内乘客到达车站的数量。其中，短时客流的统计周期T一般情况下可根据实际需求调整，通常以 5min、10min 和 15min 为主。AFC 数据只记录了乘客的单次刷卡记录，如果想要在海量交易记录中获取不同时间粒度的车站进出客流，就需要设计正确而且高效的算法对进出客流进行进一步处理。具体的算法流程如图 4-8所示。

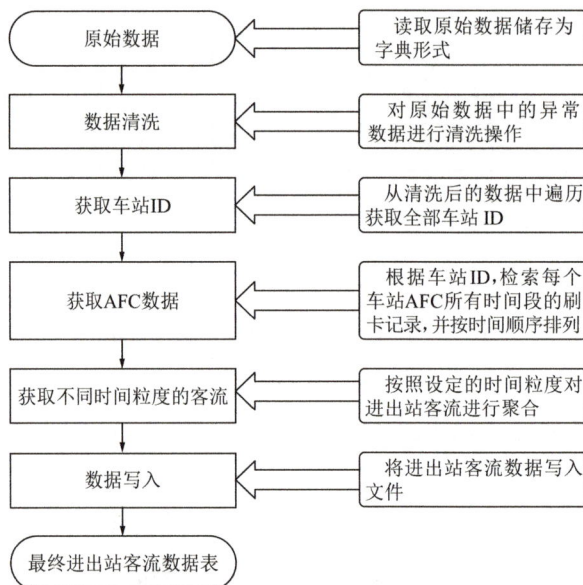

图 4-8　车站进出客流提取算法流程图

城市轨道交通车站客流时间特征规律分析

结合深圳地铁客流数据分析可知，城市轨道交通车站进出客流具备显著变化特征。从时间角度分析，客流随时间而变化，部分车站早晚高峰特征明显。为更好地分析客流随时间变化规律，结合深圳地铁 AFC 数据，对全日以及全周这两个时间段客流进行分析，研究其在时间上的分布规律。

4.9.1　全日客流分布特征

整个城市的城市轨道交通全日客流数据反映了乘客乘坐城市轨道交通出行的时间特征规律，普通车站客流表现为双峰型（即存在早晚高峰），但受车站区域位置和人口积聚分布规律等其他因素影响，也会出现其他类型的客流分布情况。本节结合深圳地铁 AFC 数据，对所有可能出现的客流分布类型分别进行分析。

双峰型客流分布是最为常见的客流变化类型之一，这种类型主要出现在一些大型交通换乘枢纽以及居民聚集地。以×年×月×日深圳地铁 1 号线岗厦站为例，如图 4-9 所示，该车站全日进出站客流在早晚时间段都会出现突出的高峰形状，一般进出站高峰会出现在早上 8:30 和下午 6:30 左右，且从进出站客流变化可以看出，岗厦站作为福田区的重要枢纽车站，早晚进出客流存在明显差异，表现为早上高峰期出站客流大于进站客流，下午高峰期进站客流大于出站客流，这与该车站的地域及周边土地利用特点一致。

全峰型客流分布是由于车站处于城市繁华地区，周边基础设施较为完善，进出站乘客不间断，且客流水平长时间保持在一个较高的平均值，未见或少见低谷出现。以深圳地铁 11 号线机场站为例，如图 4-10 所示，该车站全日各时段都有大量客流，客流情况基本相近。

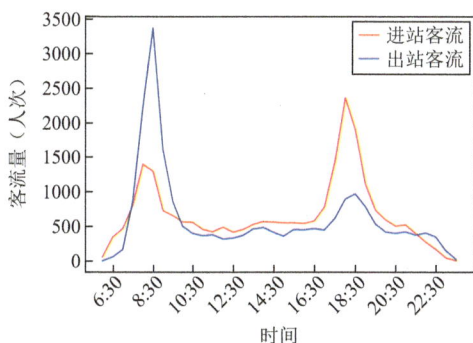

图 4-9　岗厦站全日客流情况（双峰型）　　　图 4-10　机场站全日客流情况（全峰型）

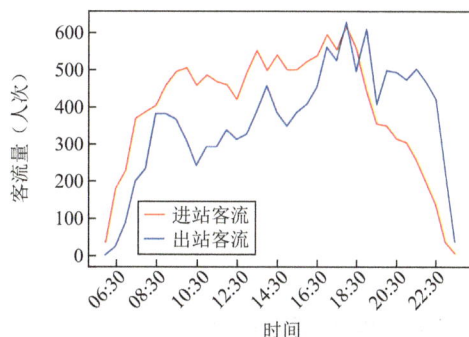

单峰型客流分布也是最为常见的城市轨道交通客流分布之一，这类情况常常出现在车站区域功能较为简单和周边商业化较为单一的区域。以深圳地铁 1 号线固戍站为例，如

图 4-11 所示，该车站所属区域为深圳典型的居住聚集地，其客流变化存在十分显著的潮汐现象，具体表现为进站高峰期集中在早上 8:30 左右，出站高峰期集中在下午 6:30 左右，且早晚高峰客流相互错开，除早晚高峰外的其他时间，进出站客流相差不大。

突峰型客流分布是一种较为特殊的城市轨道交通客流分布，这类情况一般是由于该车站周边有大型活动或赛事开展。以深圳地铁 2 号线后海站为例，如图 4-12 所示，2017 年 9 月 9 日，该车站附近举行了 2017 深圳湾荧光夜行亲子徒步活动，活动期间客流变化与活动举办的开始、结束时间有明显关联，出站高峰期刚好靠近活动开始时间，进站高峰期靠近活动结束时间。

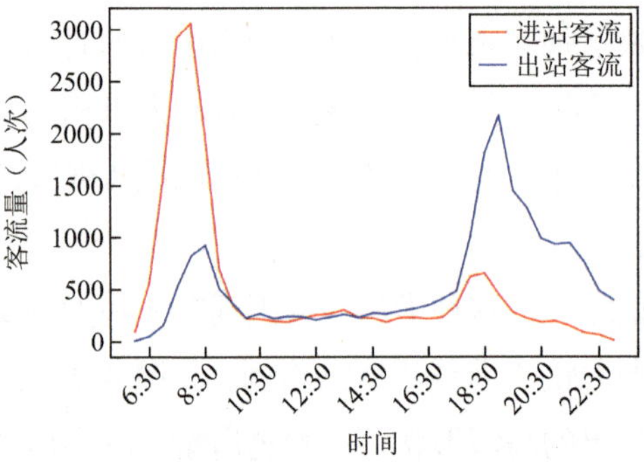

图 4-11　固戍站全日客流情况（单峰型） 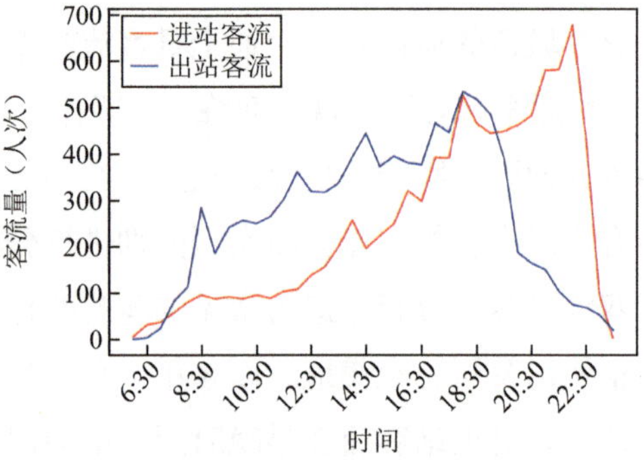　　图 4-12　后海站全日客流情况（突峰型）

无峰型客流分布也是比较常见的城市轨道交通客流分布之一，这类情况一般会出现在所处区域较为偏僻或周边基础设施还不完善、人口密度不大等车站。以深圳地铁 11 号线碧头站为例，如图 4-13 所示，该车站进出站客流相近，客流较少，变化规律较为平缓。

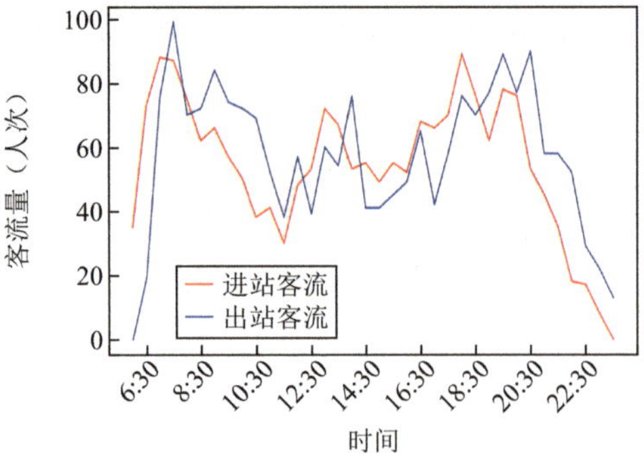

图 4-13　碧头站全日客流情况（无峰型）

4.9.2　全周客流分布特征

全周客流分布变化反映了整个城市一周内乘客乘坐城市轨道交通出行的客流情况，由于不同车站以及线路的周边环境设施与商业化功能不相同，其工作日与休息日客流情况也会出现一定差异。以深圳地铁 11 号线与 2 号线为例，如图 4-14 和图 4-15 所示，地铁 11 号线工作日进出站平均客流明显少于休息日，这可能是因为地铁 11 号线车站多集中在休闲娱乐区域，如公园、广场等，因此出现休息日客流大于工作日的情况。而地铁 2 号线所有车站工作日的进出站平均客流明显大于休息日，这与地铁 2 号线大多数车站位于商业繁华区和办公、学校区有关，且客流以上班、上学、购物等为主。

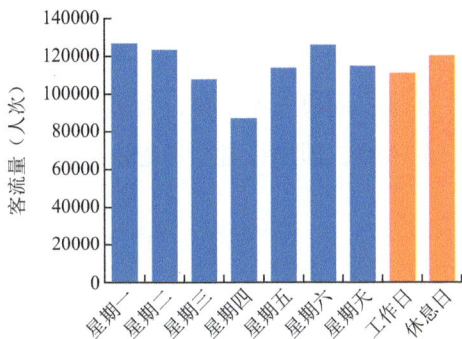

图 4-14　深圳地铁 11 号线全周客流情况　　图 4-15　深圳地铁 2 号线全周客流情况

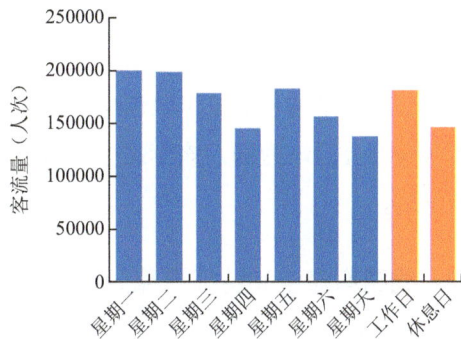

4.10　城市轨道交通车站客流空间特征规律分析

城市轨道交通客流分布与车站、线路方向在空间上存在一定的关联性。本节以深圳地铁 AFC 数据为例，利用 Python 编程和 kepler.gl 可视化设计，从车站和线路两个方面分析客流的空间分布规律。

4.10.1　车站客流空间特征规律分析

车站选址和车站周边设施功能决定了车站客流的来源与去向，本节将对商业办公型车站、教育型车站、枢纽型车站、居住型车站以及购物娱乐型车站这五种类型分析客流的空间分布规律。

（1）商业办公型车站

商业办公型车站一般坐落于城市繁华地段，周边聚集着诸多企业和商家，每天早晚高峰期都会伴随着大量客流。以深圳地铁高新园站为例，作为典型的商业办公型车站，该车站每日早高峰（早上 8:00—9:00）都会涌入大量客流，而通过 OD 分析发现，这些客流主要来自南山区、宝安区和福田区，其中从坪洲站来的乘客最多。

（2）教育型车站

教育型车站一般靠近城市的教育事业规划区，周边聚集着许多中小学等，每日的客流相对商业办公型车站较少。以深圳地铁大学城站为例，该车站早高峰客流来源分布较有规律，主要来自该车站的周边车站和所属线路。

（3）枢纽型车站

枢纽型车站通常建立在多种交通方式的交汇处附近，如机场、高铁等。以深圳地铁机场站为例，该车站全日客流来源于城市中心，如南山区、宝安区等。

（4）居住型车站

居住型车站一般距离市中心较远，附近常常聚集大量的城中村、居民楼和公寓等。以深圳地铁固戍站为例，该车站晚高峰客流主要来源于城市商业繁华的办公区、购物区等，其客流分布具备明显的区域聚集性特点，即同类型客流来源大范围聚集于某地。

（5）购物娱乐型车站

购物娱乐型车站一般位于城市中心较为繁华区域，周边人流密集，大型商场较多。以深圳地铁购物公园站为例，该车站全日客流具备就近性，即出行者会考虑距离最近的购物娱乐型车站。

4.10.2 线路客流空间特征规律分析

客流的分布规律不仅与车站选址有关，还与线路空间方向有关。本节以深圳地铁 7 条线路为例，根据客流 AFC 数据，对全月各条线路客流分布情况进行对比分析，如图 4-16 所示。各条线路客流随时间变化具有明显规律性，其中地铁 1 号线、3 号线、5 号线在地理空间上呈现东西走向，且 3 条线路均至少穿过 3 个区域，如地铁 5 号线途经罗湖区、龙岗区、龙华区、宝安区和南山区，因而这 3 条线路全月客流量明显高于其他线路。

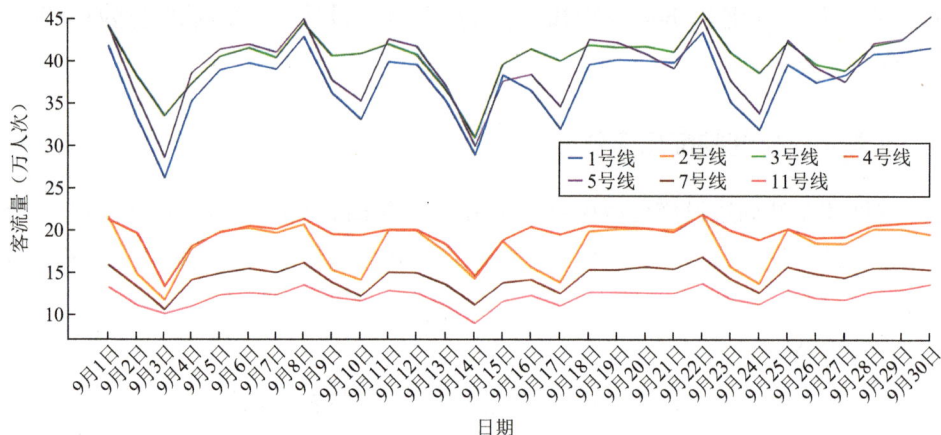

图 4-16　7 条线路全月客流对比

4.11　深圳地铁短时客流预测案例

4.11.1 线路基本情况

深圳地铁 1 号线又称罗宝线，2004 年 12 月 28 日正式开通运营，是深圳市第一条地铁线路。线路起点为罗湖区罗湖站，途经福田区、南山区以及宝安区，终点为宝安区机场东站，整体线路为东西走向，大致呈现 L 形。深圳地铁 1 号线线路里程达 40.98km，共计 30

座车站，其中 28 座为地下站，2 座为高架站，换乘站 9 个。线路列车采用标准 6 节 A 型车厢，额定载客人数 1920 人，最大载客人数 2502 人，最高行驶速度达 80km/h，最小行车间隔为 2min，整条线路设为单一交路，线路及车站具体情况如图 4-17 所示。

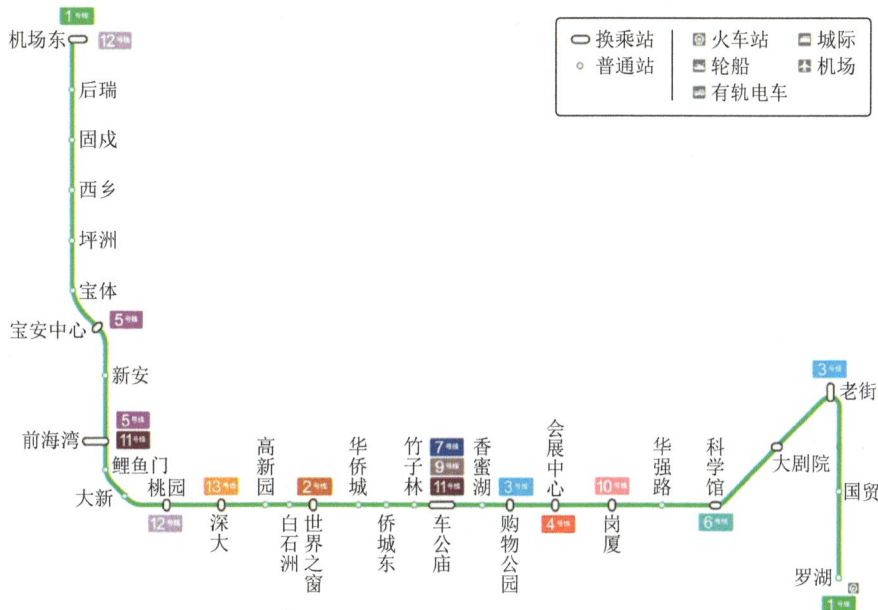

图 4-17　深圳地铁 1 号线线路图

* 本图经过变形处理，不作为实际测量依据

4.11.2　Logistic-SSA-BP 短时客流预测算法

作为一种智能算法，BP 神经网络本身存在一定的不足之处，特别是在数据量巨大且针对非线性函数问题时，BP 神经网络收敛速度缓慢，同时输出结果常容易陷入局部最优的困境。与 BP 神经网络算法相比，麻雀搜索算法则具备收敛速度快、全局搜索能力突出、结构简单、每次迭代结果会最快地向最优情况靠拢、与其他算法的协调性较好等特点。因此通过麻雀搜索算法优化 BP 神经网络，改进 BP 神经网络收敛速度慢、全局搜索能力弱和容易陷入局部最优困境等不足，在理论层面上是可行的，也是十分有意义的。通过麻雀搜索算法在 BP 神经网络实例训练中不断更新各隐含层、输出层的阈值与权值，使训练得到的结果不断向最优结果靠拢，从而提高 BP 神经网络的收敛速度和运算能力，如图 4-18 所示。

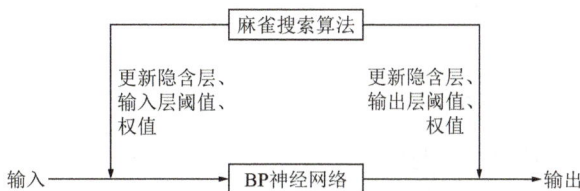

图 4-18　麻雀搜索算法作用于 BP 神经网络

麻雀搜索算法是 2020 年国内学者薛建凯受到麻雀群体捕食与反捕食行为启发，所提出的一种新型智能搜索算法。和遗传算法、粒子群算法等其他同类型算法相比，麻雀搜索算法的全局寻优能力更强、寻优范围更广、收敛速度更快，且该算法具备良好的稳定性，所以自提出来后就被广泛运用于各行各业的学术研究当中。

由于麻雀搜索算法来源于麻雀群体捕食与反捕食的生物行为，所以该算法的原理在麻雀行为上有所体现，具体的原理如下：麻雀作为自然界中群居的鸟类种群，在日常捕食过程中具备明确的分工行为，分别充当搜寻者、加入者和预警者。其中搜寻者主要负责搜寻食物，因快速搜索能力强，其往往是整个群体中最先得到食物的个体。加入者是一部分跟随搜寻者的个体，这部分麻雀会在搜寻者找到食物后，或是指明食物所在方向后加入搜寻者一起捕食。而预警者是麻雀群体在捕食过程中负责预警的个体，当麻雀群体受到外来捕食危险时，其会提醒搜寻者和加入者放弃捕食行为，快速逃离或进行反捕食行为。通常搜寻者由于搜索能力强，所以在算法模型中具备较高的适应度值。而搜寻者与加入者的身份是随机的，会根据情况发生动态变化，若加入者发现食物区域，则加入者会转变为搜寻者，虽然搜寻者与加入者的身份是随机变化的，但两者数量占整个种群的比例却是恒定的。当预警值大于安全阈值时，种群边缘的个体会向安全区域靠拢，其中搜寻者会与加入者一起到远离危险区的其他区域进行捕食行为。

该模型里，麻雀所构成的群体可以表示为：

$$X = \begin{bmatrix} x_1^m \\ x_2^m \\ \vdots \\ x_N^m \end{bmatrix} = \begin{bmatrix} x_1^1 & x_1^2 & \cdots & x_1^D \\ x_2^1 & x_2^2 & \cdots & x_2^D \\ \vdots & \vdots & & \vdots \\ x_N^1 & x_N^2 & \cdots & x_N^D \end{bmatrix} \tag{4-43}$$

其中，$m = 1,2,\cdots,D$，D表示整个麻雀种群所在的空间维度。

在麻雀搜索算法中经过每次迭代，搜寻者的位置更新如下：

$$X_{i,j}^{t+1} = \begin{cases} X_{i,j} \times \exp\left(-\dfrac{i}{\alpha \times \mathrm{iter}_{\max}}\right), & R_2 < \mathrm{ST} \\ X_{i,j} + Q \times L, & R_2 \geqslant \mathrm{ST} \end{cases} \tag{4-44}$$

式中：t——此时种群迭代的次数；

$\mathrm{iter}_{\max}$——迭代次数的上限值；

$X_{i,j}$——i在第j维的方位坐标；

α——[0,1]的随机数；

R_2——预警阈值，$R_2 \in [0,1]$；

ST——安全阈值，$\mathrm{ST} \in [0.5,1]$；

Q——满足正态分布的有机数；

L——$1 \times d$的矩阵，且矩阵中每个元素都为 1。

当$R_2 \geqslant$ ST时，意味着种群中一部分麻雀发现危险，并向种群发出预警信息，此时整个种群中的麻雀会立即飞往其他安全地区捕食。当$R_2 <$ ST时，意味着种群周围没有危险，搜寻者会携带加入者进行捕食。

加入者在跟随搜寻者过程中，其位置更新如下：

$$X_{i,j}^{t+1} = \begin{cases} Q \times \exp\left(\dfrac{X_{\text{worst}} - X_{i,j}^t}{i^2}\right), & i > \dfrac{n}{2} \\ X_P^{t+1} + |X_{i,j} - X_P^{t+1}| \times \boldsymbol{A}^+ \times \boldsymbol{L}, & \text{其他} \end{cases} \tag{4-45}$$

式中：$\boldsymbol{A}$——$1 \times d$的矩阵，矩阵中每个元素取值为 1 或 -1，并且$\boldsymbol{A}^+ = \boldsymbol{A}^{\text{T}}(\boldsymbol{A}\boldsymbol{A}^{\text{T}})^{-1}$；

　　　n——种群规模；

　　X_P——当前搜寻者位置；

　X_{worst}——当前所有捕食的最差位置。

若$i > n/2$，则表示第i个加入者的适应度值较低，必须到其他区域捕食，以此获得更多能量。

预警者作为种群中最先发现危险的麻雀，初始位置会在种群中随机生成，其表达式如下：

$$X_{i,j}^{t+1} = \begin{cases} X_{\text{best}}^t + \beta \times |X_{i,j}^t - X_{\text{best}}^t|, & f_i > f_{\text{g}} \\ X_{i,j}^t + K \times \dfrac{|X_{i,j}^t - X_{\text{worst}}^t|}{(f_i - f_{\text{w}}) + \varepsilon}, & f_i = f_{\text{g}} \end{cases} \tag{4-46}$$

式中：β——步长控制参数，服从方差为 1、平均值为 0 的正态分布；

　X_{best}^t——全局中的最优位置；

　　　K——$[-1,1]$随机数；

　　　f_i——当前麻雀的适应度值；

f_{g}、f_{w}——分别为f_i中最优、最差值；

　　　ε——常数，以防分母出现零的情况。

若$f_i > f_{\text{g}}$，说明麻雀正位于种群边缘，存在被捕食的危险。若$f_i = f_{\text{g}}$，说明麻雀察觉到危险，为躲避危险，会尽可能向其他麻雀靠拢。

为了使麻雀搜索算法的原理更加清晰，基于麻雀搜索算法原理和特点，分析该算法的结构流程，算法建模处理步骤如下。

步骤一：确定初始化种群。

步骤二：确定麻雀种群迭代次数及相关参数，通过计算并对适应度值进行排序，设置初始搜寻者和加入者比例。

步骤三：通过式(4-44)得到麻雀搜寻者位置。

步骤四：通过式(4-45)迭代得到麻雀加入者位置。

步骤五：通过式(4-46)迭代得到麻雀预警者位置。

步骤六：计算得到新的适应度值和麻雀位置。

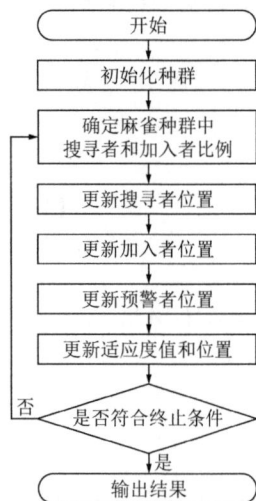

图 4-19 麻雀搜索算法流程图

步骤七：判断是否符合终止条件（即新得到的适应度值和位置是否比迭代前更好），若符合终止条件，则输出最优结果；否则，将返回步骤二重新计算，直至达到最大迭代阈值。

具体算法流程如图 4-19 所示。

但麻雀搜索算法同样不是万能、毫无缺点的，麻雀搜索算法在进行大容量数据拟合时，会出现因收敛变化种群多样性降低，从而降低收敛速度与陷入局部最优困境。因此为避免麻雀搜索算法在优化 BP 神经网络过程中出现这些问题，提出通过 Logistic 混沌映射改进麻雀搜索算法。而 Logistic 混沌映射优化麻雀搜索算法的过程，就是通过对麻雀种群中麻雀的适应度值进行排序，截取排名靠前个体作为初始化种群，增加种群多样性的同时也能提高输出结果精确度与收敛速度。

Logistic 方法是混沌映射最常见的方法之一，在网络安全、通信领域的研究应用非常广泛，对应的公式如下：

$$X_{n+1} = \alpha \times X_n \times (1 - X_n) \tag{4-47}$$

其中，$\alpha \in [0,4]$，$X_n \in [0,1]$。通常当$0 \leqslant X_n \leqslant 1$时，初始条件$X_0$在 Logistic 映射下产生的序列呈现非周期、不收敛状态，而在此范围之外，产生的序列必定收敛于特定值。

通过 Logistic 混沌映射改进的麻雀搜索算法训练 BP 神经网络的具体步骤如下。

步骤一：初始化麻雀种群和 BP 神经网络。

步骤二：确定 BP 神经网络的拓扑结构。

步骤三：通过 Logistic 混沌映射对麻雀种群进行初始化处理，并对种群中适应度值进行排序，确定f_g与f_w，调整种群规模、迭代次数、搜寻者与加入者占整体数量的比例等。

步骤四：结合式(4-44)，更新适应度值较优的搜寻者位置。

步骤五：结合式(4-45)，更新适应度值较差的加入者位置。

步骤六：结合式(4-46)，更新预警者位置。

步骤七：判断更新得到的位置信息是否满足终止条件（即是否优于更新前的位置），若满足终止条件，则输出更新后最优位置及对应的适应度值，否则将继续重复前面的步骤。

步骤八：结合步骤六输出的最优结果，确定 BP 神经网络训练的权值和阈值。

步骤九：判断拟合训练结果是否符合 BP 神经网络的终止条件（即训练误差小于预测误差，或达到最大迭代次数），若满足终止条件，则整个算法流程结束，并输出计算结果，否则将返回步骤三重新开始。

具体 Logistic-SSA-BP 算法流程如图 4-20 所示。

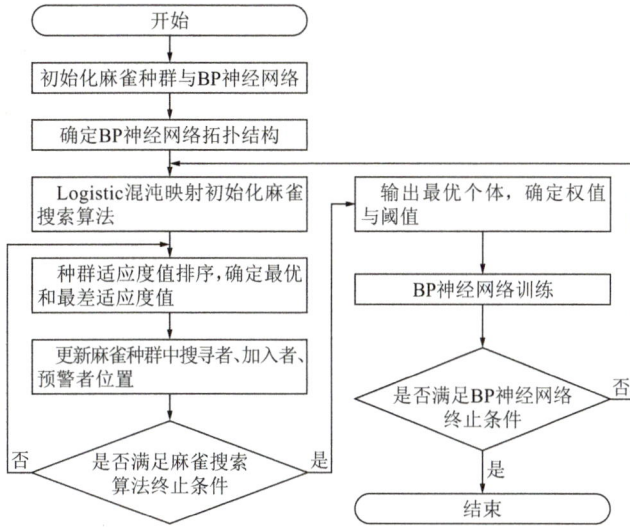

图 4-20　Logistic-SSA-BP 算法流程图

4.11.3　短时客流预测模型对比分析

结合总结的短时客流时空分布特征与实际数据，本节对所搭建 BP、SSA-BP 以及 Logistic-SSA-BP 模型进行预测实验，为增强神经网络模型的预测对比性，将 RNN 设为比较对象。此外，为排除车站类型对实验结果的影响，从深圳地铁车站中选取五个具有代表性的车站，分别是固戍站（居住型车站）、大学城站（教育型车站）、高新园站（商业办公型车站）、购物公园站（购物娱乐型车站）以及车公庙站（枢纽型车站），研究同一时间段内不同模型预测结果情况，并通过三种评价指标（MAE、RMSE 和 MAPE）对预测结果作量化比较。

（1）固戍站（居住型车站）

固戍站进站客流预测结果如图 4-21 所示，短时进站客流预测效果评定见表 4-1。

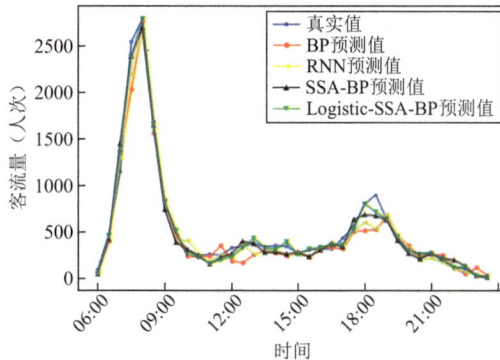

图 4-21　固戍站进站客流预测结果（固戍站）

固戍站短时进站客流预测效果评定 表 4-1

模型算法	MAE	RMSE	MAPE
BP	91.34	140.85	35.34%
RNN	75.78	110.79	19.89%
SSA-BP	62.24	87.18	17.76%
Logistic-SSA-BP	41.17	64.95	10.95%

（2）车公庙站（枢纽型车站）

车公庙站进站客流预测结果如图 4-22 所示，短时进站客流预测效果评定见表 4-2。

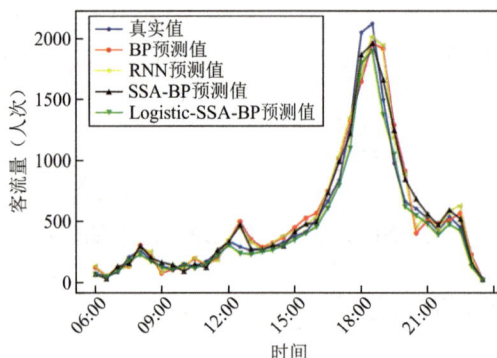

图 4-22　Logistic-SSA-BP 与对比模型的进站客流预测结果（车公庙站）

车公庙站短时进站客流预测效果评定 表 4-2

模型算法	MAE	RMSE	MAPE
BP	95.66	142.54	24.44%
RNN	86.86	130.72	23.24%
SSA-BP	64.99	91.34	17.68%
Logistic-SSA-BP	46.92	74.76	9.85%

（3）高新园站（商业办公型车站）

高新园站进站客流预测结果如图 4-23 所示，短时进站客流预测效果评定见表 4-3。

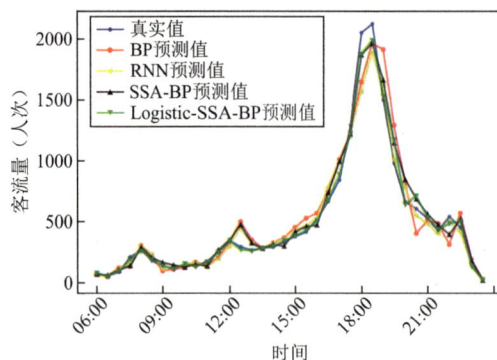

图 4-23　高新园站进站客流预测结果

高新园站短时进站客流预测效果评定　　　　　　　　　　表4-3

模型算法	MAE	RMSE	MAPE
BP	95.06	141.94	21.35%
RNN	66.19	109.25	16.80%
SSA-BP	64.07	87.18	15.70%
Logistic-SSA-BP	55.78	67.80	10.14%

（4）大学城站（教育型车站）

大学城站进站客流预测结果如图4-24所示，短时进站客流预测效果评定见表4-4。

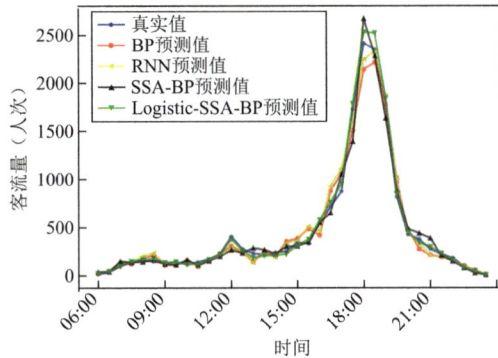

图4-24　大学城站进站客流预测结果

大学城站短时进站客流预测效果评定　　　　　　　　　　表4-4

模型算法	MAE	RMSE	MAPE
BP	68.07	95.26	25.63%
RNN	64.57	91.12	26.40%
SSA-BP	57.68	71.12	22.31%
Logistic-SSA-BP	30.03	46.22	10.82%

（5）购物公园站（购物娱乐型车站）

购物公园站进站客流预测结果如图4-25所示，短时进站客流预测效果评定见表4-5。

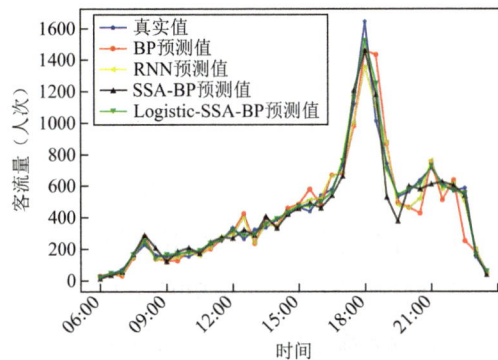

图4-25　购物公园站进站客流预测结果

购物公园站短时进站客流预测效果评定　　　　表 4-5

模型算法	MAE	RMSE	MAPE
BP	79.98	119.94	20.74%
RNN	55.75	77.99	14.91%
SSA-BP	54.67	75.13	14.62%
Logistic-SSA-BP	25.61	48.61	12.61%

根据表 4-1～表 4-5，综合考虑 MAE、RMSE 以及 MAPE 3 种评价指标的评定效果，四种模型的预测误差对比见表 4-6。

四种模型的预测误差对比　　　　表 4-6

模型算法	平均 MAE	平均 RMSE	平均 MAPE
BP	86.02	128.11	25.50%
RNN	69.83	103.97	20.25%
SSA-BP	60.73	82.39	17.61%
Logistic-SSA-BP	39.90	60.47	10.87%

根据表 4-6 可以发现，相比于 BP 模型，Logistic-SSA-BP 模型的平均 MAE 下降 53.62%，平均 RMSE 下降 52.80%，平均 MAPE 下降 14.63%。由此说明改进算法后的 Logistic-SSA-BP 模型预测误差更小，对预测值的拟合程度更高，在短时客流预测中能够更好发挥作用。因此，后续章节将选用该模型来为行车间隔优化提供算法支撑。

4.11.4　客流预测结果分析

本节通过改进麻雀搜索算法优化的 BP 神经网络预测模型对深圳地铁 1 号线各个车站进站客流进行预测，结果分为工作日（周一至周五）和休息日（周六至周日）两种，且预测时间为 6:00—24:00。具体情况如图 4-26 与图 4-27 所示。

根据工作日与休息日的客流预测结果可以发现，大部分车站客流存在早晚高峰变化，且工作日客流高峰大于休息日客流高峰。

结合对各车站进站客流的预测，得到深圳地铁 1 号线各车站间工作日与休息日断面客流情况，如图 4-28 和图 4-29 所示。

工作日客流特征以通勤主导，客流高峰集中在商务办公区车站，如车公庙、会展中心、宝安中心等。这些车站连接深圳核心商务区，早高峰（往市区方向）和晚高峰（往郊区方向）客流显著，体现通勤刚性需求；住宅区与办公区之间的区间（如"固戍—西乡""西乡—坪洲"）客流密集，反映职住通勤联系紧密。其车站功能分化，枢纽车站（如车公庙）因换乘属性，客流明显高于普通车站，成为流量核心节点；工业区周边车站（如"坪洲—宝体"）在工作日也呈现稳定客流，对应产业人群通勤。

休息日客流特征以休闲娱乐导向，旅游景点、商圈车站客流激增，如世界之窗、欢乐谷、前海湾、新安—前海湾等。休息日市民出行倾向于休闲消费，景区、购物中心周边区间客流显著提升；住宅区与商业区、景区之间的区间（如"新安—前海湾""前海湾—鲤鱼门"）流量增加，体现生活型出行需求。通勤需求弱化，传统办公区车站（如会展中心、车公庙）客流较工作日下降，而休闲功能突出的车站成为新流量中心，整体客流分布更均衡化。

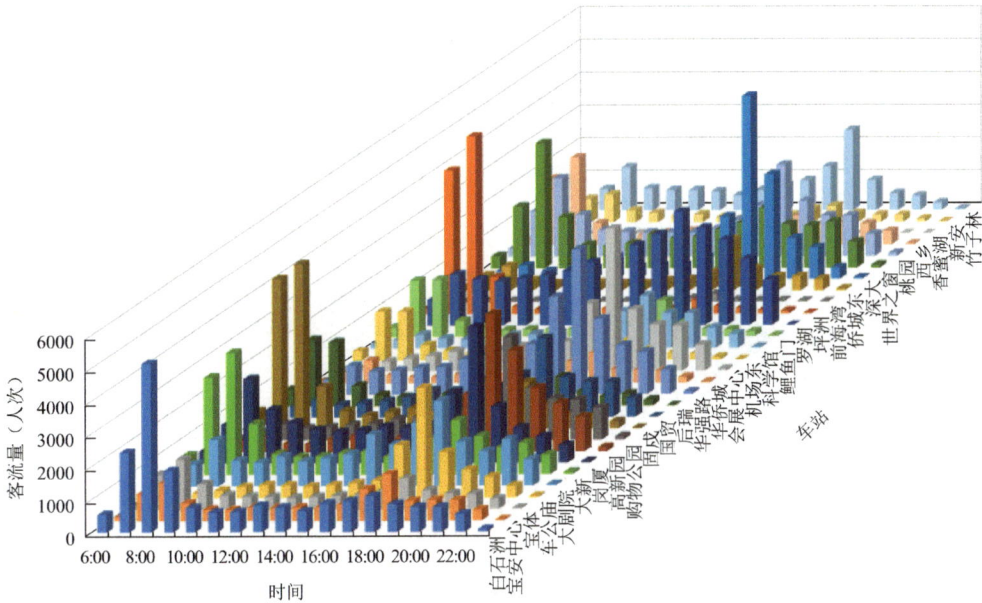

图 4-26 深圳地铁 1 号线工作日各车站进站客流预测情况

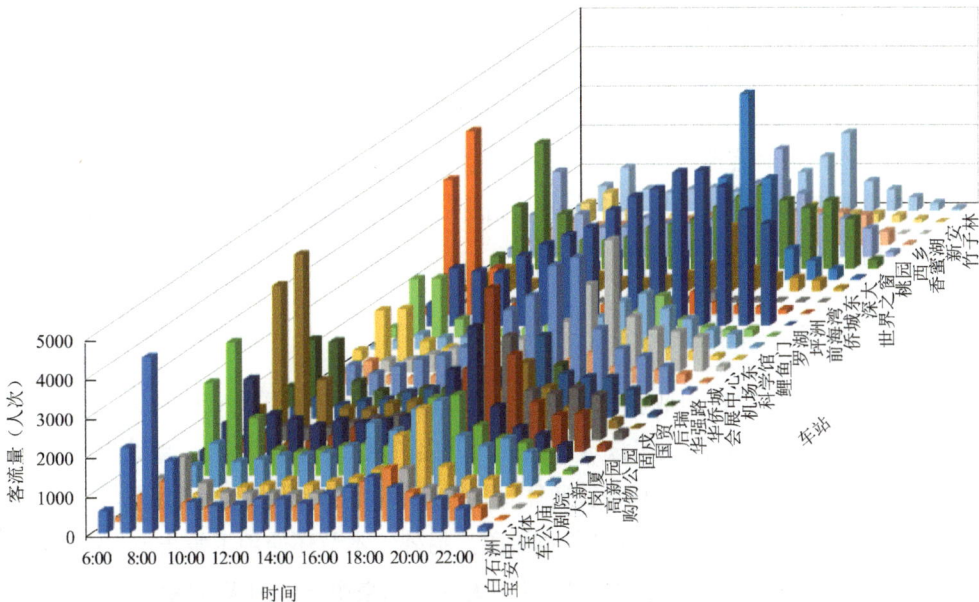

图 4-27 深圳地铁 1 号线休息日各车站进站客流预测情况

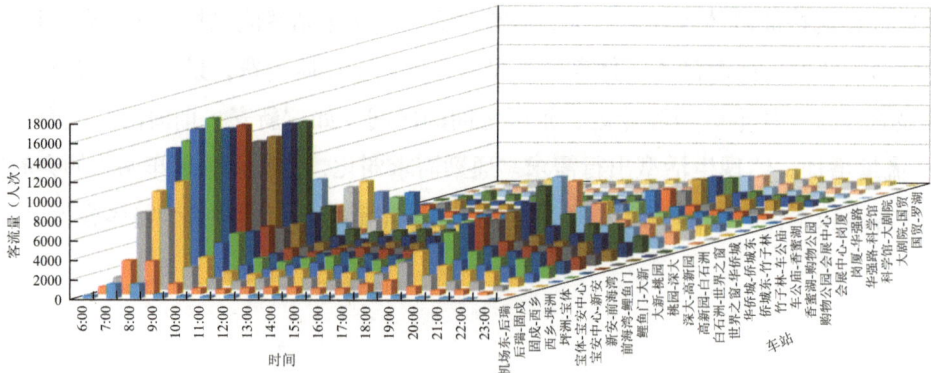

图 4-28　深圳地铁 1 号线工作日各车站间断面客流预测情况

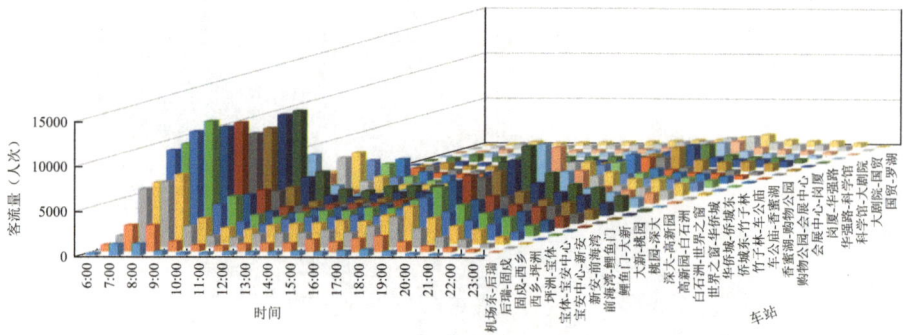

图 4-29　深圳地铁 1 号线休息日各车站间断面客流预测情况

4.12　杭州地铁短时客流预测案例

本节在利用 LightGBM、LSTM 以及 LightGBM-LSTM 模型进行短时客流预测的基础上，还构建了 ARIMA 模型和 XGBoost 模型作为对照模型，并以杭州地铁 AFC 数据为例，利用进出站客流提取算法，将 AFC 数据处理成 10min 粒度的客流。最后利用构建好的五种预测模型开展车站短时客流预测，并选取五种类型车站（居住型、商业办公型、居住工作混合型、购物娱乐型、枢纽型）和三个评价指标（MAE、RMSE、MAPE），对不同模型的预测准确性和适应性进行量化评价。

4.12.1　案例概述

本节采用的数据集是杭州地铁 2019 年 1 月 2 日—1 月 25 日的 AFC 数据。根据客流特征分析结果可知，1 月 1 日是国家法定节假日，外出游玩乘客显著增加，导致当天车站进出站客流量出现较大幅度波动，不具备普通休息日的统计特性。因此，不考虑节假日的客流数据，将元旦假期的 AFC 数据当作异常数据剔除。另外，本节还使用了杭州市 2019 年 1 月 2 日—25 日的天气数据以及空气质量数据，其中天气数据来源于中国天气网。其中，居住型车站选取滨康路站作为代表，商业办公型车站选取盈丰路站作为代表，居住工作混合型车站选取九堡站作为代表，购物娱乐型选取龙翔桥站作为代表，枢纽型车站选取杭州东站作为代表。

　　根据 4.11 节构建的数据预处理算法，首先对 AFC 数据进行清洗，然后根据进出站客流提取算法将 AFC 数据处理成 7:00—23:00 时间段内的以 10min 为时间粒度的进出站客流。根据预测模型训练学习的需要，数据集采用留出法进行划分，划分为训练集、测试集和验证集。1 月 2 日—20 日的样本数据用于训练，1 月 21 日—24 日的样本数据用于测试，1 月 25 日的样本数据则用于验证，验证模型的实际预测效果。

4.12.2　模型预测结果分析

（1）居住型车站预测结果分析

　　滨康路站进出站客流量的预测结果如图 4-30 所示。三种评价指标详细结果见表 4-7 和表 4-8。

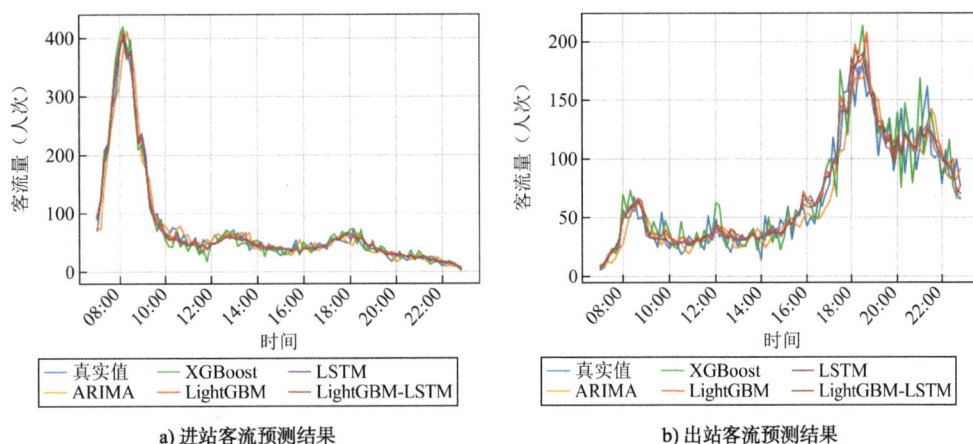

a) 进站客流预测结果　　　　　　　　　b) 出站客流预测结果

图 4-30　滨康路站进出站客流预测结果

滨康路站进站客流预测结果评价表　　　　表 4-7

模型	MAE	RMSE	MAPE
ARIMA	12.528	18.826	29.80%
XGBoost	11.000	14.705	22.74%
LightGBM	7.343	9.994	16.75%
LSTM	7.219	9.640	15.76%
LightGBM-LSTM	7.041	9.398	15.75%

滨康路站出站客流预测结果评价表　　　　表 4-8

模型	MAE	RMSE	MAPE
ARIMA	14.196	20.480	25.95%
XGBoost	15.656	21.253	28.44%
LightGBM	11.512	15.911	21.32%
LSTM	10.208	13.701	18.05%
LightGBM-LSTM	9.845	13.029	17.99%

滨康路站位于居民区，周围土地的功能较为单一，大多为居民小区这类居住类用地。滨康路站进出站客流趋势具有明显的潮汐特性，表现为单峰形式，乘客主要在早间上班时间进站乘坐地铁，在晚间下班时间出站返回居住地。从图4-30中可以看出，无论是传统的时间序列模型 ARIMA 模型，还是基于机器学习的 XGBoost、LightGBM、LSTM 以及 LightGBM-LSTM 模型，都可以捕捉到滨康路站进站客流早高峰、出站客流晚高峰的客流特征，对客流的变化态势以及峰值的拟合都较为准确，可以得到良好的客流预测效果。

从表4-7、表4-8的客流预测精确度评价指标可以看出，基于机器学习的模型整体要比传统时间序列模型表现得好，因为在 ARIMA 模型中仅考虑了历史客流数据这个单一特征，而基于机器学习的模型考虑了时间、空间、天气等多种特征。但是由于考虑特征多，模型的输入参数就更复杂，相应的时间成本就要高。在单一机器学习模型中，LSTM 模型表现最好。LightGBM-LSTM 模型在进站客流预测中，以 MAE 为 7.041，RMSE 为 9.398，MAPE 为 15.75%的指标在所有模型中综合表现最好；在出站客流预测中则以 MAE 为 9.845，RMSE 为 13.029，MAPE 为 17.99%的指标在所有模型中综合表现最好。

（2）商业办公型车站预测结果分析

盈丰路站进出站客流量的预测结果如图4-31所示。三种评价指标详细结果见表4-9和表4-10。

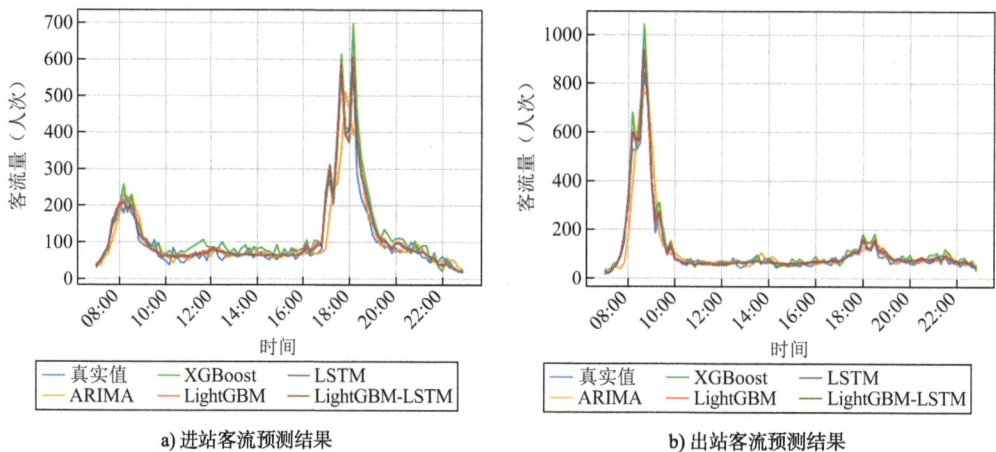

a) 进站客流预测结果   b) 出站客流预测结果

图4-31　盈丰路站进出站客流预测结果对比图

盈丰路站进站客流预测结果评价表　　　表4-9

模型	MAE	RMSE	MAPE
ARIMA	23.420	42.597	22.95%
XGBoost	25.604	35.752	29.71%
LightGBM	15.573	21.228	17.89%
LSTM	14.333	20.356	16.01%
LightGBM-LSTM	13.927	20.141	15.53%

盈丰路站出站客流预测结果评价表　　　　　　　表 4-10

模型	MAE	RMSE	MAPE
ARIMA	24.561	46.441	25.44%
XGBoost	20.156	34.563	21.51%
LightGBM	14.240	20.991	15.59%
LSTM	13.000	19.648	14.42%
LightGBM-LSTM	12.417	18.935	13.37%

盈丰路站进出站客流趋势具有明显的潮汐特性，和居住类车站都呈现单峰形式，但不同的是，盈丰路站作为商业办公型车站，早高峰主要是出站客流量，晚高峰主要是进站客流量。从图 4-31 中可以看出，无论是传统的时间序列模型 ARIMA 模型，还是基于机器学习的 XGBoost、LightGBM、LSTM 以及 LightGBM-LSTM 模型，都可以捕捉到盈丰路站进站客流晚高峰、出站客流早高峰的客流特征，对客流的变化态势以及峰值的拟合都较为准确，可以实现良好的客流预测效果。

从表 4-9 和表 4-10 中的客流预测精确度评价指标可以看出，基于机器学习的模型整体要比传统时间序列模型表现得好。但同样是基于机器学习算法，相较于 LightGBM 和 LSTM 两个模型，XGBoost 模型就难以适应工作类车站的客流特征，预测结果并不是很理想。LightGBM-LSTM 模型在进站客流预测中，以 MAE 为 13.927，RMSE 为 20.141，MAPE 为 15.53%的指标在所有模型中综合表现最好；在出站客流预测中则以 MAE 为 12.417，RMSE 为 18.935，MAPE 为 13.37%的指标在所有模型中综合表现最好。

（3）居住工作混合型车站预测结果分析

九堡站进出站客流量的预测结果如图 4-32 所示。三种评价指标详细结果见表 4-11 和表 4-12。

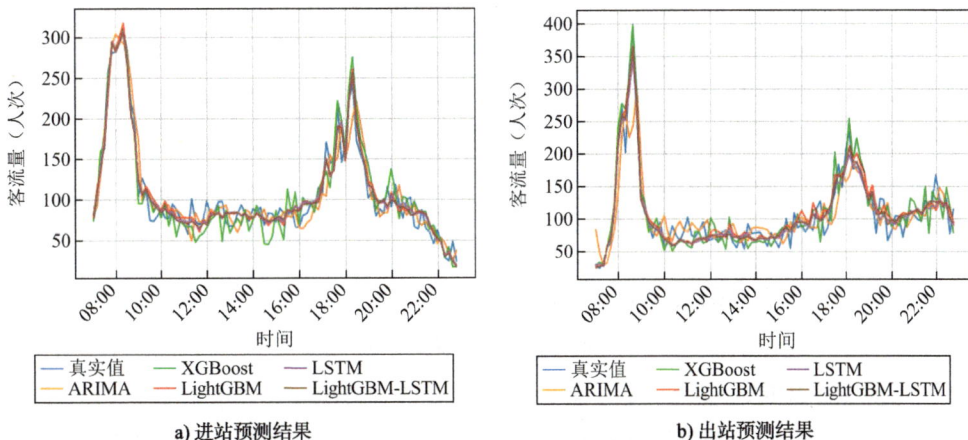

a) 进站预测结果　　　　　　　　　　b) 出站预测结果

图 4-32　九堡站进出站客流预测结果对比图

九堡站进站客流预测结果评价表　　　　　　　表 4-11

模型	MAE	RMSE	MAPE
ARIMA	17.774	24.313	19.78%
XGBoost	16.125	20.478	17.87%
LightGBM	12.771	15.381	13.98%
LSTM	12.125	14.656	13.23%
LightGBM-LSTM	12.014	14.469	13.02%

九堡站出站客流预测结果评价表　　　　　　　表 4-12

模型	MAE	RMSE	MAPE
ARIMA	21.458	30.546	23.97%
XGBoost	19.250	24.440	19.52%
LightGBM	15.438	20.028	16.03%
LSTM	13.875	18.209	13.82%
LightGBM-LSTM	12.987	16.588	13.44%

相较于居住型车站和商业办公型车站，九堡站周围土地的功能更丰富，既有居住类用地也有工作类用地，即该站位于综合功能用地区域。九堡站进出站客流趋势的潮汐特性为双峰形式，既有早高峰也有晚高峰。从图 4-32 中可以看出，无论是传统的时间序列模型 ARIMA 模型，还是基于机器学习的 XGBoost、LightGBM、LSTM 以及 LightGBM-LSTM 模型，都可以捕捉到九堡站进出站客流早晚高峰的双峰客流特征，对客流的变化态势以及峰值的拟合都较为准确，可以实现良好的客流预测效果。

从表 4-11 和表 4-12 中的客流预测精确度评价指标可以看出，基于机器学习的模型整体要比传统时间序列模型表现得好。在单一机器学习模型中，LSTM 模型的预测效果最理想。LightGBM-LSTM 模型在进站客流预测中，以 MAE 为 12.014，RMSE 为 14.469，MAPE 为 13.02%的指标在所有模型中综合表现最好；在出站客流预测中则以 MAE 为 12.987，RMSE 为 16.588，MAPE 为 13.44%的指标在所有模型中综合表现最好。

（4）购物娱乐型车站预测结果分析

龙翔桥站进出站客流量的预测结果如图 4-33 所示。三种评价指标详细结果见表 4-13 和表 4-14。

龙翔桥站位于公用设施密集的区域，周围有旅游景点或者大型商场。龙翔桥站出站客流主要分布在上午，进站客流主要分布在下午到晚上。从图 4-33 中可以看出，无论是传统的时间序列模型 ARIMA 模型，还是基于机器学习的 XGBoost、LightGBM、LSTM 以及 LightGBM-LSTM 模型，都可以捕捉到龙翔桥站的客流特征，对客流的变化态势以及峰值的拟合都较为准确，可以实现良好的客流预测效果。

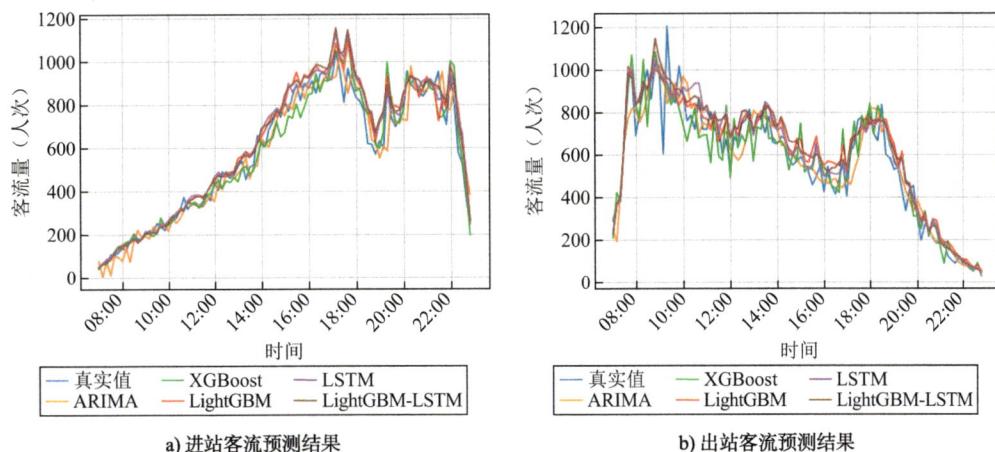

a) 进站客流预测结果   b) 出站客流预测结果

图 4-33 龙翔桥站进、出站客流预测结果对比图

龙翔桥站进站客流预测结果评价表   表 4-13

模型	MAE	RMSE	MAPE
ARIMA	53.170	76.003	14.32%
XGBoost	47.083	64.859	8.72%
LightGBM	50.802	67.482	9.34%
LSTM	51.542	70.941	9.69%
LightGBM-LSTM	52.768	71.115	9.36%

龙翔桥站出站客流预测结果评价表   表 4-14

模型	MAE	RMSE	MAPE
ARIMA	67.350	92.892	15.45%
XGBoost	74.344	100.890	14.77%
LightGBM	66.938	89.417	14.75%
LSTM	68.420	90.115	13.93%
LightGBM-LSTM	62.354	86.111	12.72%

从表 4-13 和表 4-14 中的客流预测精确度评价指标可以看出，基于机器学习的模型整体要比传统时间序列模型表现得好。其中，三个单一机器学习模型的效果相差不大。LightGBM-LSTM 模型在出站客流预测中则以 MAE 为 62.354，RMSE 为 86.111，MAPE 为 12.72% 的指标在所有模型中综合表现最好。

（5）枢纽型车站预测结果分析

杭州东站进出站客流量的预测结果如图 4-34 所示。三种评价指标详细结果见表 4-15 和表 4-16。

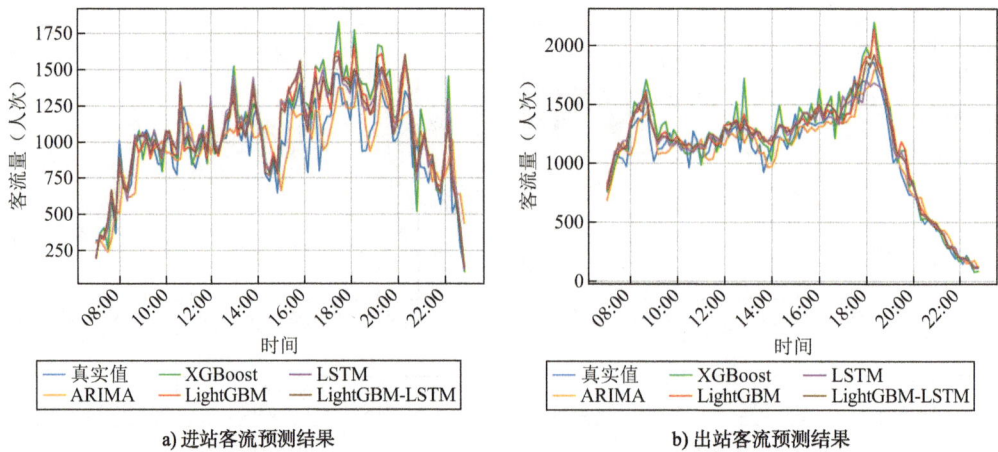

a) 进站客流预测结果　　　　　　　　　　　　b) 出站客流预测结果

图 4-34　杭州东站进、出站客流预测结果对比图

杭州东站进站客流预测结果评价表　　　　　　　　表 4-15

模型	MAE	RMSE	MAPE
ARIMA	147.959	181.649	20.95%
XGBoost	148.791	198.789	16.20%
LightGBM	125.667	158.899	13.85%
LSTM	132.125	167.817	14.55%
LightGBM-LSTM	118.406	150.96	12.85%

杭州东站出站客流预测结果评价表　　　　　　　　表 4-16

模型	MAE	RMSE	MAPE
ARIMA	86.168	114.174	11.01%
XGBoost	114.396	146.892	11.26%
LightGBM	89.271	117.749	9.23%
LSTM	81.146	102.984	8.43%
LightGBM-LSTM	82.256	102.623	8.37%

杭州地铁杭州东站接驳高铁站，所以客流时间分布没有明显的规律性，全天的进出站客流没有明显的波峰和波谷，但是进出站客流量都很大。从图 4-34 中可以看出，无论是传统的时间序列模型 ARIMA 模型，还是基于机器学习的 XGBoost、LightGBM、LSTM 以及 LightGBM-LSTM 模型，都可以捕捉到杭州东站的客流特征，对客流的变化态势以及峰值的拟合都较为准确，可以实现良好的客流预测效果。

从表 4-15 和表 4-16 中的客流预测精确度评价指标可以看出，基于机器学习的模型整体要比传统时间序列模型表现得好。在单一机器学习模型中，LightGBM 和 LSTM 模型的预测效果要比 XGBoost 模型的预测效果好。LightGBM-LSTM 模型在进站客流预测中，以

MAE 为 118.406，RMSE 为 150.96，MAPE 为 12.85%的指标在所有模型中综合表现最好；在出站客流预测中则以 MAE 为 82.256，RMSE 为 102.623，MAPE 为 8.37%的指标在所有模型中综合表现最好。

（6）模型预测结果汇总分析

选取滨康路站、盈丰路站、九堡站、龙翔桥站、杭州东站评价指标中的 MAPE 进行模型适应性总结分析，具体数据见表 4-17。

模型预测结果汇总表　　　　　　　　　　　　　　　　表 4-17

模型	居住型车站		商业办公型车站		居住工作混合型车站		购物娱乐型车站		枢纽型车站	
	进站 MAPE	出站 MAPE	进站 MAPE	出站 MAPE	进站 MAPE	出站 MAPE	进站 MAPE	出站 MAPE	进站 MAPE	出站 MAPE
ARIMA	29.80%	25.95%	22.95%	25.44%	19.78%	23.97%	14.32%	15.45%	20.95%	11.01%
XGBoost	22.74%	28.44%	29.71%	21.51%	17.87%	19.52%	8.72%	14.77%	16.20%	11.26%
LightGBM	16.75%	21.32%	17.89%	15.59%	13.98%	16.03%	9.34%	14.75%	13.85%	9.23%
LSTM	15.76%	18.05%	16.01%	14.42%	13.23%	13.82%	9.69%	13.93%	14.55%	8.43%
LightGBM-LSTM	15.75%	17.99%	15.53%	13.37%	13.02%	13.44%	9.36%	12.72%	12.85%	8.37%

其中 ARIMA 和 XGBoost 模型的表现总体都要弱于 LightGBM、LSTM 以及 LightGBM-LSTM 模型。LightGBM-LSTM 模型适应性最强，整体波动不大，无论是进站客流预测还是出站客流预测，在每个类型车站上的预测拟合效果都最为准确。但是，对于不同类型车站，各模型的表现依然存在着差异性，其中，对于购物娱乐型车站和枢纽型车站，各模型的预测效果最好，要优于居住型车站、商业办公型车站以及居住工作混合型车站。

第 5 章

智慧城轨关键技术示范应用——
智能基础设施

智慧城轨
关键技术研究与应用

中国城市轨道交通协会于 2020 年 3 月发布的《中国城市轨道交通智慧城轨发展纲要》中将"智能基础设施体系"列为我国城市轨道交通智慧城轨建设蓝图的八大体系之一，其中重点提出加强 BIM 技术的应用：深化 BIM 技术在基础设施的设计、建设、运维等全生命周期的应用，建设基于 BIM 的基础设施状态智能化管理平台。

5.1　BIM 赋能城市轨道交通智能基础设施建设

5.1.1　BIM 起源

BIM 的概念源于一个叫"建筑描述系统（Building Description System）"的工作原型，是由美国卡内基梅隆大学 Chuck Eastman 教授于 1975 年提出的，它是以三维数字技术为基础并集成建筑工程项目各种相关信息的工程基础数据模型，是对工程项目相关信息详尽的数字化表达。随着这项技术的商业化运作，20 世纪 70 年代末至 80 年代初该项技术的研究在美国、英国、芬兰等地相继开展起来。1986 年，"Building Modeling"一词在当时任职于 RUCAPS（Really Universal Computer Aided Production System）软件系统开发商 GMW 计算机公司的 Robert Aish 发表的一篇论文中第一次被使用。2002 年 12 月，具有"BIM 教父"之称的 Jerry Laiserin 认为：Building 涵盖了设计、施工和运营全过程，Information 避免了仅仅是几何 3D 信息的误解，Modeling 体现了建筑信息管理的动态流程以及对建筑物性能和行为的模拟功能，因此正式引用 Autodesk 公司名词"Building Information Modeling"（BIM）至今。

5.1.2　城市轨道交通 BIM 国内外发展现状

5.1.2.1　国外发展现状

在国外，特别是欧美发达国家，BIM 技术正在成为城市轨道交通工程领域一项必备的技术手段，渐渐应用于设计、施工管理、物资信息管理、模拟分析等各个方面。

2009 年 5 月，英国 Crossrail 项目正式启动。该项目总投资 148 亿英镑，总线路长 118km，连接伦敦东部和西部区域，新建 10 座车站、42km 隧道。在美国，洛杉矶 Westside 地铁延长线工程包括 14.5km 地铁，新建 7 个地铁站，总投资 51 亿美元，该工程采用 DB（设计-建造）交付模式，业主将 BIM 应用条款纳入承包方合约，要求以 BIM 为核心规划管理整个建造过程。在加拿大，多伦多 Spadina 地铁扩建工程中，参建各方基于 BIM 软件进行 3D 设计协同，取得了很好的应用效果，该项目也因此获得 Bentley 公司的全球 Be 创新奖。此外，法国的 TGV、德国的 Emsch + Berger GmbH、荷兰的 Arcadis Infra 等轨道交通项目，均较为广泛地运用 BIM 技术进行规划、设计、建造与运维等全生命周期管理。

5.1.2.2　国内发展现状

香港与台湾是我国最早将 BIM 技术运用到城市轨道交通项目中的地区。香港地铁早在 2010 年已经实现 20 多座车站的模型化，并且逐步发展了开发商、设计、承包商之间的 3D 协调机制，形成以 BIM 模型为基础并由人力资源管理系统、财务管理系统、预算管理系统、供应管理系统、设备维护管理系统等各个子业务系统支撑的一个信息管理网络，实现采光、能耗、烟雾、客流和可视化碰撞检测等应用点。台北捷运万大线工程也全面引入了 BIM 技术，主要应用于设计优化与细部、施工优化与工程进度检测、设施资源管理、防灾与逃生分析等方面。

北京、上海、广州、深圳、宁波、武汉、无锡、长沙、南宁、厦门、石家庄、南京、西安、杭州、苏州、沈阳、大连等地的城市轨道交通项目中均应用 BIM 技术。初期，大部分项目的 BIM 技术主要集中于模型的视觉效果展示、管线综合设计等点式应用，例如：无锡地铁 1 号线南湖家园站等车站利用 BIM 技术进行深化设计工作。随着 BIM 理念的逐步深入，部分城市（如北京、上海、广州、厦门、南宁和宁波等）轨道交通项目的 BIM 技术应用突破点式的基础应用，开始探索 BIM 全生命周期应用目标，通过 4D、5D 模型模拟施工，合理配置资源，进行约束理论下的进度控制与成本控制，实现了精益建造和运营维护管理，达到项目全生命周期效益最大化。例如，北京地铁 10 号线二期项目运用 BIM 进行全生命周期管理，BIM 应用点主要集中在管线综合出图、碰撞检查、工程量统计、施工模拟、信息管理等方面。现阶段，为保障城市轨道交通工程的高质量发展，助推城市轨道交通数字化转型升级，国家、各省市先后出台了多项政策文件，推进 BIM 技术在城市轨道交通工程中的应用，例如《住房城乡建设部办公厅关于印发城市轨道交通工程 BIM 应用指南的通知》（建办质函〔2018〕274 号）、《交通运输部　科学技术部关于科技创新驱动加快建设交通强国的意见》（交科技发〔2021〕80 号）等，深圳市发布的《深圳市人民政府办公厅关于印发加快推进建筑信息模型（BIM）技术应用的实施意见（试行）的通知》（深府办函〔2021〕103 号）等多项政策推动了 BIM 技术的研究和应用。在政策支持的背景下，我国城市轨道交通工程中 BIM 技术的研究和应用得到了快速发展。例如深圳地铁从三期工程开始试点应用 BIM 技术，并于 2019 年启动城市轨道交通工程 BIM 总体管理项目，以全生命周期为理念，在四期和四期调整工程，以及同步实施枢纽、地下空间等工程中深入推进 BIM 技术应用。

总体来看，国内城市轨道交通行业的 BIM 技术研究和应用已脱离起步阶段，随着国家政策指向的明确以及 5G（第 5 代移动通信技术）、大数据、物联网等新技术的兴起，BIM 技术进入蓬勃发展、创新探索阶段，未来在城市轨道交通行业 BIM 技术将有更多新应用面世。

5.1.3　城市轨道交通 BIM 应用范围

根据工作内容不同，城市轨道交通项目可以分为设计、施工、运维三大阶段。近年来在相关政府部门和建设单位的大力支持和推广下，相关单位对 BIM 技术在城市轨道交通工程各阶段的应用进行了大量探索。

5.1.3.1　设计阶段

城市轨道交通设计阶段利用 BIM 技术可以实现规划方案优化、场地分析、管线搬迁模拟、道路翻交模拟、管线综合、碰撞检查分析等，对收集的大量信息从经济、技术和管理层面进行研究与探索，实现项目的科学实施和决策，达到优化和增值的目的。

5.1.3.2　施工阶段

BIM 技术在城市轨道交通施工阶段的应用，主要表现在利用 BIM 模型可以高效地实现施工过程控制和成本控制。城市轨道交通工程是典型的复杂建筑工程，而利用 BIM 技术，可以轻松实现施工过程的精细化模拟，及时发现施工中存在的问题并加以优化，从而规避风险，达到保证施工质量和安全、节约工程造价的目的。在施工图模型的基础上，考虑施工变更因素，附加相关施工验收资料等信息，构建最终的竣工模型，在竣工验收时统一交付业主，为后期运维阶段提供基础信息。

5.1.3.3　运维阶段

运维阶段，在 BIM 模型基础上，根据建设阶段输入的设备、管线的性能参数，进行设备设施运行维护管理、设备设施更新改造、空间管理、资产管理、人员培训与应急管理，实现基于 BIM 模型的全生命周期管理。目前我国 BIM 技术在运营维护阶段的应用仅做了一些探索，未来具有较好的应用前景。如可以通过 BIM 技术对列车以及相关设备的运行信息进行实时记录和分析，使相关工作人员及时了解各设备的运行状态，从而及时采取维护措施，提高运营管理工作的质量和效率。

城市轨道交通 BIM 技术的应用范围见表 5-1。

城市轨道交通 BIM 技术的应用范围　　　　　　　　　　　　表 5-1

序号	阶段划分	基本应用
1	设计阶段	规划方案优化
2		场地分析
3		管线搬迁模拟
4		道路翻交模拟
5		场地现状仿真
6		管线综合
7		碰撞检查
8		装修设计模拟
9		施工深化设计
10		施工方案模拟
11	施工阶段	构件预加工/运输/安装
12		虚拟进度和实际进度比对
13		工程量设计
14		设备与材料管理
15		质量与安全管理
16		施工监测三维可视化
17		竣工模型构建

序号	阶段划分	基本应用
18		设备设施运行维护管理
19		设备设施更新改造
20	运维阶段	空间管理
21		资产管理
22		人员培训与应急管理

5.2 BIM + 技术探索

　　智慧城轨内涵主要为应用云计算、大数据、物联网、人工智能、5G、卫星通信、区块链等新兴信息技术，全面感知、深度互联和智能融合乘客、设施、设备、环境等实体信息，经自主进化，创新服务、建设、运营管理模式，构建安全、便捷、高效、绿色、经济的新一代中国式智慧型城市轨道交通。因此，智慧城轨中的智慧化主要体现在城市轨道交通中BIM技术与新智能化技术的结合应用。

5.2.1　BIM + GIS

5.2.1.1　技术现状

　　地理信息系统（Geographic Information System，GIS）是管理地理空间分布数据的计算机信息系统。完整的GIS主要由硬件系统、软件系统、数据、方法和人员5个部分组成，以直观的地理图形获取、存储、管理、计算、分析和显示与地球表面位置相关的各种数据。GIS是一门结合地理学、地图学、遥感和计算机科学的综合性学科，已经广泛地应用在不同领域。

5.2.1.2　应用趋势

　　BIM与GIS各有其技术和应用特点，随着智慧城市的发展，BIM与GIS所涉及的领域重叠越来越多，任何一方都难以表达城市完整的信息，因此BIM与GIS集成势在必行。一方面可通过数据集成或系统集成的方法，实现GIS与BIM的数据集成，或实现BIM数据在GIS中的可视化表现。另一方面，可采用第三方模型或系统实现BIM与GIS的深度集成。两者的具体集成应用主要体现在以下方面：

　　（1）提高长线工程和大规模区域性工程的管理能力

　　BIM与GIS的集成应用能解决长线工程以及大规模区域性工程在BIM表现和应用所面临的挑战，从而显著拓宽BIM技术的应用范围。BIM的主要应用对象往往为单个建筑（构）物，而利用GIS在宏观尺度上的功能，可以将BIM的应用范围扩展到道路、铁路、隧道、水电、港口等工程领域。

（2）增强大规模公共设施的管理能力

BIM 与 GIS 的集成应用能够攻克大规模公共设施在 BIM 呈现与应用方面的难题，这类设施往往具有复杂的空间拓扑关系。当前，BIM 应用多集中于设计和施工阶段，而 BIM 与 GIS 的融合，成功突破了这一局限。借助二者集成，大型公共建筑、市政工程以及基础设施在运管阶段的 BIM 应用难题得以解决，实现 BIM 从设计施工到运维全生命周期的覆盖。

（3）拓宽 BIM 应用功能

针对单个项目的实际情况，BIM 与 GIS 的集成应用，增加了 BIM 应用的功能点，如增加室内路径规划、房间管理、机电设备运维管理、对建（构）筑物进行光照分析等功能。

（4）拓宽和优化 GIS 应用功能

BIM 与 GIS 的集成应用，可以拓宽 GIS 已有功能，例如，导航是 GIS 应用的一个重要功能点，但利用 GIS 的导航仅限于室外。而通过集成应用，可以将导航功能成功拓展到室内。还可以优化 GIS 已有的功能，如利用 BIM 模型对室内信息的精细描述，可以使火灾情形下的室内逃生路径是最合理的，而不再只是最短的。

（5）进一步促进建设行业信息化发展

对建设行业而言，BIM 与 GIS 的集成应用，是将 BIM 的精确信息表达与 GIS 完整拓扑信息描述相结合，不仅使长线工程和大规模区域性工程施工、大规模公共设施运维管理中的 BIM 应用成为可能，也将 GIS 成功运用到工程的建造和运维阶段。

5.2.2　BIM + IoT

5.2.2.1　技术现状

移动互联网概念在 20 世纪末被提出，综合来说是基于移动通信技术、广域网、局域网的各种移动信息终端按照一定的通信协议组成的互联网络，或者手持移动终端通过各种无线网络进行通信，与互联网结合就产生了移动互联网。

1999 年移动计算和网络国际会议最早提出了 IoT（物联网）的概念，其含义是利用传感设备使现实的物体与互联网相连，以便智能地对这些物体进行识别和管理。目前受到普遍认可的物联网概念是：任何物体以特定的协议通过红外感应器、射频识别、二维码智能传感设备与互联网连接通信，智能地去识别、监控和管理这些物体。互联网依旧是物联网的基础和核心，物联网是互联网的拓展和延伸，网络被延伸到了任何物体之间，任何物体之间都能进行通信。

5.2.2.2　应用趋势

物联网在建筑领域可以狭义地理解为建筑及其内部物质之间的联系网络，BIM 则是提供建筑物本体信息的数据库。因此，BIM 可作为物联网应用的基础数据模型。二者的集成应用，可实现建筑全过程信息流闭环，实现虚拟信息化管理和实体环境硬件之间的有机融合。在施工建设阶段，设计人员可通过 BIM 的 4D 进度和 5D 成本分析推演，制定合理且较优的工程实施基准计划；采用二维码、RFID 等物联网技术，可实现对工程的全流程信息追踪，并自动记录到 BIM 模型中。在设施运维阶段，BIM 将建筑物空间位置数字化，物联网技术将各类建筑运营数据通过传感器收集起来，并通过互联网实时传递到建筑运营中心或用户手中。BIM 与 IoT 的深度融合与应用，是未来建设行业信息化发展的重要方向之一。

（1）改变传统模式下的作业管理模式

IoT 技术使得设备可通过网络连接在一起，状态被随时获知，便于管理。同时可将维护维修作业转变成移动终端作业的形式，在线作业"随时随地"可进行。

（2）信息随时随地可获取，加快企业信息的流动

IoT 技术使得设备信息网络化，在移动信息化发展下，企业原有在电脑上的特定软件体系可移植到手机上，实现设备-网络-固定端-移动端的信息流通，让工作更加有效，企业运作更加协调。

5.2.3　BIM + 云计算

5.2.3.1　技术现状

云计算是一种基于互联网的计算方式，通过这种方式，共享的软硬件和信息资源可以按需提供给计算机和其他终端使用。云计算技术起源于 Google，为了处理每秒钟多达 200 万次的超大规模搜索请求，Google 发明了一系列关键技术，将多个数据中心的数百万台服务器虚拟化为一台"超级计算机"，以提供几乎无限并且可以动态扩容的计算和存储能力。之后，各大互联网公司纷纷效仿 Google 建立了类似的数据中心，以满足自身业务大规模计算和存储需求。

云计算为 BIM 技术深入和扩展应用提供了新的方法和工具。通过将 BIM 应用转化为 BIM 云服务，实现 BIM 应用效率提高、BIM 应用形式创新以及 BIM 应用范围拓展。基于云计算强大的计算能力，可以将 BIM 应用中计算量大且复杂的工作转移到云端，从而提升计算效率。基于云计算的大规模存储能力，BIM 模型及其相关的业务数据能够同步到云端，方便随时随地访问并与协作者共享。此外，通过将 BIM 应用转换为云服务，BIM 技术能够走出办公室，用户在施工现场就能通过移动设备随时连接云服务，及时获取所需的 BIM 数据和服务等。

5.2.3.2　应用趋势

BIM 技术与云计算具有天然的互补性，将二者进行集成应用，能够优势互补，有效推进并拓展 BIM 技术在工程施工项目现场的应用，并提升 BIM 技术的应用价值。各类 BIM 应用以云计算为枢纽，BIM 数据统一存储在云端并与所有 BIM 应用软件共享，从而形成跨业务、跨岗位、跨软件的数据协同，形成基于 BIM 和云计算技术的协同解决方案，也就是

市面上称的 BIM 云，其应用主要包括以下方面。

（1）实现 BIM 模型的信息共享，提升多方协同工作效率

云计算为 BIM 模型信息的多方共享与协同提供了基础环境，通过在云端创建虚拟项目环境并集中管理项目的 BIM 模型数据，项目各方能够安全、受控、对等地访问保存云端数据，并实现参与方之间构件级别的协同工作。

（2）拓展 BIM 技术在施工现场的应用能力

依托云计算技术，BIM 模型可直接保存在云端，解放客户端，使得用户可以通过任意移动终端浏览模型数据。此外，用户利用移动终端的拍照、视频、语音、定位等功能，能够及时将施工现场的信息与 BIM 模型进行集成，从而在数字模型与物理模型之间建立一条链路。

（3）降低 BIM 技术的应用门槛

云计算可通过服务租赁的方式向客户提供 BIM 能力，能够有效降低 BIM 技术的应用门槛，让 BIM 技术应用于更多的中小型项目。

5.2.4　BIM + AR

5.2.4.1　技术现状

AR（虚拟现实）也称虚拟环境或虚拟真实环境，是一种三维环境技术，是集先进的计算机技术、传感与测量技术、仿真技术、微电子技术等于一体的综合技术，借此产生逼真的视、听、触、力等三维感觉环境，形成一种虚拟世界。AR 技术是人们运用计算机对复杂数据进行的可视化操作，与传统的人机界面以及流行的视窗操作相比，AR 在技术思想上有了质的飞跃。BIM 技术与 AR 技术集成可实现虚拟场景构建、施工成本管控、多维模型信息联合模拟以及交互式场景漫游。

5.2.4.2　应用趋势

将 BIM 技术与 AR 技术集成，可解决 AR 技术对前端数据来源的需求。BIM 作为三维模型数据信息的技术应用，通过构建真实、准确的虚拟场景，实现虚拟施工过程模拟以及交互式场景漫游，提升施工质量，减少资源浪费。

（1）提高模拟的真实性

使用 AR 技术演示单体建筑、群体建筑乃至城市空间，可以让用户以不同的俯仰角度去审视或欣赏其外部空间的动感形象及其平面布局特点。并且可以将任意相关信息整合到已建立的虚拟场景中，进行多维模型信息联合模拟。用户可以实时、任意视角查看各种信息与模型的关系，指导设计、施工，辅助监理、监测人员开展相关工作。

（2）有效支持项目成本管控

应用 BIM 技术创建的建筑三维模型是一个包含了建筑项目所有信息的综合衍生信息库，通过应用计算机技术来模拟建筑项目的建造过程，能够在实际施工之前就确定施工方

案的可行性及合理性，减少或避免设计文档中存在的大多数错误，从而节约成本。

（3）提升项目质量

通过在实际工程施工之前把建筑项目的施工过程在计算机上进行三维仿真演示，可以提前发现并避免在实际施工过程中可能遇到的各种问题，如管线碰撞、构件安装等，以便指导施工和制定最佳施工方案。从整体上提高建筑施工效率，确保建筑质量。

（4）提高模拟工作中的可交互性

在虚拟的三维场景中，可以实时切换不同的方案，在同一个观察点或同一个观察序列中感受不同的施工过程，有助于进一步进行决策。

5.3 智慧城轨基础设施应用案例

《中国城市轨道交通智慧城轨发展纲要》在智能基础设施的建设重点中提出深化 BIM 技术在基础设施的设计、建设、运维等全生命周期的应用，建设基于 BIM 的基础设施状态智能化管理平台。

（1）搭建基于 BIM 的全线基础设施模型

基于 BIM 的全线基础设施模型覆盖轨道、路基、高架结构、地下结构、隧道结构和管片、供电、通信、信号以及机电设备设施等各个专业，通过现场检测传感器及 5G 通信技术感知噪声、振动、位移等信息并与车辆综合检测系统、大型检测设备之间实现数据的实时关联共享，构建全线各部位、实时、不间断的综合感知平台，突破现有专业界限，实现基础设施、设备的数据无障碍交换。

（2）建立综合评估体系

针对城市轨道交通基础设施的综合评估体系依托实时采集的数据形成。一方面，对基础设施模型各部位的振动与变形、各区域噪声等状态参数展开全面评估，有效攻克传统监测的难点。另一方面，聚焦城市轨道交通线路、隧道、高架结构、桥梁、车辆基地、保护区，以及供电和通信等独立设施，借助各类传感、视频系统、周界防范系统与卫星遥感等检测监测技术，构建区域化、立体化的防护和感知空间域，形成完整的智能监测感知体系，确保轨道交通基础设施的安全稳定运行。

（3）建立智能化仿真分析系统

智能化仿真分析系统实现对车辆、弓网、轨道、桥隧及环境多元耦合的综合仿真分析、评价、原因分析，实现基础设施的运维数字化和智能化。

搭建基于 BIM 的基础设施运维管理平台，一是建立以 BIM 模型为核心的智慧城轨基础设施资产管理平台，实现资产全生命周期管理的信息化、流程化、无纸化，利用大数据技术深入挖掘资产数据价值，对资产进行主动式风险监管，提升资产使用效率、提高资产的使用寿命；二是深度融合 BIM 模型、物联网、移动应用等技术赋能运维业务，提供基于实时数据的可视化监测与海量历史数据的劣化预警等基础设施健康度管理功能，形成集成化、移动化的运维业务管理体系，建立可视化应急预案，指导突发事件的应急处置，全面提升基础设施运维管理的效率与质量。

5.3.1　智慧城轨基础设施运维——基于车路协同的城市轨道交通运营安全智能监测与应急联动系统

基于车路协同的城市轨道交通运营安全智能监测与应急联动系统，利用轨道沿线通信光缆作为主要传感传输元件，采用先进的多参量分布式光纤探测技术，融合激光、图像、雷达、5G、人工智能、物联网、大数据等技术，感知城市轨道交通沿线的实时多源信息，实现对城市轨道交通基础设备设施安全、周界入侵、异物侵限、自然环境、车体状态、列车运行状态、车控室值班状态等的实时智能监测，从而保障城市轨道交通运营安全，节省运维人力，降本增效，如图 5-1 所示。

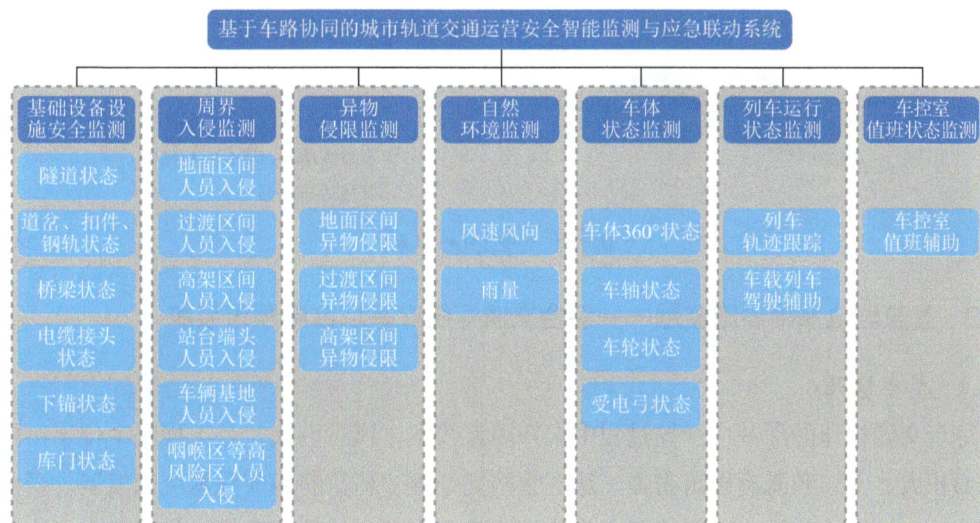

图 5-1　基于车路协同的城市轨道交通运营安全智能监测与应急联动系统

周界入侵监测和异物侵限监测随着全自动运行技术的发展在城市轨道交通中得到了广泛应用，列车不再设置专用司机室及司机，因此不再有专人负责对列车运行前方进行瞭望和异常情况的处置。对于区间封闭的地下区间，发生入侵轨道及区间事件的概率相对较低；而对于高架区间，特别是穿行在市区的线路，由于周边存在居民区、楼宇等复杂区域，容易发生入侵事件，例如高空抛物、大风吹落衣物、杂物挂网、触网垂吊，以及偶发的人员入侵。利用无源的光纤检测技术结合智能图像、雷达探测等多源感知技术，可形成一套安全、可靠、系统的侵限监测系统。该系统利用光纤作为高速传输通道，同时开发其传感功能，准确测量光纤任意位置的参量在时间和空间的信息分布，检测光纤线路上的振动、温度和应力变化，如图 5-2 所示。同时光纤可作为沿线传输神经综合匹配多种传感技术形成一套综合安全监测平台，系统性解决城市轨道交通运营安全问题。

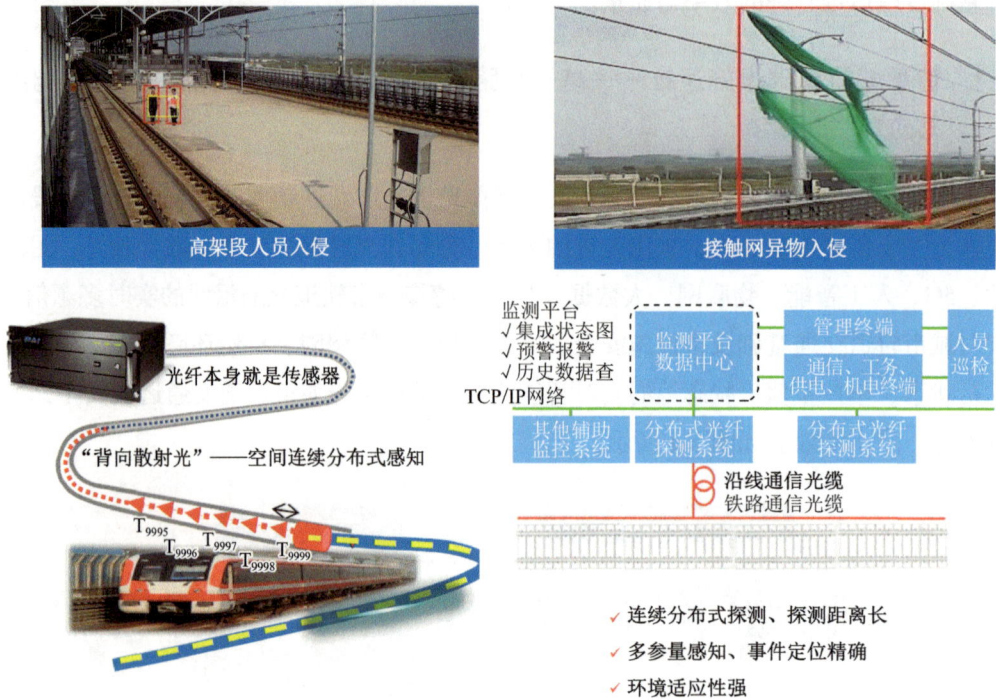

图 5-2　光纤检测技术

5.3.2　智慧城轨基础设施监测——综合交通枢纽深基坑监测预警系统

5.3.2.1　基本情况

综合交通枢纽的深基坑开挖过程中未知因素较多，风险巨大，且工程基本位于市区，占地面积大、人口和既有建筑密集、地下管网复杂等，严重制约着深基坑的发展。当前，深基坑施工过程中的既有运营线路安全监测预警研究越来越得到重视。传统的人工定期采样获取监测数据、人工分析处理已无法实现及时监测预警，数据无法直观展示和有效利用，可能会造成无法挽回的经济损失及人员伤亡。

在此背景下，针对成都市某在建四线枢纽提出了一套将轻量化 BIM 技术应用于综合交通枢纽的深基坑安全监测预警系统。该系统借助 BIM 的轻量化、可视化实现施工过程监测数据的实时展示与分析，提高了管理效率，降低了事故风险发生率。

5.3.2.2　系统设计

该系统通过对三维模型数据、结构监测数据等多源数据进行整合，利用数据-知识方法提取数据特征，基于优化的 WOA-LSTM 模型产生预测结果。利用 PKPM-FPS + 云平台二次开发路线，提供轻量化、可视的解决方案，实现综合交通枢纽在建工程段及运营既有线的结构监测及有效预警。系统架构如图 5-3 所示。

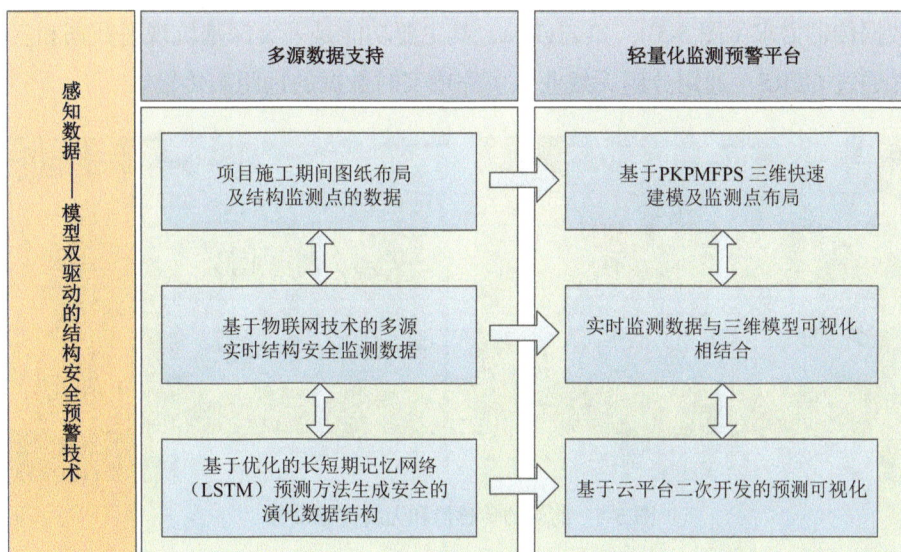

图 5-3 系统框架

5.3.2.3 系统特点

该系统核心由基于 PKPM-FPS 的 BIM 模型、基于 IoT 技术的监测及预警数据传输集成和轻量化 BIM 二次开发云平台三个部分组成。

（1）基于 PKPM-FPS 的 BIM 模型

PKPM-FPS 是国产自主研发的，服务于围护及主体结构设计的 BIM 平台软件，较主流 BIM 建模软件专业定制化程度更高。该软件的图纸自动识别、参数化设置构件、地质基础自动设置等集成化组件功能，可实现快速建立模型（图 5-4）。

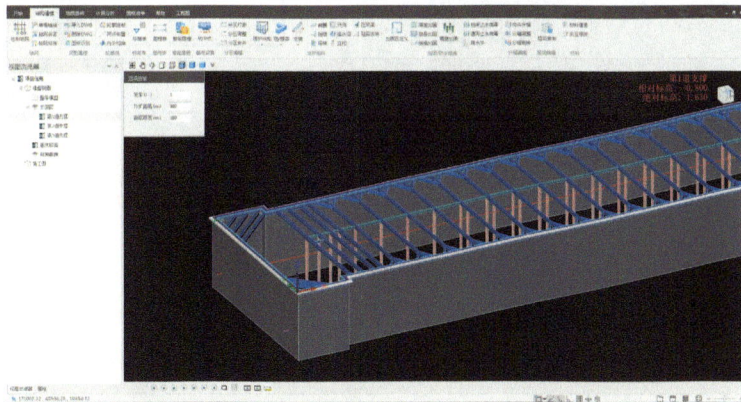

图 5-4 基于 PKPM-FPS 的深基坑 BIM 快速建模

（2）基于 IoT 技术的监测及预警数据传输集成

当前可应用于深基坑施工安全监测预警的传感器众多，监测对象不同，选用的传感器也有差别。结合深基坑施工的具体情况，本系统选择无线传输网络作为深基坑工程现场数据传输的主要方式。无线传输网络与现场各类传感器交汇构成的传感网络，能够满足施工现场的数据传输需求（图5-5），如ZigBee，其主要功能是采集深基坑现场数据和实时监控数据，并通过GPRS（通用分组无线业务）完成实时数据的远距离传输。

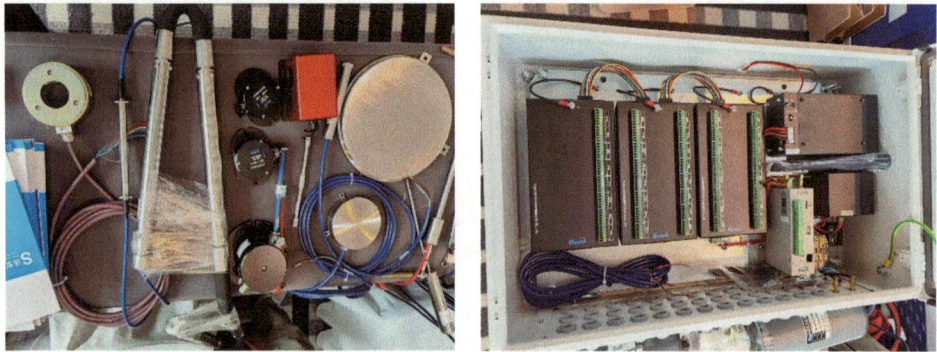

图5-5　前端的传感器和无线传输设备

（3）轻量化BIM二次开发云平台

构力云平台是PKPM面对BIM产品的二次开发平台（图5-6），其主要功能是对多源异构的数据进行存储与解析，提供数据轻量化和结构化处理，同时轻量化处理后的图模数据可以在浏览器查看。通过将编程语言JavaScript与WebGL图形库绑定在一起，简化BIM模型在Web端现实的烦琐步骤，一站式完成BIM模型与网页的3D交互。该平台具有数据监测、报警、数据统计分析、后台管理和移动端适配等功能。

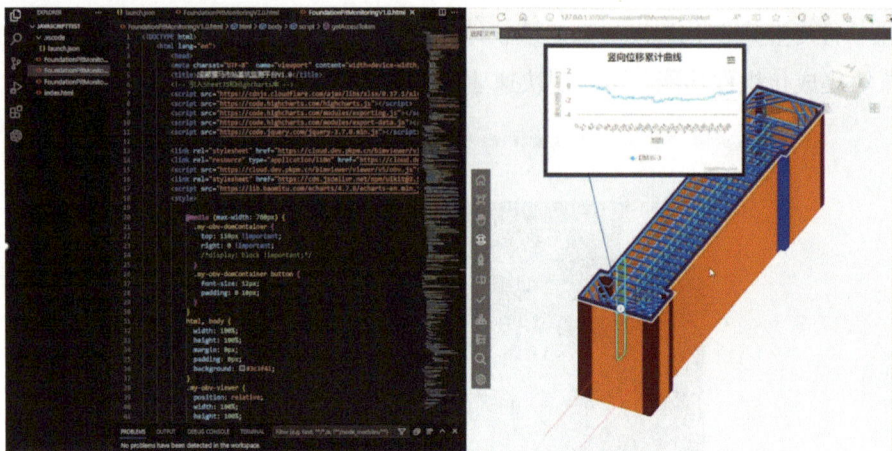

图5-6　基于轻量化BIM云平台的深基坑监测预警系统二次开发

第 6 章

智慧城轨关键技术示范应用——

列车全自动运行

智慧城轨
关键技术研究与应用

6.1 城市轨道交通全自动运行现状

6.1.1 世界城市轨道交通全自动运行现状

全自动运行系统（Fully Automatic Operation，FAO）是基于先进的通信、计算机、控制和系统集成等技术来实现列车运行全过程的自动化，以提升运营服务水平、运营安全性与效率为目的的新一代城市轨道交通运行系统。

根据国际电工协会标准（IEC 62290-1）和《城市轨道交通全自动运行系统运营技术和管理规范（试行）》，城市轨道交通线路自动化运行程度（GoA）分为5个等级（图6-1、图6-2、表6-1）。

		自动化程度			
		手动	半自动	全自动	
列车内工作人员	司机（列车内）	GoA1	GoA2		传统线路
	乘务员（列车外）		GoA3	有人值守（GoA4）	自动化线路
	无职工			无人值守（GoA4）	

图6-1　轨道交通线路自动化运行程度（GoA）等级区分

自动化等级	列车操作类型	启动列车	停止列车	关闭车门	故障时操作
GoA1	ATP（带司机）	司机	司机	司机	司机
GoA2	ATP和ATO（带司机）	自动	自动	司机	司机
GoA3	无人驾驶	自动	自动	列车员	列车员
GoA4	无人驾驶	自动	自动	自动	自动

图6-2　轨道交通线路自动化运行程度（GoA）等级

ATP-自动列车保护；ATO-自动列车运行

城市轨道交通线路自动化运行程度等级对应的列车运行方式与驾驶模式　　表6-1

自动化运行程度等级	列车运行方式	驾驶模式
GoA0	目视下列车运行（TOS）	无ATP防护
GoA1	非自动列车运行（NTO）	ATP
GoA2	半自动列车运行（STO）	ATO
GoA3	有人值守的列车自动运行（DTO）	FAO
GoA4	无人值守的列车自动运行（UTO）	FAO

国际公共交通协会（UITP）发布的2018年世界全自动地铁报告显示，截至2018年底，世界全自动运行地铁线路（Fully Automated Operation Metro Lines）共有64条，分布在全

球 42 座城市，总里程为 1026km，较 2016 年增加 27.7%；如果现有项目按计划进行，到 2023 年，世界全自动运行地铁运营里程将增加 2 倍，其中大部分新增线路在中国地区。

在世界全自动运行地铁线路中，亚太地区占比最高，达到 50%；欧洲次之，为 30%；北美洲、中东和东非紧随其后，分别为 11% 和 8%，见图 6-3。

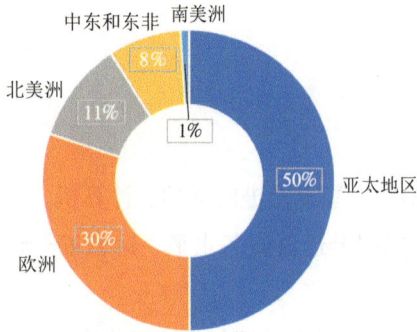

图 6-3 世界全自动运行地铁线路不同地区占比

按照线路里程进行排列，前 4 名的国家分别是韩国、法国、新加坡和马来西亚；前 4 位的城市包括新加坡、吉隆坡、迪拜和温哥华；过去 10 年间，增长最快的城市依次为迪拜、新加坡和吉隆坡。如图 6-4 所示。

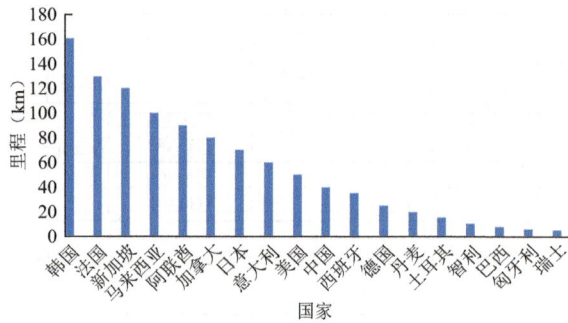

a)

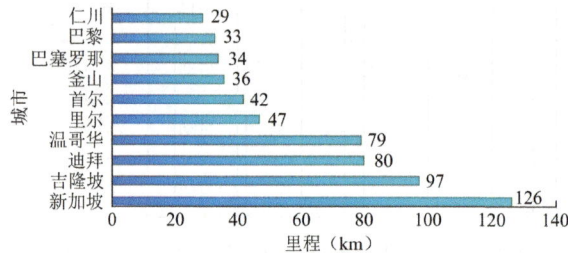

b)

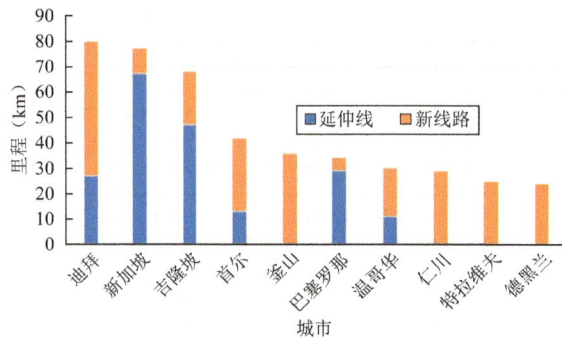

c)

图 6-4 按线路里程全自动运行地铁国家及城市排序

6.1.2 我国城市轨道交通全自动运行现状

2022 年，我国 31 个省（自治区、直辖市）开通全自动运行线路 161.93km，其中深圳开通最多，达 4 条线，线路长度 125.67km，具体见表 6-2。截至 2022 年底，我国 31 个省（自治区、直辖市）共有北京、上海、天津、重庆、广州、深圳、武汉、南京、成都、苏州、宁波、南宁、济南、太原、芜湖 15 市开通了全自动运行线路，线路共计 38 条，已形成了 883.35km 的全自动运行线路规模（表 6-3）。

2022 年各城市开通全自动运行线路情况　　　　　　　　表 6-2

城市	地铁线路	长度（km）	开通时间	速度（km/h）	GoA 设计等级	信号厂家	车辆厂家
广州	广州地铁 22 号线	18.2	2022 年 3 月 31 日	160	GoA4	广州铁科智控有限公司	中车株洲电力机车有限公司
深圳	深圳地铁 6 号线支线一期工程	6.13	2022 年 11 月 28 日	120	GoA4	卡斯柯信号有限公司	中车南京浦镇车辆有限公司
	深圳地铁 12 号线	40	2022 年 11 月 28 日	80	GoA4	交控科技股份有限公司	中车南京浦镇车辆有限公司
	深圳地铁 14 号线	50.34	2022 年 10 月 28 日	120	GoA4	交控科技股份有限公司	中车长春轨道客车股份有限公司
	深圳地铁 16 号线	29.2	2022 年 10 月 29 日	80	GoA4	卡斯柯信号有限公司	中车株洲电力机车有限公司
南京	南京地铁 7 号线北段	13.84	2022 年 12 月 28 日	80	GoA4	南京恩瑞特实业有限公司	中车南京浦镇车辆有限公司
武汉	武汉地铁 16 号线二期工程	4.22	2022 年 12 月 30 日	120	GoA3	卡斯柯信号有限公司	中车株洲电力机车有限公司
合计	4 座城市，7 条线路	161.93					

截至 2022 年底各城市全自动运行线路汇总　　　　　　　表 6-3

城市	地铁线路	长度（km）	开通时间	速度（km/h）	GoA 设计等级	信号厂家	车辆厂家
北京	北京地铁首都机场线	28.1	2008 年 7 月 19 日	95	GoA3	卡斯柯信号有限公司	中车长春轨道客车股份有限公司
	北京地铁燕房线	14.4	2017 年 12 月 30 日	80	GoA4	交控科技股份有限公司	中车长春轨道客车股份有限公司
	北京地铁大兴机场线	41.36	2019 年 9 月 26 日	160	GoA4	交控科技股份有限公司	中车青岛四方机车车辆股份有限公司
	北京首都国际机场旅客捷运系统	2.08	2008 年 2 月 29 日	58	GoA4（APM 胶轮）	新誉庞巴迪信号系统有限公司	中车南京浦镇车辆有限公司
	北京地铁 11 号线	4	2021 年 12 月 31 日	100	GoA4	交控科技股份有限公司	北京地铁车辆装备有限公司
	北京地铁 19 号线	20.9	2021 年 12 月 31 日	120	GoA4	交控科技股份有限公司	中车青岛四方机车车辆股份有限公司
	北京地铁 17 号线南段	15.8	2021 年 12 月 31 日	100	GoA4	交控科技股份有限公司	中车青岛四方机车车辆有限公司、中车长春轨道客车股份有限公司
上海	上海地铁浦江线	6.64	2018 年 3 月 31 日	80	GoA4（APM 胶轮）	上海富欣智能交通控制有限公司	中车南京浦镇车辆有限公司
	上海地铁 10 号线一期工程	35.2	2010 年 4 月 10 日	80	GoA4	卡斯柯信号有限公司	中车南京浦镇车辆有限公司

城市	地铁线路	长度（km）	开通时间	速度（km/h）	GoA 设计等级	信号厂家	车辆厂家
上海	上海地铁 10 号线二期工程	9.8	2020 年 12 月 26 日	80	GoA4	卡斯柯信号有限公司	中车南京浦镇车辆有限公司
	上海地铁 14 号线	38.51	2021 年 12 月 30 日	80	GoA4	上海电气泰雷兹交通自动化系统有限公司	中车南京浦镇车辆有限公司
	上海地铁 15 号线	42.3	2021 年 1 月 23 日	80	GoA4	卡斯柯信号有限公司	中车长春轨道客车股份有限公司
	上海地铁 17 号线一期工程	35.3	2017 年 12 月 30 日	100	GoA3	卡斯柯信号有限公司	中车长春轨道客车股份有限公司
	上海地铁 18 号线一期工程	36.85	2020 年 12 月 26 日	80	GoA4	卡斯柯信号有限公司	中车株洲电力机车有限公司
深圳	深圳地铁 6 号线支线一期工程	6.13	2022 年 11 月 28 日	120	GoA4	卡斯柯信号有限公司	中车南京浦镇车辆有限公司
	深圳地铁 12 号线	40	2022 年 11 月 28 日	80	GoA4	交控科技股份有限公司	中车南京浦镇车辆有限公司
	深圳地铁 14 号线	50.34	2022 年 10 月 28 日	120	GoA4	交控科技股份有限公司	中车长春轨道客车股份有限公司
	深圳地铁 16 号线	29.2	2022 年 10 月 29 日	80	GoA4	卡斯柯信号有限公司	中车株洲电力机车有限公司
	深圳地铁 20 号线	8.43	2021 年 12 月 28 日	120	GoA4（TACS）	卡斯柯信号有限公司	中车长春轨道客车股份有限公司
	深圳宝安国际机场旅客捷运系统（APM）	2.6	2021 年 12 月 7 日	80	GoA4（APM胶轮）	新誉庞巴迪信号系统有限公司	中车浦镇庞巴迪运输系统有限公司
广州	广州地铁 APM 线	3.9	2010 年 11 月 8 日	60	GoA4（APM胶轮）	庞巴迪	中车南京浦镇车辆有限公司
	广州地铁 22 号线	18.2	2022 年 3 月 31 日	160	GoA4	广州铁科智控有限公司	中车株洲电力机车有限公司
武汉	武汉地铁 5 号线一期工程	35.2	2021 年 12 月 26 日	80	GoA4	交控科技股份有限公司	中车长春轨道客车股份有限公司
	武汉地铁 11 号线光谷段	20	2018 年 10 月 1 日	100	GoA3	上海电气泰雷兹交通自动化系统有限公司	中车长春轨道客车股份有限公司
	武汉地铁 16 号线一期工程	33.1	2021 年 12 月 26 日	120	GoA3	卡斯柯信号有限公司	中车株洲电力机车有限公司
	武汉地铁 16 号线二期工程	4.22	2022 年 12 月 30 日	120	GoA3	卡斯柯信号有限公司	中车株洲电力机车有限公司
	武汉地铁阳逻线	35.01	2017 年 12 月 26 日	100	GoA3	卡斯柯信号有限公司	中车株洲电力机车有限公司
成都	成都地铁 9 号线一期工程	23.7	2020 年 12 月 18 日	100	GoA4	卡斯柯信号有限公司	中车长春轨道客车股份有限公司
太原	太原轨道交通 2 号线（一期）	23.65	2020 年 12 月 26 日	80	GoA4	上海富欣智能交通控制有限公司	中车大连机车车辆有限公司
苏州	苏州地铁 5 号线	44.1	2021 年 6 月 29 日	80	GoA4	南京恩瑞特实业有限公司	中车南京浦镇车辆有限公司
济南	济南轨道交通 2 号线	36.4	2021 年 3 月 26 日	100	GoA4	交控科技股份有限公司	中车青岛四方机车车辆股份有限公司
南宁	南宁轨道交通 5 号线一期工程	20.21	2021 年 12 月 16 日	80	GoA4	交控科技股份有限公司	中车株洲电力机车有限公司
天津	天津轨道交通 6 号线一期工程延伸段	14.4	2021 年 12 月 28 日	80	GoA4	交控科技股份有限公司	中车长春轨道客车股份有限公司

续上表

城市	地铁线路	长度（km）	开通时间	速度（km/h）	GoA 设计等级	信号厂家	车辆厂家
宁波	宁波轨道交通 5 号线一期工程	27.92	2021 年 12 月 28 日	80	GoA4	浙江众合科技股份有限公司	中车株洲电力机车有限公司
芜湖	芜湖轨道交通 1 号线	30.38	2021 年 11 月 3 日	80	GoA4（APM 胶轮）	新誉庞巴迪信号系统有限公司	中车南京浦镇车辆有限公司
芜湖	芜湖轨道交通 2 号线一期工程	15.78	2021 年 12 月 28 日	80	GoA4（APM 胶轮）	新誉庞巴迪信号系统有限公司	中车南京浦镇车辆有限公司
重庆	重庆云巴示范线	15.4	2021 年 4 月 16 日	80	GoA4（胶轮）	—	比亚迪股份有限公司
南京	南京地铁 7 号线北段	13.84	2022 年 12 月 28 日	80	GoA4	南京恩瑞特实业有限公司	中车南京浦镇车辆有限公司
合计	15 座城市，38 条线路	883.35					

截至 2022 年末，北京、上海、深圳、广州、武汉、郑州、太原等 21 座城市正在建设全自动运行系统线路，线路共计 42 条，共 1354.76km（表 6-4）。可见，未来全自动运行线路规模将呈现快速增长态势，为更多轨道交通企业带来发展契机。

截至 2022 年底正在建设的全自动运行系统线路　　　　表 6-4

城市	地铁线路	长度（km）	预计开通时间	速度（km/h）	GoA 设计等级	信号厂家	车辆厂家
北京	北京地铁 3 号线一期工程	20.8	2023 年	80	GoA4	卡斯柯信号有限公司	北京地铁车辆装备有限公司、中车青岛四方机车车辆股份有限公司
北京	北京地铁 12 号线	29.3	2023 年	80	GoA4	通号城市轨道交通技术有限公司	中车青岛四方机车车辆股份有限公司、北京地铁车辆装备有限公司
北京	北京地铁大兴机场线（草桥—丽泽金融商务区）	3.5	2023 年	160	GoA4	交控科技股份有限公司	中车青岛四方机车车辆股份有限公司
深圳	深圳地铁 13 号线一期工程	22.5	2024 年	100	GoA4	交控科技股份有限公司	中车青岛四方机车车辆股份有限公司
深圳	深圳地铁 13 号线二期工程	4.07	2024 年	100	GoA4	交控科技股份有限公司	中车青岛四方机车车辆股份有限公司
深圳	深圳地铁 6 号线二期工程	4.9	2025 年	120	GoA4	卡斯柯信号有限公司	深圳市英威融交通技术有限公司
广州	广州地铁 7 号线二期工程	21.9	2023 年	80	GoA4	广州铁控智控有限公司	中车株洲电力机车有限公司
广州	广州地铁 10 号线	25	2023 年	80	GoA4	广州铁控智控有限公司	中车株洲电力机车有限公司
广州	广州地铁 12 号线	37.6	2023 年	80	GoA4	广州铁控智控有限公司	中车株洲电力机车有限公司
成都	成都地铁 13 号线一期工程	29.07	2024 年	140	GoA4	交控科技股份有限公司	中车长春轨道客车股份有限公司
成都	成都地铁 27 号线	24.86	2024 年	80	GoA4	交控科技股份有限公司	中车青岛四方机车车辆股份有限公司
郑州	郑州地铁 8 号线	72.95	2023 年	100	待定	卡斯柯信号有限公司	中车青岛四方机车车辆股份有限公司

续上表

城市	地铁线路	长度（km）	开通时间	速度（km/h）	GoA设计等级	信号厂家	车辆厂家
郑州	郑州地铁10号线	43.6	2023年	100	GoA4	卡斯柯信号有限公司	中车青岛四方机车车辆股份有限公司
	郑州地铁12号线一期工程	37	2023年	100	GoA4	浙江众合科技股份有限公司	中车青岛四方机车车辆股份有限公司
	郑许市域铁路	67.13	2023年	120	GoA4	卡斯柯信号有限公司	中车青岛四方机车车辆股份有限公司
苏州	苏州地铁6号线	36.12	2024年	80	GoA4	交控科技股份有限公司	中车南京浦镇车辆有限公司
	苏州地铁8号线	35.6	2024年	80	GoA4	卡斯柯信号有限公司	中车南京浦镇车辆有限公司
	苏州地铁S1线	41.25	2023年	100	GoA4	卡斯柯信号有限公司	中车南京浦镇车辆有限公司
南京	南京地铁7号线南段	21.65	2023年	80	GoA4	南京恩瑞特实业有限公司	中车南京浦镇车辆有限公司
福州	福州地铁4号线	28.5	2023年	80	GoA4	西门子交通技术（北京）有限公司、西门子交通设备（中国）有限公司联合体	中车唐山机车车辆有限公司
天津	天津轨道交通8号线一期工程	18.54	2024年	80	GoA4	—	中车长春轨道客车股份有限公司
西安	西安地铁8号线	49.9	2025年	80	GoA4	浙江众合科技股份有限公司	中车大连机车车辆有限公司
	西安地铁10号线	34.6	2024年	100	GoA4	通号城市轨道交通技术有限公司，联合体比亚迪通信信号有限公司	中车长春轨道客车股份有限公司
	西安地铁15号线一期工程	19.15	2025年	100	GoA4	卡斯柯信号有限公司	中车长春轨道客车股份有限公司
	西安地铁16号线一期工程	15.03	2023年	100	GoA4	卡斯柯信号有限公司	中车长春轨道客车股份有限公司
青岛	青岛地铁6号线	30	2024年	80	GoA4（TACS列车自主运行系统）	青岛富欣城轨科技有限公司、上海富欣智能交通控制有限公司（联合体）、中车青岛四方机车车辆股份有限公司（联合体）	中车青岛四方机车车辆股份有限公司
东莞	东莞轨道交通1号线	72	2024年	120	待定	交控科技股份有限公司	中车南京浦镇车辆有限公司
厦门	厦门地铁4号线	44.58	2023年	120	GoA4	卡斯柯信号有限公司	中车长春轨道客车股份有限公司
	厦门地铁6号线	46.17	2023年	待定	GoA4	卡斯柯信号有限公司	中车长春轨道客车股份有限公司
	厦门地铁9号线	44.2	2025年	待定	GoA4	—	—
绍兴	绍兴轨道交通2号线一期工程	10.8	2023年	100	GoA4	浙江众合科技股份有限公司	南京中车浦镇城轨车辆有限责任公司

城市	地铁线路	长度（km）	开通时间	速度（km/h）	GoA 设计等级	信号厂家	车辆厂家
徐州	徐州轨道交通 6 号线一期工程	29.6	2025 年	80	GoA4	卡斯柯信号有限公司	中车南京浦镇车辆有限公司
长沙	长沙地铁 7 号线	16.84	2027 年	80	待定	—	—
太原	太原轨道交通 1 号线一期工程	28.95	2024 年	80	GoA4	—	—
合肥	合肥轨道交通 6 号线一期工程	35.1	2026 年	100	GoA3 级/GoA4 级未定	—	—
合肥	合肥轨道交通 7 号线一期	21	2025 年	80	GoA3 级/GoA4 级未定	—	—
合肥	合肥轨道交通 8 号线一期	23	2025 年	100	GoA3 级/GoA4 级未定	—	—
重庆	重庆轨道交通 15 号线	70.9	2025 年	140	待定	—	—
重庆	重庆轨道交通 24 号线	16.4	2026 年	100	待定	—	—
重庆	重庆轨道交通 27 号线	52.64	2026 年	140	待定	—	—
大连	大连地铁 4 号线	27.76	2027 年	80	待定	—	—
济南	济南轨道交通 4 号线一期工程	40.3	2026 年	80	GoA4	—	—
合计	21 座城市，42 条线路	1354.76					

6.1.3　全自动运行概况

目前，全自动运行城市轨道交通线路运营里程约占全球城市轨道交通运营里程的 7%。根据 UITP 预测，未来 5 年还将有 2000km 全自动运行线路投入运营；到 2022 年，在建和规划全自动运行线路占地铁总里程的比例也将由 10% 大幅提升至 48%；预计至 2028 年全自动运行线路的全球运营规模将达到 3800km（图 6-6），其中亚洲的占比将达到 53%。

图 6-6　全自动运行线路运营规模发展及预测

6.2　列车全自动运行的关键技术

6.2.1　列车全自动运行系统

列车全自动运行系统（FAO）是高度集成化、信息化以及智能化的列控系统，可替代司机完成操控列车、服务乘客、环境感知以及应急处理等等各项工作，其核心设备系统主要包括全自动运行的综合自动化系统、信号控制系统、车辆及车辆段控制系统、通信系统及监控系统等（图6-7）。与传统系统相比，列车全自动运行系统控制中心增加乘客调度和车辆调度，全自动运行区域增加区间视频监控和工作人员防护开关，列车增加车头摄像头、乘客紧急呼叫和障碍物检测装置等，相关关键技术所起作用见表6-5。

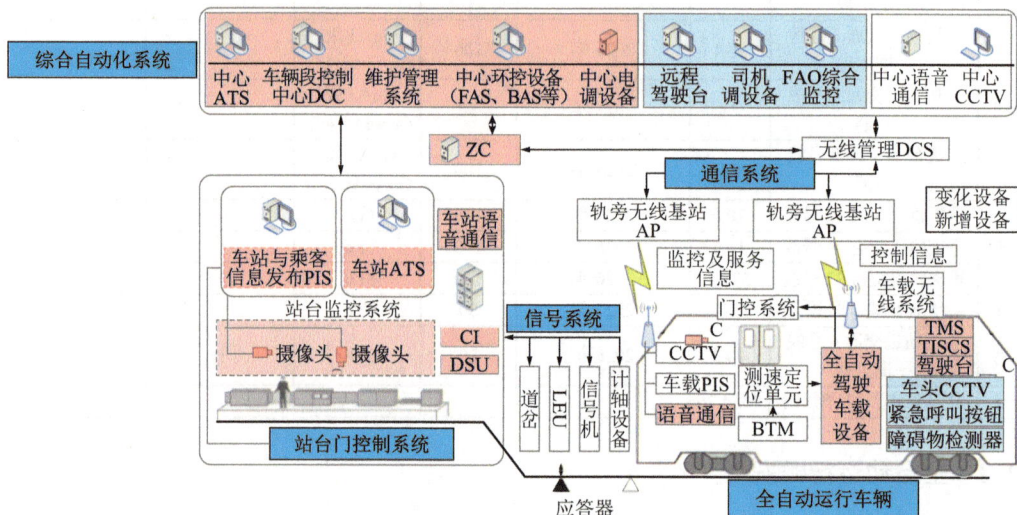

图 6-7　列车全自动运行系统架构

列车全自动运行系统中的无人驾驶相关技术包括了建模技术（替代司机完成操控列车、服务乘客、感知环境以及应急处置）、控制技术（完成列车静动态唤醒自检、跳跃对标、雨雪模式等情况下的控制）、应急处置技术（处理列车障碍物和脱轨检测、制动重故障下的分级控制、远程复位重投等紧急情况）。

列车全自动运行系统关键技术及其所起作用　　表6-5

关键技术		所起作用
线路、土建、轨道		基础
行车及运营组织		心脏
车辆		身体
综合自动化	信号	大脑
	综合监控	家庭医生
通信		嘴、耳、眼、神经中枢
车辆段、停车场		家

6.2.2　列车全自动运行系统组成部分

1）车辆控制系统

车辆控制系统是列车全自动运行的关键，需列车各系统之间完美协作（图6-8）。

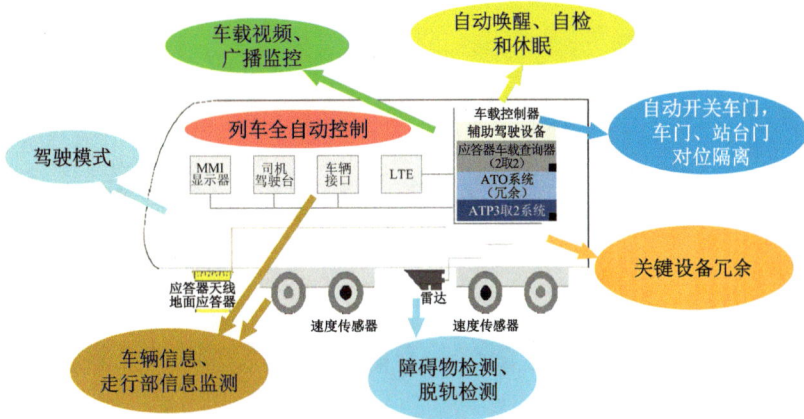

图 6-8 车辆控制系统

2）信号控制系统

在全自动运行系统中，信号控制系统（图 6-9）可保障列车在没有司机参与的情况下，根据运行图在控制中心的统一控制下实现全自动运行。

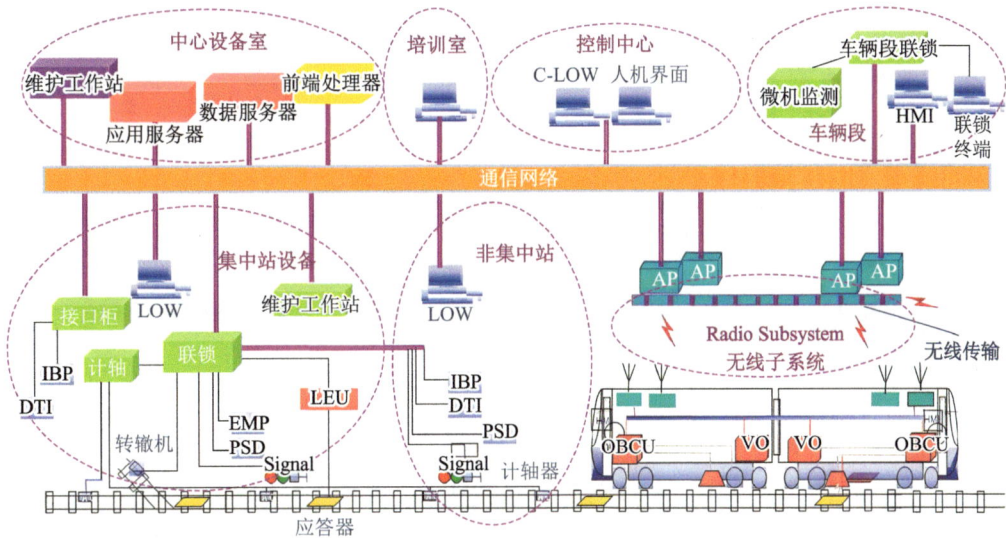

图 6-9 列车信号控制系统

（1）通过列车的唤醒、准备、自检、休眠、自动运行、停车和远程开关车门、自动洗车、列车与车库门的自动联动、站间自动运行、站内自动跳跃对标、自动折返，实现列车在车辆段及正线运营的全自动化控制。

（2）信号控制系统可增强车载关键设备、ATO 关键设备和车辆接口的冗余配置，提高系统的可靠性、可用性、可维护性及安全性。

3）列车通信系统

列车通信系统是辅助系统，在实现公安政务、商用、专用的基础上，还需要各专业的协调配合，具体功能如图 6-10 所示。

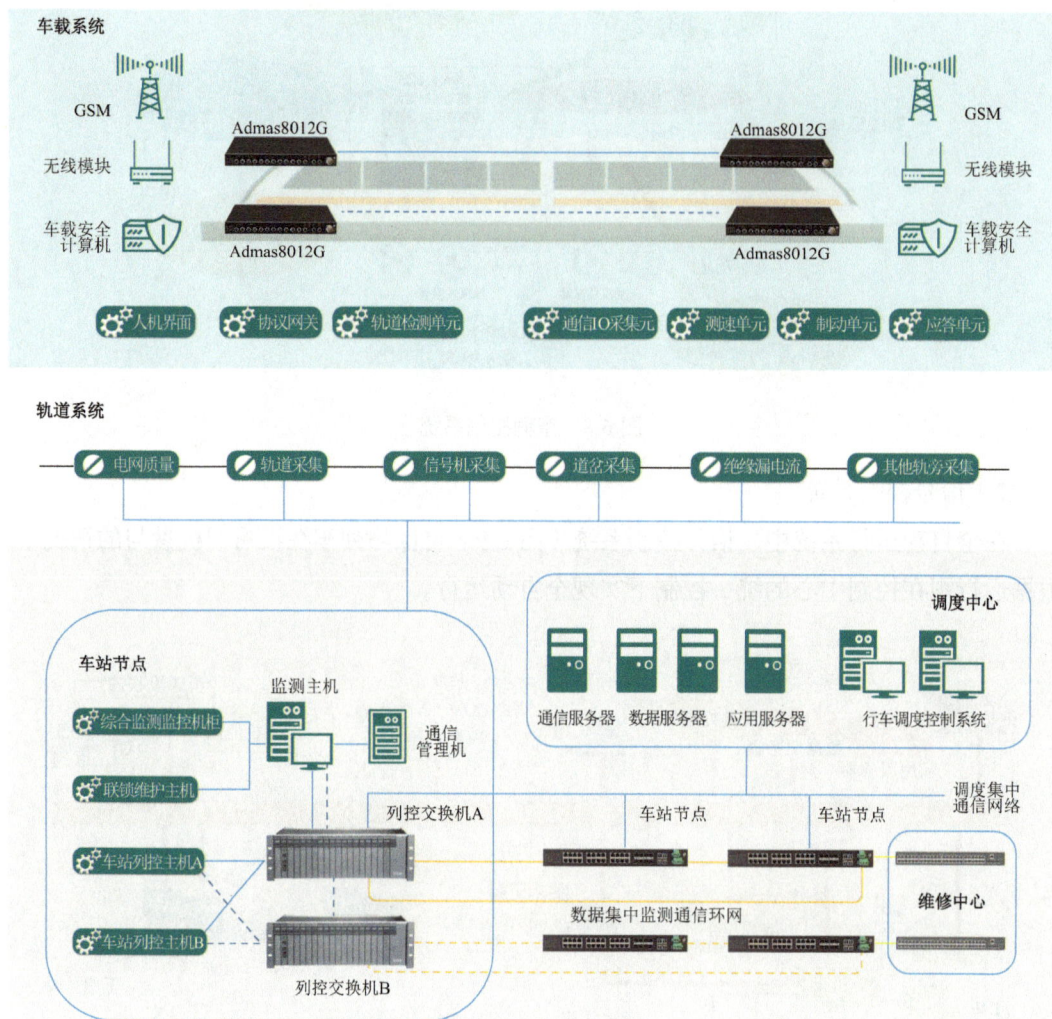

图 6-10　列车通信系统

（1）列车通信系统可利用车地无线综合承载技术，实现车辆多专业多业务一网承载。

（2）列车通信系统可实现区间的沿线监控、车辆的乘客服务、辅助清客操作、列车乘客紧急呼叫、紧急情况的协调，提高乘客服务质量。

4）综合监控系统

基于全自动运行、以行车指挥为核心的综合监控系统，集成 ATS、PSCADA 和 BAS，互联 PSD、PIS、CCTV、PA、FAS、TETRA、ALAM 等系统，实现与信号系统的融合，通过建立统一的硬件、软件及网络平台，从更高和更宽的层面将城市轨道交通各个专业系统进行信息综合、专业融合和功能整合，高效实现对信号、车辆、供电、机电、乘客服务等的全面监控及系统间快速联动，为城市轨道交通以行车指挥为核心的综合运营指挥、应急处置及决策提供技术支撑（图 6-11）。

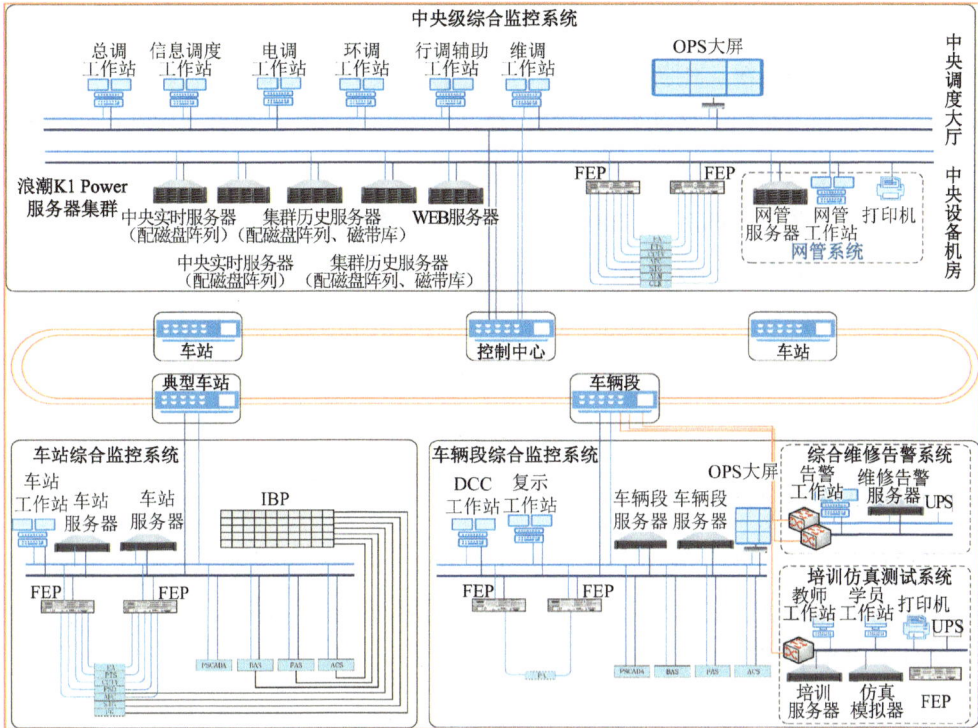

图 6-11　列车综合监控系统

6.3　城市轨道交通全自动运行案例

6.3.1　北京燕房线

燕房线（图 6-12）是我国第一条拥有自主知识产权的全自动运行城市轨道交通线路，搭载我国自主研发的城市轨道交通全自动运行系统，始发于阎村东站，连接燕山地区和房山城关，止于燕山站，大致呈东西走向，于 2017 年 12 月 30 日开通初期运营，2021 年 6 月成功实现列车内无人值守的全自动运行模式（UTO）。

图 6-12　北京燕房线

燕房线采用基于计算机、通信、控制和系统集成等技术实现列车运行全过程自动化的新一代城市轨道交通系统，用提前编写好的程序替代人工确认和操作，从列车站间行驶、到站停车、自动开关车门、自动发车离站、自动回库、自动洗车到自动休眠，全过程均无须人工介入，完全实现全自动运行管理。

燕房线列车每节车厢都有两个摄像头，能够无死角拍摄，线路上每隔 200m 会有一个摄像头，一趟列车大约有一万个点位的信息实时上传。全自动运行模式实现了从以人为主的操作到人机互联的转变。列车运行时，一部分工作由列车自动控制系统完成，行车组织、列车控制等全部由控制中心调度员负责，形成以系统控制和远程控制为主的行车组织管理方式。

6.3.2 深圳地铁 20 号线

深圳地铁 20 号线一期（图 6-13）起于机场北站，终至会展城站，共设 5 座地下车站，全长 8.43km，连接深圳宝安国际机场、穗莞深城际铁路以及深圳国际会展中心，于 2021 年 12 月 28 日正式通车。

图 6-13 深圳地铁 20 号线

作为深圳首条全自动运行线路，深圳地铁 20 号线采用 A 型 8 节编组的全自动运行列车，列车最高运行速度为 120km/h。在无须司机操作的情况下，列车可完成自动唤醒、休眠、上线运行、进出站、开关门等操作，还可以当自己的"医生"进行自动检测（图 6-14）。

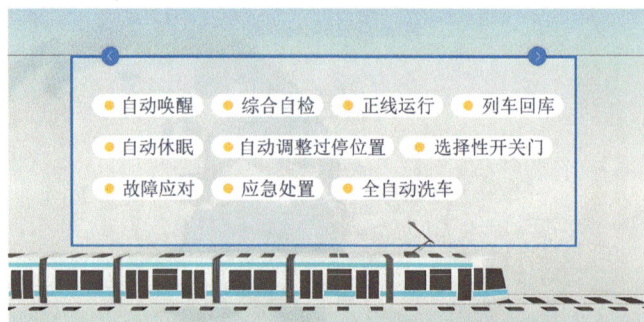

图 6-14 深圳地铁 20 号线全自动功能

此外，列车还具备障碍物检测、车辆辅助防撞、脱轨检测等安全保障功能。取消驾驶室的全自动运行列车也为乘客增加了新的乘车体验，搭乘地铁过程中，乘客可在首尾车厢直接看到地铁隧道全貌，深度体验"隧道穿梭"。

6.3.3　广州地铁 APM 线

广州地铁 APM 线（图 6-15）于 2010 年 11 月 8 日开通运营，线路总长 3.94km，有 9 个车站 1 个车场，日均客流量约 4.9 万人次，高峰期部分区段客流满载率超过 110%，单日最大客流量 8.7 万人次。自投入运营以来，广州地铁 APM 线年度准点率和兑现率均超过 99.99%。

广州地铁 APM 线是广州第一条全自动运行的轨道交通线路，线路在设计上大量采用了新系统、新技术、新材料，并在管理模式上第一次提出了车站无人值守的新理念。APM 线达到无人驾驶 GoA3 等级，不再设置司机，只设置随车人员，列车的起动、行驶、停站、开关车门、故障降级运行均可自动完成，减少了人员的介入及操作失误造成的风险。

列车上的关键设备均采用了冗余设计，可以进行远程或自动复位/切换，确保系统的安全运行。如 ATP 信号保护系统、轮胎、导向轮等橡胶类部件均有安全轮，即在轮胎或导向轮严重故障时也不会造成列车倾覆等问题。

6.3.4　成都地铁 9 号线

成都地铁 9 号线（图 6-16）是成都首条全自动无人驾驶的地铁线路，也是我国中西部地区首条全自动无人驾驶的地铁线路，于 2020 年 12 月 18 日开通运营。

图 6-15　广州地铁 APM 线　　　　　　图 6-16　成都地铁 9 号线

成都地铁 9 号线运用多项创新技术，首次设置开放式驾驶室，配备障碍物及脱轨检测系统以及弓网等在线监测系统；配置车门智能对位隔离技术，实现车门和站台门故障后的联动隔离。信号系统采用国际最高自动化等级（GoA4）的全自动运行系统，依据提前设定的运行时刻表，实现电客车的唤醒、自检、发车、返场以及休眠等全过程自动运行，并新增全自动运行场段综合管理系统，可实现场段内的全自动调车、全自动洗车和检修计划智能管理等。

6.3.5　上海地铁 10 号线

上海地铁 10 号线（图 6-17）是国内首条采用全自动无人驾驶技术的大容量轨道交通线路，线路穿越中心城区、衔接虹桥交通枢纽，采用"Y"字形主支线运营，于 2010 年 4 月 10 日开通。

图 6-17　上海地铁 10 号线

上海地铁 10 号线首批列车大量采用国内自主研发的设备，国产化率高于 70%。列车车厢内乘客信息系统（PIS）整合了视频监控，采用 360°全景摄像技术，可将车辆运营状态信息及车厢内视频图像信息实时传输至控制中心，便于调度人员在故障及突发紧急情况下，获取信息并采取有效措施。车内加装有烟感及温感报警装置，提高了列车的安全性。列车还采用了网络控制、新型空调系统等先进技术，可以针对早晚温差适当调整车厢内温度，提高乘客乘坐的舒适度。

6.4　城市轨道交通全自动运行现状与机遇

6.4.1　全自动运行技术发展现状

（1）列车控制技术

铁路信号系统历经发展，从早期的轨道电路信号系统，逐步演进为如今先进的基于通信的列车控制（CBTC）系统。CBTC 系统克服了传统轨道电路系统的基本限制，提供了较短的车头时距和更好的灵活性。未来，CBTC 技术在全自动运行系统中的应用趋势明显。目前，72%的自动化线路采用基于通信的列车控制系统（使用感应、无线电或微波技术）。

（2）通信系统

在传统的城市轨道交通系统中，当发生延误或紧急情况时，司机需提供必要的信息并与乘客沟通。在全自动运行系统中，运营中心应向乘客提供车载和站台语音信息。乘客可以通过车载紧急呼叫和车载遥测与运营中心的工作人员通信。此外，监控系统收集的视频、图像和其他信息应持续发送至运营中心，以便运营商制定相应预案。因此，通信系统的可靠性和可用性对全自动运行系统具有重要意义。

（3）终端设计

列车全自动运行系统凭借极短的运行间隔，极大提升了运输效率。但与此同时，这种特性对系统设计提出了极高要求，需在车辆调度、信号控制、轨道设施等多方面采用特殊设计，才能满足高强度的列车周转需求。若缺乏针对性设计，列车周转过程易出现延误，不仅会造成局部线路拥堵，还会直接降低整个系统的通行容量。列车进出存储区的自动路线、关闭和打开必要设备的自动"睡眠"和"唤醒"功能，以及列车单元的自动耦合和解耦对全自动运行系统也至关重要。此外，无人驾驶列车的维护和清洗也应自动安排和完成。

（4）平台与轨道连接安全问题

列车全自动运行系统需要确保平台和轨道之间接口的安全，因此应安装 PSD（站台门）或入侵检测系统。入侵检测系统可以检测轨道上的人员和物体，并与信号系统交互，在紧急情况下停止进站列车。目前，85%的全自动运行新线安装了 PSD，只有 15%的全自动运行新线采用了入侵检测系统。所有的全自动运行新线都应使用监控和通信技术来确保乘客的安全。

（5）紧急情况的检测和管理

城市轨道交通系统中的紧急情况是指在运营过程中突然发生的事件，这些事件可能会影响甚至破坏正常运营，必须立即处理。大多数安全事故都是由人为错误引起的，尽管列车全自动运行系统已经将司机从系统中剔除，调度员的一些工作也被全自动运行系统功能取代，但应急管理仍然严重依赖交通调度员。许多研究人员已经对列车全自动运行系统的这些影响因素和应对紧急情况的有效措施进行了研究，人因分析与分类系统已广泛应用于列车自动控制系统中。

6.4.2　全自动运行面临的机遇

目前全自动运行中的最高等级 UTO，除了可以自动管理列车的日常运行外，还可以根据预设场景在故障情况下进行自动应对。随着数据挖掘、神经网络、云计算和多传感器融合感知技术的发展，具有初级人工智能的全自动运行系统将会大大突破目前应用的瓶颈，系统控制的智能化程度将进一步提升，向感知、决策、执行一体化演进，由基于预设场景的固定逻辑控制逐步转向基于知识和经验自学习的系统过渡。如基于运能和运量匹配的运行计划调整的智能调度系统、基于灵活运营需求的高效列车自主控制系统、列车主动安全防护系统、基于设备可用状态和乘客舒适度要求的一体化环境保障系统等系统最终会进一步提升城市轨道交通的全自动运行等级，引领城市交通进入智能化时代。全自动运行列车发展预测如图 6-18 所示。

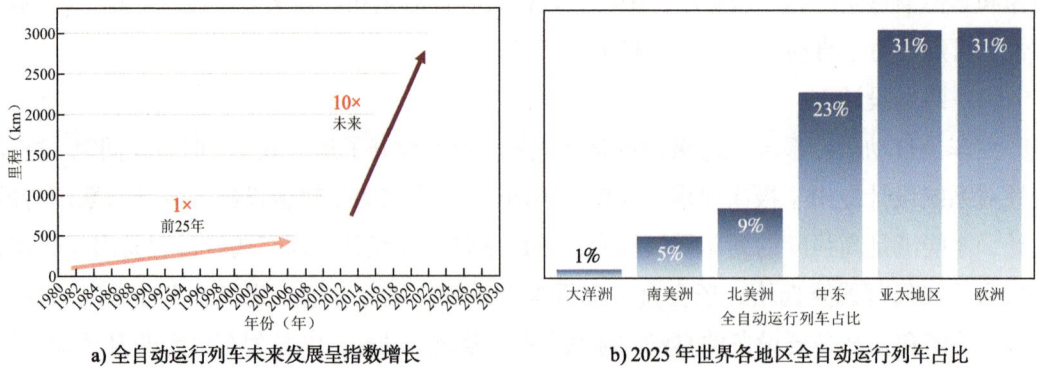

a) 全自动运行列车未来发展呈指数增长　　　　b) 2025 年世界各地区全自动运行列车占比

图 6-18　全自动运行列车发展预测

城市轨道交通全自动运行的发展趋势如下：

（1）新建线路以 UTO 模式全功能开通为目标

随着科技的日益发展，全自动运行系统经过实践日益成熟，自动化等级最高的 UTO 模式将会成为未来轨道交通建设规划的首选，从国内在建的全自动运行线路规划情况来看亦是如此。

（2）既有线改造以 DTO 模式为目标

随着全自动运行系统在我国城市轨道交通新线中的大规模推广应用，今后老线的信号系统升级改造为全自动运行系统可能将变为常态，而选择 DTO 模式更符合现实情况。

（3）全自动运行管理以运维一体化为目标

全自动运行系统相对于非全自动运行系统，系统集成度更高，多个独立系统之间的紧密协同性更高。国内外多个实践案例表明，运维一体化是充分发挥全自动运行系统的运营效益、提高应急处置效率的最佳模式。未来，运维一体化的管理模式势必成为全自动运行线路的主流，以实现调度指挥、列车驾驶、应急处置等核心业务的集中管理，提高正常情况下的协同运转效率及非正常情况下的调整配合效率。

第 7 章

CHAPTER 7

智慧城轨关键技术示范应用——
智能运输组织体系

智慧城轨
关键技术研究与应用

7.1　国内外研究现状

行人交通仿真是一门计算机仿真学科，诞生于 20 世纪末，是仿真学科在交通领域的应用之一。行人交通仿真在构建了计算机数字模型的基础上，研究和分析复杂环境下行人交通状况。随着近些年来智慧交通技术的不断发展，行人交通仿真技术也并入了智慧交通领域，成为其中重要的一个组成部分。其实现手段主要是通过模拟再现行人流的时空变化从而动态、逼真地模拟行人流、行人流与其他交通流以及交通环境共存的各种交通现象。通过重现行人流的时空变化深入地对人、车辆、道路交通标识以及交通设施布局规划、组织与运营管理等方面进行研究。

20 世纪 50 年代，国外学者开始研究行人交通流理论。Fruin 于 1971 年出版经典著作《Pedestrian Planning and Design》，详细研究了行人交通三参数之间的相互关系，以及行人占有空间的行为特性和三参数之间的关系，并首次把公路交通研究理论中的专业名词引入对行人交通的研究中，引发了众多学者对宏观的行人交通特性的研究热潮。在此基础上，Helbing 于 20 世纪 90 年代提出目前行人交通仿真商业软件应用较广的社会力模型。美国交通研究委员会编写的《道路通行能力手册》通过行人占用空间和人流来衡量服务质量，制定了行人和排队行人的服务水平标准以研究旅客在相对自由的条件下的聚集状态及形成队列的交通行为。

7.1.1　行人交通流理论

行人交通流的相关研究较多，国外对此方面的研究很早就开始了。1968 年 Older 将行人拟合为机动车交通流模型，研究了行人交通流特性，建立了对应的速度-密度的线性关系。Boles 将性别差异、密度等变量纳入行人步行速度的研究中，发现每个自变量都对其有显著的影响，并对这些现象进行了解释。Seyfried 等对中高密度的行人微观行为进行了研究，建立了自动记录行人流量数据的系统，并用其调查了行人沿一条直线运动的情况，建立了速度和密度倒数的线性关系。Tang 等在对特定轨道交通站数据进行调查研究后，提出车站各个区域内行人速度-密度关系表达式。Francesco 等在传统的微观仿真模型中引入"社会规范"的方法，该方法规制了行人的某些行为（如碰撞和超车等），通过与现实数据比较，研究表明引入规范能更好地表现行人密度-速度关系。Curtis 根据行人速度随密度增加而降低的现象，提出了一种新的几何优化算法模型，该模型将行人心理、生理等因素考虑在内，可用于直接计算速度空间中的预期速度，计算值稳定。Brščić 等通过调查获取一购物中心内部一年的行人步行情况，除拟合了速度-密度关系式之外，还得到了行人速度与身高呈正相关等结论。

相较于国外，国内对行人交通流理论的研究更为集中，主要是分析大型场站、交通枢纽等行人交通流更为集中的地方。方正等对交通动力学理论进行分析后提出了一个模型，并对火车站人群观测数据进行拟合，拟合结果表明出站旅客比进站旅客自由速度要更大。岳昊等利用元胞自动机模型分析了行人对向交通流，并对对向行人流相关影响因素进行了分析。叶建红等通过类比和误差分析的方法，采集了各处步行设施的行人交通流数据，探求了速度-密度基础关系式的适用性，结果表明在极低和极高密度时，基本关系的误差值偏大，基础关系式并不适用。孙世炜等对地铁内不同区域行人步行状态进行数据采集，分析拟合了各个区域的行人交通流参数间关系方程式。类似的，顾佳羽等利用航站楼各区域调查数据，分别进行航站楼各区域的行人交通流方程的拟合。

综上所述，国内外行人交通流理论研究方法及其应用已经较为完备，基本上都是以现场实测数据为基础，对其进行数据模型的拟合，只是对于不同的场景会有差异性的结果。因此，利用现场实测数据进行行人交通流研究具有理论可行性和现实可行性。

7.1.2　行人交通仿真

国外对行人交通仿真的研究开始较早，Helbing 在 1995 年提出的社会力模型，已成为行人微观仿真的经典模型。Hoogendoorn 基于效用最大化理论，提出一种新的不确定性的行人行为理论，用以描述行人步行线路选择。Teknomo 利用行人微观模型建模，仿真了三种微观模拟场景，用以评估政策实施对行人行为的影响。Karamouzas 和 Gloor 分别将行人看作个体，并将行人主动行为引入仿真模型进行仿真评价。Klügl 提出智能体思想，与传统仿真模型结合，对行人流进行建模仿真，结果表明该方法对行人流仿真效果有更好的还原性。

国内行人微观仿真研究主要集中于大型活动行人疏散或大型交通枢纽行人行为研究。朱娜娜和赵光华等利用行人仿真研究了奥运场馆和奥运地铁车站的运营组织，并对于紧急情况提出了对应的解决方案。胡明伟等运用 SimWalk 软件，建立城市轨道交通车站的微观仿真模型，研发了评价客流组织方案的技术方法，并进行了实例分析。许俊峰和武小康等运用 Legion 软件，建立了城市轨道交通的行人微观仿真模型，分别研究了高峰时段和紧急疏散情况下的客流组织，并提出了改善方案。张蕊等将 NOMAD 模型运用到行人仿真领域，利用调查数据进行模型参数标定后，通过对实际车站仿真证明了 NOMAD 模型应用于行人仿真的可靠性。王子甲引入 Agent 思想，结合社会力模型，构建了行人仿真的改进模型，模型运行结果表明引入 Agent 交互方法及算法后，仿真结果更贴近实际情况。

综上所述，众多学者根据行人微观仿真软件进行了相应的研究，在众多的行人仿真模型中，社会力模型是现在应用最广、仿真效果最贴近实际情况的仿真模型。而在社会力模型的基础上，引入 Agent 智能体思想，可以解决社会力模型中一些运算不合理的问题，使仿真更贴近实际情况。故本文采取结合 Agent 思想的社会力模型进行行人微观仿真。

7.2　客流的系统动力学仿真

7.2.1　客流的系统动力学仿真概述

目前将系统动力学用于行人仿真的研究相对较少。Li 通过建立系统动力学模型，探讨不同设施间反馈与协调关系，分析了车站各处的承载能力，计算了特定地铁站在不同情况下的客运能力极限。Kroon 通过系统方法理论，区别于传统方法的只静态或只动态的输入，开发了一种中断期间的客流模型，并用以解决荷兰客运列车的实际问题。Zolfaghari 等建立了城市轨道交通线路系统动力学模型，通过仿真解决了车站 24h 运营的组织问题。

系统动力学与行人仿真结合研究相对更多。郭鹏、王子洋等通过建立系统动力学模型，对城市轨道交通客流量或单一车站的客流量进行了预测分析。邵一琨利用 VENSIM 软件搭建城市轨道交通车站系统动力学模型，分析了车站客流影响因素，描述了各因素之间的因果关系、系统响应及过程。薛霏等利用系统动力学模型，开发了一套相较微观仿真更节省仿真时间的客流演变算法模型。颜雯钰等通过车站内实测数据，辅以系统动力学理论和方法，建立了换乘系统动力学模型，并利用模型对楼梯流量进行分析，最终拟合得到换乘楼梯长度、宽度与流量的关系式。

综上所述，国内外已有一些利用系统动力学方法进行行人仿真的研究，但是其中对车站全局性的研究较少，将系统动力学与行人交通流理论结合起来的也较少，而在利用系统动力学进行车站行人仿真时，为达到更好的仿真效果，使仿真结果更贴近实际，全面、全局性地考虑整体车站，在系统动力学中结合行人交通流理论等有重要的意义。故在系统动力学建模中考虑上述两点，并与微观行人仿真模型相结合，以期达到更好的仿真效果，并利用系统动力学模型对实际案例进行分析、总结，得出相对应的意见。

本文主要基于系统动力学方法理论，与行人交通流理论相结合，并利用微观仿真模型输出结果，建立行人仿真系统动力学模型。现对系统动力学、行人仿真及微观仿真的社会力模型进行简要介绍。

7.2.2　系统动力学概述

系统动力学是在 19 世纪 50 年代由美国麻省理工学院 Forrester 教授首次提出的一个理论。系统动力学是一门分析研究信息反馈系统的学科，也是一门认识和解决问题的交叉性、综合性学科，是系统科学的一个重要分支，可在宏观、微观层面上对复杂的、非线性的、动态的大规模系统进行综合性的理论分析和实际研究。

系统动力学将复杂的系统问题分割成积量（Level）和流量（Rate）及其之间的联系，通过结构-功能分析，对系统内元素进行定性、定量的分析，将复杂庞大的系统问题变为积量、流量及其他影响因素相互作用的数学方程式。借助计算机的运算能力，模拟仿真系统内部各元素随时间动态变化的过程。并通过调整输入相应参数，对不同状态的系统运行情况进行分析，并凭借输出结果和分析结果寻找解决系统中特定问题的方案。

系统动力学的研究对象范围极其广泛。系统动力学可用来研究复杂的社会系统，而社会系统涵盖了几乎所有涉及人类活动的社会行为体系。除了一般认为的企业、团体、社区等是社会系统外，全球人口、国家发展、城市建设、区域交通、企业效益等都可看作一个社会系统，并利用系统动力学建模研究。可以说大到全球水资源利用，小到一条生产线的工作效率，都是系统动力学的研究对象。

（1）系统动力学的基本特点

前文已经提到，系统动力学的研究对象主要为各种各样的社会系统。社会系统的关键就在于有人的参与且其具备明确的目的性。一般情况下，我们把社会系统的特点总结为如下两点：

①自律性

自律性是指社会系统中的参与者可以自己进行决策，从而影响自身在系统中的表现，包括自我控制、自我管理、自我协调、自我约束等。自律性在社会系统中最为常见的表现就是反馈机制，即某个元素变化会引起其他元素变化，最终反作用于自身。整个社会系统中的元素变化的原因及结果都有自律性的参与。

②非线性

在社会系统中，非线性现象广泛存在。它意味着原因和结果之间并非像简单线性系统那样存在着直接、单一的对应关系，而是受到众多因素的综合影响，这些因素之间的作用方式也极为复杂。除了关系复杂外，社会系统中的原因和结果之间还会存在明显的时间或空间的分离性，也叫滞后性。非线性是社会系统的一个基本属性。

系统动力学的研究方法基于系统论，吸收控制论和信息论等一些思想，通过结构-功能分析和信息反馈来分析系统问题和解决系统问题。同时，由于社会系统的特点，用于研究社会系统的系统动力学，在其自己的研究方法中，有着如下特点：

系统动力学可以用来解决许多问题，如前文提到的社会、生态环境、城市建设等方面问题。当用于解决社会问题时，系统动力学可以通过结构的方法解决高阶次、多维度、多变量、复杂时变的大系统问题，同时系统动力学可以容纳大量变量，一般来说，可达上千个变量，这也支撑了系统动力学仿真高复杂度的社会系统。

系统动力学认为系统是动态的，且系统的变化原因来自系统内部本身，系统内部的动态结构及其自身反馈机制决定了系统的行为模式和系统的变化。所以系统动力学特点之一就是具有反馈系统。

系统动力学用于研究系统的方式是建立系统模型。系统动力学模型既有描述各要素之间因果关系的模型，也有专门的系统数学模型，一个用来描述和认识系统结构，一个用来掌握系统间具体的数量关系；一个定性，一个定量，共同组成了系统动力学模型。因此，系统动力学是一个定性分析和定量分析相结合的仿真学科。

系统动力学仿真试验能够高度模拟实际系统运行。借助人机协作模式，系统动力学仿真试验不仅可实现建模人员与实际管理人员的有效联动，还可以充分发挥双方优势。建模过程中，人能够凭借主观能动性、创造性和分析推理能力，为模型构建提供专业的思路与经验；计算机则依托强大的数据处理和运算能力，对海量数据进行快速分析与处理，深度剖析试验结果。经过人机双方的协同，系统动力学仿真试验为决策分析提供科学、可靠依据，助力决策者从多种方案中筛选出最佳决策或解决方案，推动实际管理工作的高效开展。

（2）系统动力学研究问题的步骤

通常来说，系统动力学用来解决问题的模式是建立对应的模型，通过模型仿真的数据输入输出来对问题进行分析（图 7-1）。具体步骤可分为以下几步：

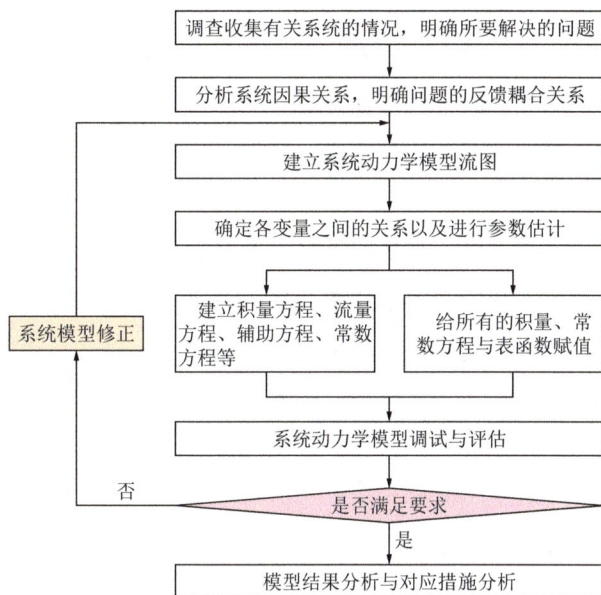

图 7-1　系统动力学研究流程图

第一步：任务调研，对所研究的系统进行分析，定义问题，剖析要因，划定界限。把握要分析问题的主导结构、敏感参数等重要的结构或参数。这一步，主要是初步划定系统的界限，确定主要变量类型等，为下一步结构分析做好准备。

第二步：进行结构分析，分析系统内部结构和反馈关系。将系统的层次、模块关系理顺，确定积量、流量、变量及参数的具体含义，并理顺它们之间的关系。然后，根据确定好的各个变量含义及第一步确定的主要问题，建立因果关系图。

第三步：在第二步的基础上，根据因果关系图，将各积量与流量、流量与变量和参数的关系以数学方程的方式定义，建立模型反馈系统，并借此绘制流图。最终，建立假设性质的系统动力学模型。

第四步：在遵循相关的系统动力学理论及原则的基础上，对上一步提出的假设模型进行验证，并在不合理的地方进行修改—再验证。不断调试，最终使模型误差在可用作仿真用途的可接受范围内。

第五步：模型使用及最后分析。根据最开始研究的问题，对模型仿真结果进行分析，并有目的性地提出优化解决方案，再次仿真验证。如此往复，直到达到想要的效果为止。

（3）因果关系链

因果关系链又称为正负反馈链，它反映的是系统中变量与变量之间的基本逻辑因果关系。在一个系统中，各积量与流量、动态变量等互相作用，相互影响，而因果关系链就是这些影响与作用的直观图示表达，因果关系链是系统动力学中最基础、最直接的分析工具。

因果关系链是一个带有极性（正负号）的箭头，如图 7-2 所示，表示其自身的正负因果关系。带正号的箭头表示正因果关系，带负号的箭头表示负因果关系。所谓正因果关系，是指 A（因）的变化与 B（果）的变化呈正相关，即 A 的增加或减少会引起 B 相应的增加或减少，而负因果关系正好相反，A 的增加或减少会引起 B 相应的减少或增加。比较简单的一个例子如牛顿第二定律：物体的加速度等于物体所受合外力除以物体的质量，其中，物体的合外力与物体的加速度是正因果关系，物体的质量与物体的加速度是负因果关系。

（4）循环

由两个或两个以上的因果关系链组成的环路就是循环。循环是系统中自我调节的基本单元，最终反映的是自身变化对自身的影响。所以，循环也分为正反馈循环和负反馈循环两种，如图 7-3 所示。循环的极性由循环回路中负因果关系链数目决定，当循环中负因果关系链数目为双数时，循环为正反馈循环；当其为单数时，循环为负反馈循环。

图 7-2　两种极性的因果关系链　　图 7-3　两种极性的循环

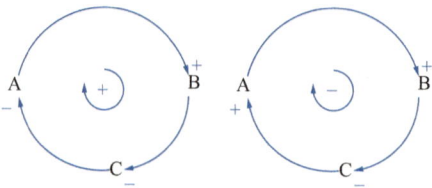

当循环极性为正时，系统中自身对自身为正因果，即回路中每个变量的变化为不断增加或逐渐减少，是一种自身不断增强或逐渐衰弱的过程；而当循环极性为负时，系统中自身对自身为负因果，即系统中变量的增加或减少最终会引起自身的减少或增加，是一种趋于稳定的过程。

（5）积量、流量、动态辅助变量和常量

积量：即积累量，主要用来反映系统内的变量随时间变化而积累的过程，是反映系统状态的主要观察数据。其取值由流入、流出流量的大小及系统运行时间共同决定。系统中所有时刻的积量都可被观察得到，即时的积量大小为流入流量所有时刻的积分减去流出流量所有时刻的积分。

流量：流量是积量改变的原因，反映的是积量的时间变化和积量变化速率的情况，一个积量的流入流出的流量和总流量为积量对于时间的一阶导数。流量的取值可以是一个定值，但大多时候是其计算函数的运算值。

动态辅助变量：动态辅助变量是用来辅助流量运算、传递信息的一种动态变量。一般情况下，动态辅助变量是一些复杂运算表达式中的一个部分，可以简化流量的运算方程式。

常量：一般为外部固定值的参数，在系统中直接传递信息给积量或流量。一般反映一些系统外部的固有条件，数值固定。

（6）逻辑图与流图

逻辑图是系统内部所有因果关系链和循环的集合，其反映了系统内部所有积量、流量、变量以及常量间的影响关系，以直观的正负极性来描述整体系统的各个因果关系和循环结构。

流图是在逻辑图的基础上搭建的系统内部各积量、流量、变量以及常量之间的数量关系，流图是整个系统的核心部分，它以符号、图形来标示系统内部各个元素，并直观反映其直接逻辑联系。系统动力学中一般以矩形表示积量，以箭头表示流量，以小圆表示变量。其中，指向积量的箭头即为该积量的流入流量，从积量指出的箭头即为该积量的流出流量，如图 7-4 所示。

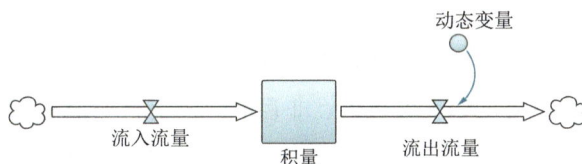

图 7-4　简易流图

（7）系统动力学建模步骤

系统动力学建模的步骤大致可分为 4 步，具体如下：

①明确建模对象、分析目标

建立一个系统动力学模型根本上还是要以系统动力学的方法来分析、解决或优化现实中的问题，所以在建模之前，要明确建模对象的各种属性、具体分析的目标和以期达到的效果。在基于系统动力学原理的基础上对模型进行初步的积量及流量的确定，明确系统大致结构以及系统边界。

②影响因素及结构分析

对实际问题进行分析，以实际的模式方法为基础，分析系统中各因素的逻辑关系，确定系统中各元素间因果关系、积量、流量及变量，绘制系统的逻辑图。

③建立假设模型

建立假设模型，绘制系统流图，明确各变量、参数的数值或运算方式，进而建立各流量的数学方程，建立起完整的积量、流量运算数学模型，并确定某些关键参数、变量的初值。

④模型验证与优化

假设模型建立完成后，需要对建立完成的模型进行验证，以期达到真实反映现状及分析所需条件的目的。一般常见的分析方法有运行检验、历史数据检验以及统计学中相关数据检验方法。

在模型实际运行过程中，为了使模型更好地贴近实际情况，要不断地对模型进行优化，对参数、数据结构模式等不断地调试，以期达到理想的仿真效果。

7.3 客流的 Agent 仿真

Agent 思想是美国麻省理工学院（MIT）的 Minsky 教授在 20 世纪 80 年代提出的一种思想。其认为，社会行为中的个体经过自发协商之后，可以解决相应的问题，而这些个体就是 Agent。现在 Agent 思想已经广泛运用于网络分布计算、并行工程、交互仿真等方面。

1995 年，Wooldrige 给出了 Agent 的两种定义：（弱定义）Agent 具有这样的特性，包括自治性，社会性，反映性，能动性；（强定义）Agent 除了具备弱定义中的所有特性外，还应具备一些人类才具有的特性，如知识、信念、义务、意图等。

Agent 思想在交通仿真中的应用主要为基于 Agent 仿人类的感知、分析、主观能动行为的特性，利用 Agent 建模代替交通模型中简单单一的粒子。如在许多基于行为底层算法的交通模型（如元胞自动机模型、社会力模型等）中，简单粒子在模型算法的驱动下容易出现许多不合乎常理的行为（如扎堆行为、非目的性的盲目碰撞等），在引入 Agent 思想后，Agent 智能体代替传统粒子，实现个体与仿真环境、个体与个体之间的交互、决策、主观能动行为等。本文主要将 Agent 技术与社会力模型相结合，更为真实、细致地仿真行人在不同状态下的运动情况。

社会力模型同前文提到过的元胞自动机模型是目前应用最为广泛、接受度最高的两种模型。1995 年，德国交通流专家 Helbing 首次提出了连续型微观仿真模型——社会力模型。模型定义了社会力：行人行走时所受的自身驱动力。模型认为，在行人行走过程中，行走行为并非由外力驱使，即行人行走只受自身驱动力——社会力影响。

在社会力模型中，根据对行人不同影响和行人不同的运动目的，社会力可分为三种。

（1）驱动力：驱动力是行人自身意识、自己行为效果和自身行为目的的结合，可简单表述为行人自身在无任何干扰下到达目的地的行为。

（2）人相互之间的作用力：行人在行走过程中，为了试图与其余行人保持一定的距离而产生的力。包括社会心理力和身体接触力。此作用力随距离增大而减小，并具有相互作用的特点。

（3）人与边界之间作用力：行人在行走过程中，为了避免碰撞障碍物或走出步行区域而产生的力。其与人之间相互作用力相似，只是无相互影响的特点。

社会力模型以牛顿力学为基础，将行人行走过程中所受的所有社会力合成一个合力，用以表示行人运动状态。该模型可用下列方程式表示：

$$\begin{cases} \dfrac{\mathrm{d}r_\alpha}{\mathrm{d}t} = v_\alpha \\ \dfrac{\mathrm{d}v_\alpha}{\mathrm{d}t} = f_\alpha(t) + \xi_\alpha(t) \\ f_\alpha(t) = f_\alpha^0(v_\alpha) + f_{\alpha\beta}(r_\alpha) + \displaystyle\sum_{\beta \neq \alpha} f_{\alpha\beta}(r_\alpha, v_\alpha, r_\beta, v_\beta) + \sum_i f_{\alpha i}(r_\alpha, r_i, t) \end{cases} \tag{7-1}$$

式中：

r_α——行人 α 的空间位置向量；

v_α——行人 α 的速度；

$f_\alpha(t)$——社会力；

$\xi_\alpha(t)$——反映随机行为偏差的扰动项；

$f_\alpha^0(v_\alpha)$——加速力；

$f_{\alpha\beta}(r_\alpha)$——人与边界之间的作用力；

$f_{\alpha\beta}(r_\alpha, v_\alpha, r_\beta, v_\beta)$——行人 α 与其他行人 β 之间的作用力；

$f_{\alpha i}(r_\alpha, r_i, t)$——吸引效果。

7.4　AnyLogic 行人交通仿真软件

本节利用 AnyLogic 行人交通仿真软件建立基于客流仿真模型。首先，导入 CAD 格式的底图，精确地绘制仿真环境；其次，分析客流流线组织，并编写行人行为程序逻辑，实现仿真精确性需求；最后，通过软件的二次开发来实现相关评价功能，从而将仿真和评价集合在一起，打破现有商业仿真软件的局限性。仿真流程如图 7-5 所示。

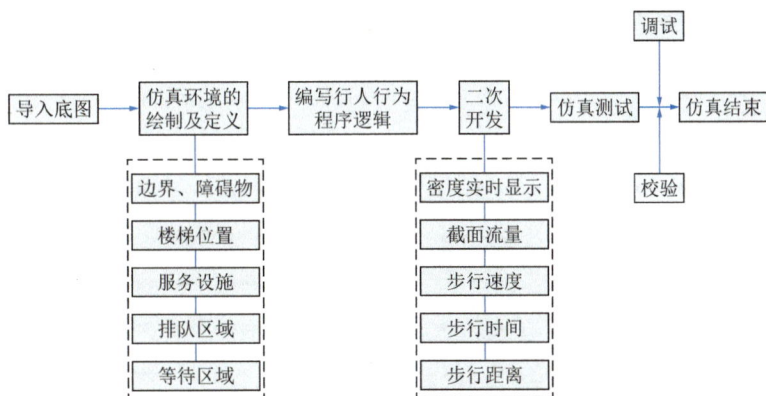

图 7-5　仿真流程图

7.4.1　AnyLogic 仿真平台介绍

AnyLogic 仿真软件是由俄罗斯 XJ Technologies 公司开发的一款以最新的复杂系统理论为基础的，同时支持多智能体（ABM）、系统动力学建模方法和离散事件（Discrete Event）

图 7-6　AnyLogic 支持多方法建模

模块的，允许混合建模仿真的综合性仿真平台，如图 7-6 所示。

AnyLogic 仿真平台配有各类插件，用户可以根据自身需求对不同行业领域和相关的需求创建相应的模型进行模拟分析；软件本身功能的编辑实现是基于 Java 编程语言的，所以拥有强大的二次开发功能，用户可根据开发需求挖掘更多模型以及创建更为丰富的自定义插件库。目前 AnyLogic 已应用于许多行业。

AnyLogic 8.8.6 版本运行界面的面板包含 16 个选项卡：5 个 Library 和 11 个 Stencil。每个选项卡都由许多个子模块构成。本节主要使用的 Library 和 Stencil 有五个："Agent""Statechart""Pedestrian Library""Presentation"和"Analysis"。

该软件在行人交通仿真方面专门开发了行人交通仿真库，其核心算法为社会力模型。而且该软件在业内首先将 UML（统一建模语言）引入模型仿真领域，给广大的用户提供模块式的快捷建模方式。

AnyLogic 是在社会力模型建模方法的基础上创建的软件（图 7-7），输入端支持环境建模和逻辑建模，输出端不仅可以支持相关交通参数的输出，还可以支持行人和车流的复杂混合仿真，还可以输出三维动画。最重要的一点，这款软件支持二次开发，用户可以通过二次开发把 AnyLogic 跟其他软件相结合。所以 AnyLogic 是可供选择的最佳仿真平台。

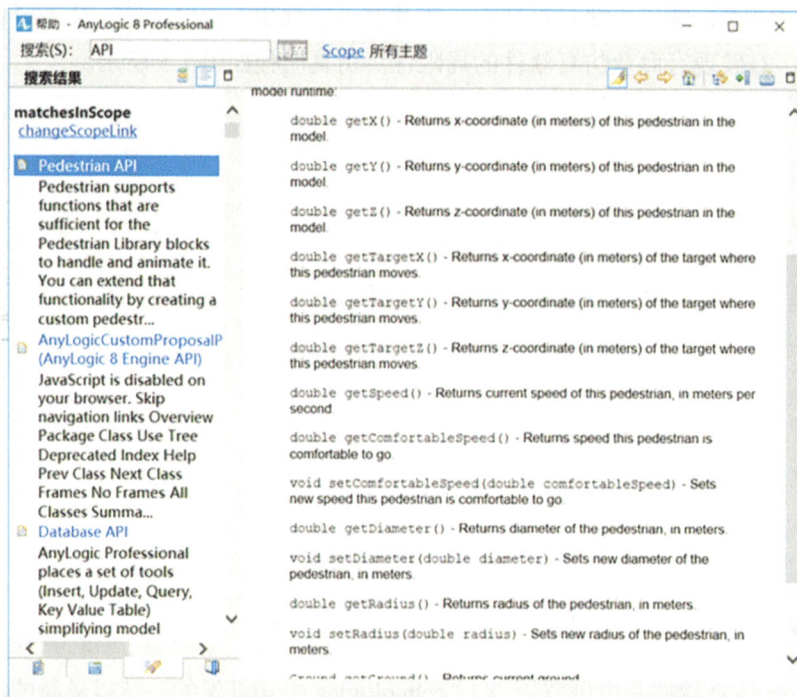

图 7-7　AnyLogic 行人库 API

7.4.2　行人交通仿真模块介绍

行人交通库主要由各个模块构成，包括行人交通环境建模模块和行人行为建模模块。

（1）行人交通环境建模模块

AnyLogic 仿真软件中的行人交通环境建模模块为模拟行人交通场景提供了基础的环境搭建能力。该模块能够精准地对各种行人交通环境进行细致还原，涵盖了城市街道、商场内部通道、车站站台等不同类型的空间。它允许用户根据实际情况设置环境的各种参数，比如地形地貌、建筑物布局、道路宽度、出入口位置等。通过该模块，用户可以创建出高度逼真的行人活动空间，为后续行人行为的模拟提供一个与现实相契合的场景基础。同时，该模块还支持对环境中的动态元素进行建模，如交通信号灯的变化、电梯的运行等，进一步增强了模拟环境的真实性和复杂性，从而使得基于此环境的行人交通仿真结果更具参考价值。

（2）行人行为建模模块

行人行为建模模块是在现场调查获得行人流线组织形式的基础上，使用离散事件建模（即：以过程为中心的建模方法）的方式定义模拟行人在环境内行走的模型，主要包括：行人生成源、行人消失源、步行路径、步行目标、等待逗留、使用服务（买票、验票）等。主要包含 15 个小模块。

7.4.3　相关评价技术

本文涉及的 AnyLogic 初步评价技术主要有：①获取不同起讫点的行人的集散状况；②获取仿真系统的流量、密度、速度三参数，并根据这些参数来评价该区域的服务水平；③获取仿真系统内所有行人的时空信息（即随时间变化的行人的x、y、z坐标值），并输出成 csv 格式。以下将从获取不同起讫点的行人的集散状况、密度栅格实时显示图像、截面行人流量实时统计和各区域服务水平等级展开研究。

（1）获取不同起讫点的行人的集散状况

在 AnyLogic 仿真系统中，每个行人都是一个由 Ped 类定义的对象。借鉴面向对象编程（OOP）思想，AnyLogic 在原来行人类的基础上派生出一个新的类，添加了记录行人起点和讫点的字段，解决行人分类的问题。接下来需要在仿真运行的过程中采集每个行人的集散时间和距离，因为 AnyLogic 软件无法直接获取行人的集散时间和集散距离，该功能需要编写代码来实现，具体步骤如下。

第一步：获取 Ped Source 模块中每个行人的产生时间$t_{产生}$和 Ped Sink 模块中每个行人的消失时间$t_{消失}$，通过式(7-2)计算每个行人集散时间$t_{集散}$：

$$t_{集散} = t_{消失} - t_{产生} \tag{7-2}$$

第二步：定期采集每个行人的x、y、z坐标信息，综合考虑 AnyLogic 仿真软件的特性和计算机资源消耗，采样周期定为 0.6s。获得所有的坐标数据后，通过式(7-3)计算行人在仿真系统里的集散距离：

$$s = \sum_{i=0}^{n-1} \sqrt[2]{(x_{i+1} - x_i)^2 + (y_{i+1} - y_i)^2 + (z_{i+1} - z_i)^2} \tag{7-3}$$

式中：n——样本的大小。

第三步：根据空间平均速度的定义计算每个行人的空间平均速度。

$$v = s/t_{集散} \tag{7-4}$$

第四步：分类计算并显示不同起讫点客流的集散指标。

（2）密度栅格实时显示图像

密度是指研究区域内单位面积上的行人平均个数。在本研究中，研究区域内指定位置的密度以带填充颜色的栅格（大小为 1m×1m）的形式展现出来，栅格的颜色值表示密度的大小，颜色越深，密度越大。

密度测定方法的原理和测定机动车密度的航空拍摄观测法类似，就是拍摄整个研究区域内的快照，进而统计区域内的密度。为降低偶然误差，每隔 1s 采一次样本，采集 1min 后，取所有样本的平均值绘制密度栅格图像，并导出密度数据，然后继续下一轮的采样工作。

密度栅格实时显示算法流程图见图 7-8，具体实现步骤如下。

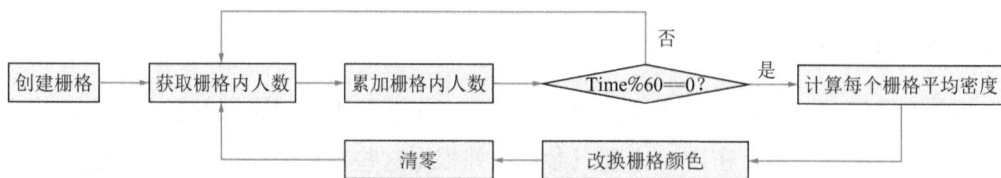

图 7-8　密度栅格实时显示算法流程图

第一步：根据行人流动区域的大小，绘制足够数量的 1m×1m 栅格，覆盖所有的区域。

第二步：编写每隔 1s 执行一次的事件，检测各个栅格内的行人数量，并累加各个栅格的人数。

第三步：编写事件计算各个栅格 1min 内的平均密度，并动态显示该平均密度。返回执行第一步。

（3）截面行人流量实时统计

行人流量（行人交通量）是交通三大基本参数之一，即在单位时间内通过指定地点或断面的行人数量，其实质是用来计算实际通行能力的一个标准，模拟并统计某截面可以通过的最大流量，再和规范的参考值做对比。AnyLogic 可以统计不同出入口的流量，提出各出入口优化的优先顺序。

AnyLogic 软件的行人交通库没有现成统计行人流量的模块，需编写代码来实现，步骤如下。

第一步：使用演示库的矩形绘图工具，在需统计流量的截面处绘制一个细长的矩形。

第二步：定义 Ped Area 模块，将其"Shape"参数设置为刚刚定义的矩形。

第三步：定义 ArrayList 动态数组存储通过该截面的行人的 ID。

第四步：编写函数获得当前矩形区域内的行人的 ID 值，并和 ArrayList 动态数组里存储的 ID 对比，若 ArrayList 动态数组不存在该 ID 值，则记录流量的变量值自加 1，并将该 ID 值添加到 ArrayList 动态数组中；若已存在则跳到下一步。

为验证此方法的可行性和准确性，笔者曾建立简单模型，如图 7-9 所示，蓝色粗线为统计流量的截面。多次测试的结果表明，此方法获取的流量数据准确可靠，统计误差均在 0.2% 以内。

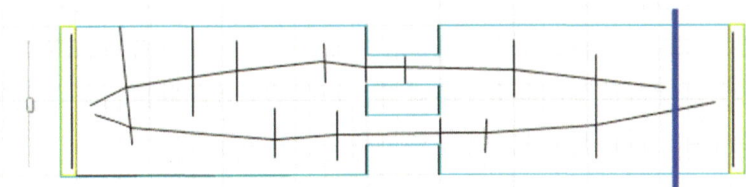

图 7-9　截面流量统计简单模型

（4）各区域服务水平等级

选定行人占有空间为指标划分各个区域的服务水平等级。

如果讨论的区域是枢纽站，其站内规模很大，若在仿真时实时评价，会加大系统的开销，而且在功能上与前文提到的密度栅格实时显示图像重复。为了在仿真时提高速度，并记录仿真数据方便后期查阅，将数据存储到地理信息系统绘制服务水平等级图，具体步骤如下。

第一步：输入每个栅格的坐标数据，并导入 Shapefile 文件，绘制要素。

第二步：根据人均空间占有率，计算每个栅格每分钟的服务水平，编写插件将数据导入关系型数据库。

第三步：显示服务水平等级图，并统计各个服务水平等级的占比进行评价。

7.5　城市轨道交通车站系统动力学建模

本节主要从系统动力学特性与车站运营组织特点结合入手，进行车站运营组织分析，对车站运营进行模块划分并进行系统动力学的因果分析，通过因果分析结果及交通学相关知识进行系统动力学建模，并分析确立模型中相关的动力学方程。

7.5.1　建模原则

车站系统动力学模型在构建时，除了应遵守系统动力学自身的基础原则之外，还应结合自身的特点建模。根据车站自身运行规律以及建模的目的，车站系统动力学建模原则主要有如下两点。

（1）模型能还原现实情况

不管是传统交通仿真软件建模还是系统动力学仿真建模，仿真就是要尽可能贴近现实情况或预测真实的将来情况，这是所有仿真建模的基本原则和目的。建模完成后，需要利用模型对现状及将来可能的情况进行分析，并且建模的贴近现实度直接影响分析研究的有效性和实用度。所以在建模过程中，因素间的因果关系，流量、变量和参数间的数学方程都需要尽可能贴近现实的情况。

（2）适用度广

系统动力学建模较传统微观行人仿真软件的一个优势就是其适用度更广，所以在设计车站系统动力学模型时，要在保证真实还原度的条件下尽可能地考虑适用度，将车站之间差异性的指标设计成更易改变的参数、变量等，把车站运营的共性情况设计成模型仿真中的积量、流量等主体，确保此系统动力学模型有一定的适用度。

7.5.2 影响因素分析

本文针对的是车站整体，故车站系统动力学模型的系统边界是车站的边界，乘客通过出入口或列车进入研究车站即为进入此模型，乘客通过出入口或列车离开研究车站即为离开此模型。

在此边界内，我国城市轨道交通车站客流组织可以划分为进站过程、出站过程两大部分。进站过程中，乘客通过入口、自动售票机（持交通卡或乘车码乘客直接经过安检）、安检、进站闸机、下楼设施，到达站台，最后在屏蔽门前等待区等待，直到乘上列车；而出站过程中，乘客下车后依次经过屏蔽门前等待区、站台层、上楼设施、出站闸机，最终出站。具体流程见图 7-10。可以发现，进、出站客流在屏蔽门前等待区、站台层、出入口等处有明显交织。

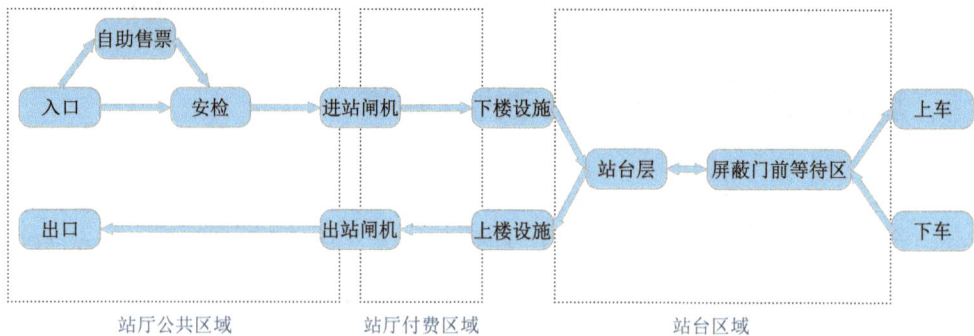

图 7-10　车站客流组织流程图

通过客流组织分析，车站内所有元素可以分为三类：乘客（客流）、站内设施（包括车站物理条件及服务设施）、车站及线路运营组织（内部客流组织、行人引导标志等）。这三类元素彼此影响、综合作用，共同对整体车站的运营效率产生影响。

1）乘客因素

乘客是整个车站运营服务的主体，也是仿真分析的主要对象。乘客在站内具有目的性的移动及其形成的车站内客流的时间-空间分布是仿真输出的主要结果。因此，乘客本身的属性需要在系统动力学建模过程中充分考虑。乘客的属性主要包括如下方面。

（1）乘客到达速率及到达分布

乘客到达速率及到达分布为一定时间内抵达研究站内的乘客数量及其在时段内到达的分布情况，也有进站乘客与出站乘客之分。一般认为进站上车时高峰小时内乘客的到达分布服从均匀分布，平峰小时内乘客的到达分布服从泊松分布。而出站下车乘客的分布随着列车的发车率变化，呈现周期性。乘客到达速率及到达分布直接影响整个车站总人数，进而影响整个车站的运营效率。

（2）期望速度与瞬时速度

期望速度是指乘客在没有其余干扰的条件下所希望达到的最高速度，而瞬时速度则是乘客于特定时刻在车站内实际的速度。这两种速度共同决定了乘客于车站内流动的效率。

2）车站设施因素

（1）通道长度、宽度及区域面积

车站内各服务设施及等待区域皆由通道相连，所以通道的长度和宽度决定了乘客在流动时的拥挤程度和步行距离。区域面积和区域内负载的客流量决定了当前区域的拥堵状态。两者皆会对乘客的速度产生影响。

（2）服务设施

①自动售票机：提供售票服务，服务人数取决于进站客流和购票比例。

②安检设备：负责检查乘客是否携带违禁物品，服务对象为所有进站的乘客。

③闸机：连接站厅公共区域与付费区域的设备，服务对象为所有车站内客流。

这些服务设施的数量、服务能力都会对客流的速率产生影响（一般为减慢或停止），进而影响区域内客流效率。

3）车站及线路运营组织因素

车站内运营和客流引导标志等措施也是影响车站运营效率的一大因素，有研究表明当对通道中的对向人流采取隔离分流措施时，行人的步行速度得到提高。常见的客流组织方式如下。

（1）在人流交织明显处（如站台、楼梯口、通道等）设置导流栏和行人引导标志标识，将不同方向的客流分开，减少客流交织，提高客流速率。

（2）在某些客流拥堵的区域实施客流限行，如转换闸机的允许通行方向限制进入站厅付费区域人数；在站厅站台楼梯处限流，控制进入站台人数；将站厅去往站台的扶梯转向，减慢站厅层进入站台层客流速率，同时加快站台层通往站厅层的客流速率。

7.5.3　车站客流系统动力学模型框架

根据系统动力学基础原则和车站的仿真分析需求，以及考虑到国内城市轨道交通车站通性和模型的适用度，本文将车站系统动力学模型分为三个相对独立的子模块：站厅非付费区域模块、站厅付费区域模块和站台层区域模块。

（1）站厅非付费区域模块

在站厅非付费区域中，输入的人流主要是从入口进站客流和从站厅付费区域出站的客流，输出的人流主要是去往站厅付费区域客流和出站客流，其影响因素主要有站厅非付费区域内服务设备的效率和整体区域内的行人速度等。

（2）站厅付费区域模块

在站厅付费区域中，输入的人流主要为从站厅非付费区域进入的上车客流和从站台层进入的出站客流，输出的人流主要是去往站台层的上车客流和去往站厅非付费区域的出站客流，其影响因素主要有站台层连接站厅层的楼梯、扶梯总服务能力，出站闸机数及其服务能力，整体区域内行人的步行速度等。

（3）站台层区域模块

在站台区域层中，输入的人流主要为从站厅层进入站台层的客流和下车客流，输出的人流主要为上车客流和从站台层进入站厅层出站客流，其影响因素主要有列车抵达频率、乘客上下车效率以及站台区域行人的步行速度等。

综上所述，模型分为三大模块，加之相关影响因素的分析，以及相关前期调研，可得各模块内的因果关系形成车站模型分析。

（1）站厅非付费区域

站厅非付费区域，也称站厅公共区域。该区域主要作为进站乘客接受服务的载体和通往下一区域的通道，同时也是出站乘客去往出站口的通道。服务设施效率、通道长度、人流密度等都将影响该区域的运行效率。

模型主要考察各关键位置的容纳人数及对应的行人行为参数，站厅非付费区域主要考虑的变量如下。

积量：出入口区域人数、购票区域人数、安检区域人数、进站闸机区域人数、非付费区域总人数、非付费区域承载的进站人数、非付费区域承载的出站人数。

流量：入口到购票区域客流、入口到安检区域客流、购票区域到安检区域客流、安检区域到进站闸机区域客流、出站闸机区域到站厅非付费区域客流、进站客流、出站客流。

动态变量：站厅非付费区域乘客密度、站厅非付费区域人流平均速度。

常量：买票乘客比例、购票机数目、购票机服务能力、安检机数目、安检机服务能力、出站闸机数目、进站闸机数目、闸机服务能力、各处通道距离、站厅非付费区域有效面积等。

（2）站厅付费区域

站厅付费区域主要作为进站乘客通往下一区域的通道，同时也是出站乘客去往站厅非付费区域的通道。上下层设施服务能力、通道长度、人流密度等都将影响该区域的运行效率。

站厅付费区域主要考虑的变量如下。

积量：站厅付费区域承载进站人数、站厅付费区域承载出站人数、站厅付费区域承载总人数、出站闸机区域人数。

流量：站厅非付费区域前往付费区域客流、站厅付费区域前往站台层客流、站厅付费区域前往出站闸机区域客流。

动态变量：站厅付费区域人流密度、站厅非付费区域行人平均速度。

常量：通道距离、非付费区域面积、楼梯总服务能力、扶梯总服务能力等。

（3）站台层区域

站台层区域主要是供进站上车乘客移动到车门附近的等待区域和下车出站乘客移动到站厅层的通道。上下层设施服务能力、通道长度、人流密度等都将影响该区域的运行效率。

站台层区域主要考虑的变量如下。

积量：站台层承载进站人数、站台层承载出站人数、站台层承载总人数、屏蔽门前等待区域上车人数、屏蔽门前等待区域下车人数。

流量：进站上车客流、下车出站客流、站厅层前往屏蔽门前等待区域进站客流、屏蔽门前等待区域前往站厅层出站客流。

动态变量：站台层人流密度、站台层行人平均速度。

常量：站台层通道平均距离、站台层面积、车门数、列车频率等。

系统因果关系如图 7-11 所示。

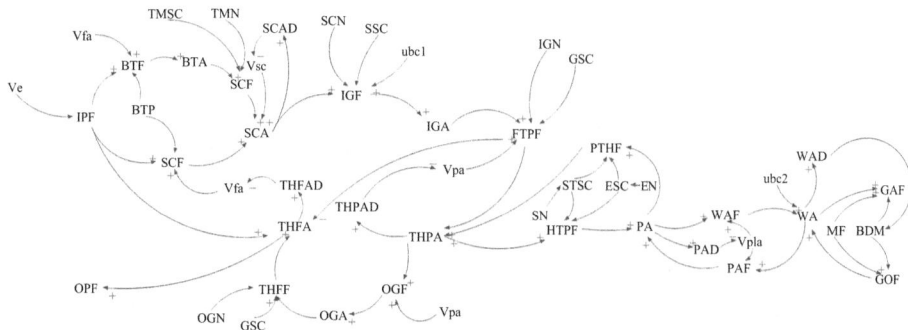

图 7-11　因果关系总图

图 7-11 中相关参数定义见表 7-1。

运算代号	代号	变量及参数	释义
	Q_1	BTA	购票区域流出客流量
	Q_2	SCA	安检区域流出客流量
	Q_3	IGA	进站闸机区域流出客流量
	Q_4	OGA	出站闸机区域流出客流量
	Q_5	THFA	站厅公共区域客流量
	Q_6	THFAI	站厅公共区域进站客流量
	Q_7	THFAO	站厅公共区域出站客流量
	Q_8	THPA	站厅付费区域客流量
	Q_9	THPAI	站厅付费区域进站客流量
	Q_{10}	THPAO	站厅付费区域出站客流量
	Q_{11}	PA	站台层客流量
	Q_{12}	PAI	站台层进站客流量
	Q_{13}	PAO	站台层出站客流量
	Q_{14}	WA	屏蔽门前等待区域客流量
	Q_{15}	WAI	屏蔽门前等待区域上车客流量
	Q_{16}	WAO	屏蔽门前等待区域下车客流量
	Q_{17}	entrance	入口客流量
	Q_{18}	export	出口客流量
	Q_{19}	BTW	购票区域客流量
	Q_{20}	SCW	安检区域客流量
	Q_{21}	IGW	进站闸机区域客流量
	Q_{22}	OGW	出站闸机区域客流量
q_{17in}	F_1	IPF	进站客流
q_{18out}	F_2	OPF	出站客流
q_{17out}/q_{19in}	F_3	BTF	前往买票客流
q_{1out}/q_{20in}	F_4	BSCF	购票区域前往安检区域客流
q_{19out}/q_{1in}	F_5	TSF	购票区域服务客流
q_{20out}/q_{2in}	F_6	SSF	安检区域服务客流
q_{2out}/q_{21in}	F_7	IGF	前往进站闸机客流
q_{21out}/q_{3in}	F_8	IGSF	进站闸机区域服务客流
q_{22out}/q_{4in}	F_9	OGSF	出站闸机区域服务客流
q_{17out}/q_{20in}	F_{10}	SCF	前往安检客流
q_{10out}/q_{22in}	F_{11}	OGF	前往出站闸机客流
q_{3out}/q_{9in}	F_{12}	FTPF	公共区域—付费区域客流（进站）
q_{4out}/q_{7in}	F_{13}	THFF	付费区域—公共区域客流（出站）

运算代号	代号	变量及参数	释义
q_{13out}/q_{10in}	F_{14}	PTHF	站厅—站台客流（进站）
q_{9out}/q_{12in}	F_{15}	HTPF	站台—站厅客流（出站）
q_{12out}/q_{15in}	F_{16}	WAF	站台—屏蔽门前等待区（进站）
q_{16out}/q_{13in}	F_{17}	PAF	屏蔽门前等待区—站台（出站）
q_{7out}/q_{18in}	F_{18}	TEF	非付费区域前往出口（出站）
q_{15out}	F_{19}	GAF	上车客流
q_{16in}	F_{20}	GOF	下车客流
	L_3	Lbt	入口到购票区域通道距离
	L_4	Lbsc	购票区域到安检区域通道距离
	L_7	Lig	安检区域到进站闸机通道距离
	L_{10}	Lsc	入口到安检区域通道距离
	L_{11}	Log	付费区域到出站闸机通道距离
	L_{12}	Lftp	站厅付费区域通道平均距离
	L_{16}	Lwa	站台层平均步行距离（进站）
	L_{17}	Lpa	站台层平均步行距离（出站）
	L_{18}	Lte	站厅非付费区域到出口平均距离
		Ve	乘客期望速度
$V_3/V_4/V_7/V_{10}/V_{18}$		Vfa	站厅公共区域平均速度
V_{11}/V_{12}		Vpa	站厅付费区域平均速度
V_{16}/V_{17}		Vpla	站台层平均速度
		THFAD	站厅公共区域人流密度
		THPAD	站厅付费区域人流密度
		PAD	站台层人流密度
		WAD	屏蔽门前等待区人流密度
		BTP	买票比例
		TMN	售票机数量
		TMSC	售票机服务能力
		IGN	进站闸机数量
		GSC	闸机服务能力
		OGN	出站闸机数量
		SN	楼梯数量
		STSC	楼梯通行能力
		EN	扶梯数量
		ESC	扶梯通行能力
		BDM	乘客上车模型

智慧城轨关键技术研究与应用

7.5.4　车站模型流图

依据因果关系及地铁客流组织分析结果，绘制系统动力学模型流图，如图 7-12 所示。其中相关参数定义见表 7-1。

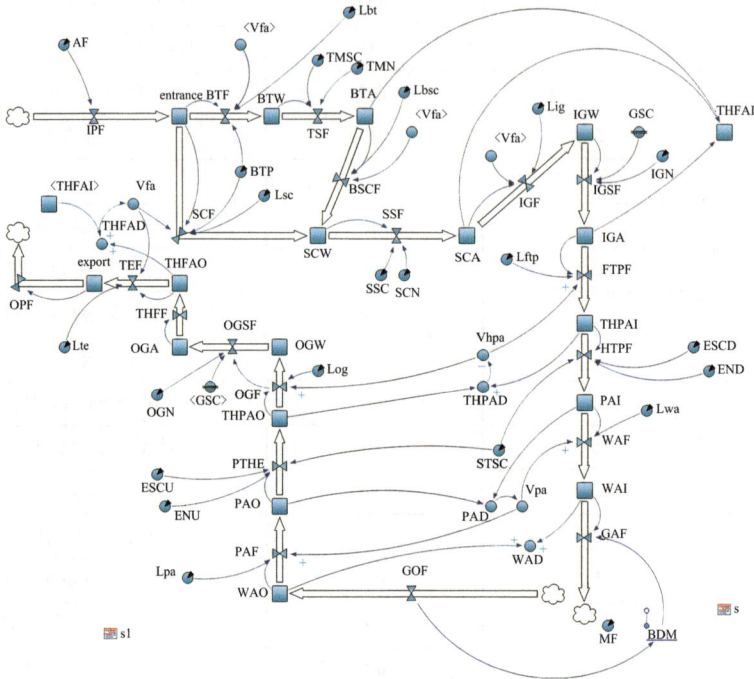

图 7-12　系统动力学模型流图

其中，各存量的计算方式为累计流入的量减去累计流出的量，如安检区域总人数为从入口到安检处累计人数加从购票机处到安检处总人数减去从安检处流出到进站闸机区域的人数。具体公式为：

$$Q_i = \int q_{i\text{in}}(t)\,\mathrm{d}t - \int q_{i\text{out}}(t)\,\mathrm{d}t \tag{7-5}$$

式中：Q_i——车站内 i 处当时总流量；

$q_{i\text{in}}$——当时 i 处流入的流率；

$q_{i\text{out}}$——当时 i 处流出的流率。

Q_5、Q_8、Q_{11}、Q_{14} 计算方法如下：

$$Q_5 = Q_6 + Q_7 \tag{7-6}$$

$$Q_8 = Q_9 + Q_{10} \tag{7-7}$$

$$Q_{11} = Q_{12} + Q_{14} \tag{7-8}$$

$$Q_{14} = Q_{15} + Q_{16} \tag{7-9}$$

各流量的计算方式有几种。服务流如 F_5、F_6、F_8、F_9 等计算方式为对应设备总服务能力和上游流量之间取小，计算公式如下：

$$F_i = \min(N_i \times C_i, F_{i-1}) \quad （i = 5,6,8,9）\tag{7-10}$$

式中：F_i——i处的流量；

　　　N_i——i处服务设备数量；

　　　C_i——该服务设备单个服务能力。

通道的移动流如F_3、F_4、F_7、F_{10}、F_{11}、F_{12}、F_{16}、F_{17}、F_{18}由当前的流入人数、通道距离和区域移动平均速度共同决定，计算公式如下：

$$F_i = \frac{N_i \times V_i}{L_i} \quad （i = 3,4,7,10,11,12,16,17,18）\tag{7-11}$$

式中：F_i——i处的流量；

　　　N_i——i通道内总人数；

　　　V_i——i通道内行人平均速度；

　　　L_i——i通道距离。

此外，F_1数值上等于乘客的到达率。F_2数值可用时间表进行设置。F_{13}、F_{14}的值在上下行设备（扶梯、楼梯）通行总能力与上游客流量之间取小。

全部设置完成后，模型运行图如图 7-13 所示。

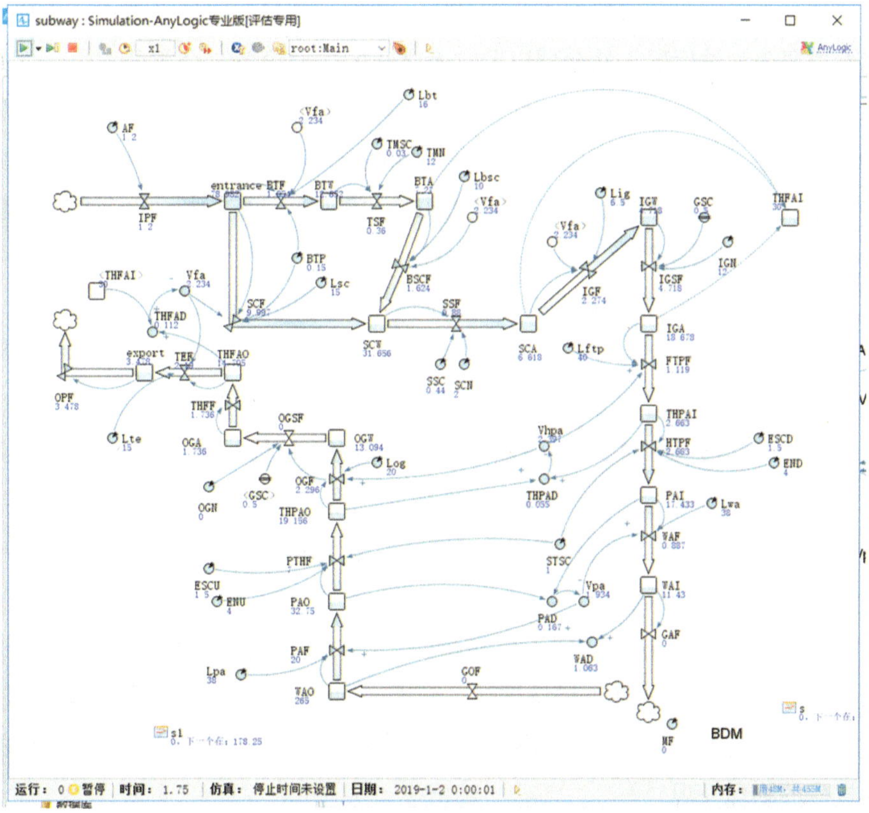

图 7-13　模型运行图

7.6 城市轨道交通车站微观建模

为验证系统动力学模型有效性需选定实际车站进行研究。综合考虑后，本节选取深圳地铁 11 号线南山站客流情况进行验证。南山站设于南山大道上，周边为建成区，主要有光彩新天地、光彩新世纪、南方航空、新绿岛大厦、亿利达综合楼等建筑，本站也是深圳地铁 11 号线与 12 号线的换乘站。

由于车站规模比较庞大，同时获得各个区域内的行人数据需要巨大的人力且调查精度也难以保证，故利用传统、成熟、商业化的行人微观仿真软件和此模型对同一车站进行建模仿真，以期达到效果。

AnyLogic 行人仿真建模主要分为两个步骤：交通环境建模和行人行为建模。交通环境建模主要是搭建车站站厅的交通环境组成要素和交通设施。行人行为建模主要是仿真控制在交通仿真环境中行人以出行活动链为意图的行动过程。

7.6.1 交通环境建模

交通环境建模即在仿真环境中建立现实仿真目标的行为环境，主要包括行为边界、障碍物、区域划分、行人起始线等客观物理环境，此外，还包括服务设施点、楼梯、扶梯等设施。车站主要分为站厅层、站台层以及二者之间的连接设备三个部分。

站厅层：站厅层又分为公共区域和付费区域两个部分。主要绘制的内容有：区域边界（一般在区域边界绘制墙体）；区域内障碍物，如圆柱、广告牌、工作人员办公区域等（一般以圆柱墙体或是矩形墙体绘制）；服务设施点，如售票机、安检机、闸机等（一般以服务设施点绘制）；各类用以控制行人步行抵达目标及走行路径的行人步行参照线与路径（一般以目标线绘制）。站厅层两个区域需要分别绘制，以期达到区分效果。

站台层：站台层是行人与列车之间相互联系的一个区域。所以站台层建模需要考虑两部分内容：行人部分和轨道部分。行人部分需要绘制的主要内容有区域边界（一般在区域边界绘制墙体），区域内障碍物（一般以圆柱墙体或矩形墙体绘制），等待区域（分开绘制各个等待区域并编号命名），步行路线、行人生成线等（一般以目标线标定并编号命名）；轨道部分需要绘制的主要内容有轨道、列车以及列车停走过程的位置。主要依靠 AnyLogic 软件中的轨道库实现其建模。

连接设备：连接设备分为扶梯和楼梯两种，在交通环境建模中，扶梯绘制直接依靠 AnyLogic 行人交通库中的扶梯组模块进行。而楼梯的绘制更为复杂，具体操作如下：

（1）在站厅层与站台层之间绘制两块大小一样并分别与站台层、站厅层契合的斜的区域，作为楼梯的物理外观。

（2）在绘制好的两块区域上分别设置归属，一个归属于站厅，另一个归属于站台，并分别命名。

（3）在两块命名完成的区域两边（与站台、站厅交界的地方），分别绘制目标线，并命名。

（4）利用 AnyLogic 中的 Ped Change Ground 模块使行人在楼梯与站台层、站厅层交界的目标线上实现地面转换。

以上三部分完成后，交通环境建模大体完成，如图 7-14 所示。

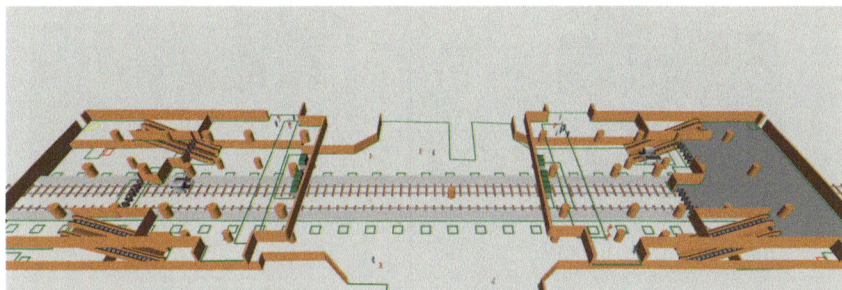

图 7-14　交通环境建模示意图

7.6.2　行人行为建模

行人行为建模主要是设计控制仿真内行人行动过程的逻辑模块，由行人生成、行人消散、行人移动、行人接受服务、行人等待、行人选择路径、电梯组、区域描述、行人转换地面等模块组成（图 7-15）。这些功能模块互相配合，彼此联系，并通过人为添加 Java 类控制语句最终实现行人流逻辑。

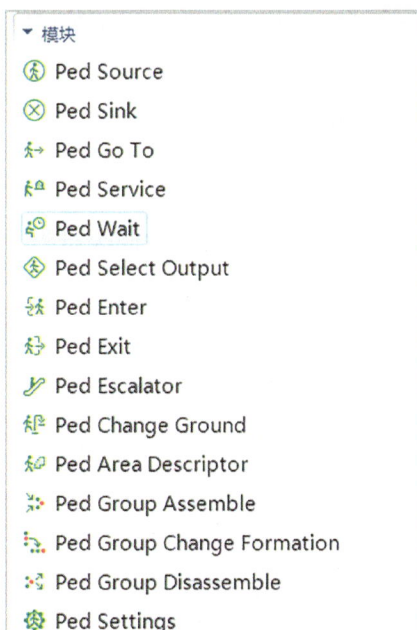

图 7-15　软件内行人交通库功能模块

7.6.3 数据输入及仿真实施

车站内各服务设备的服务能力、楼梯扶梯的服务能力参照《地铁设计规范》（GB 50157—2013）获得。根据现场调查，得到行人步行速度参数、车站物理条件因素等。将各参数输入模型之中进行仿真试验，仿真试验运行结果如图7-16和图7-17所示。

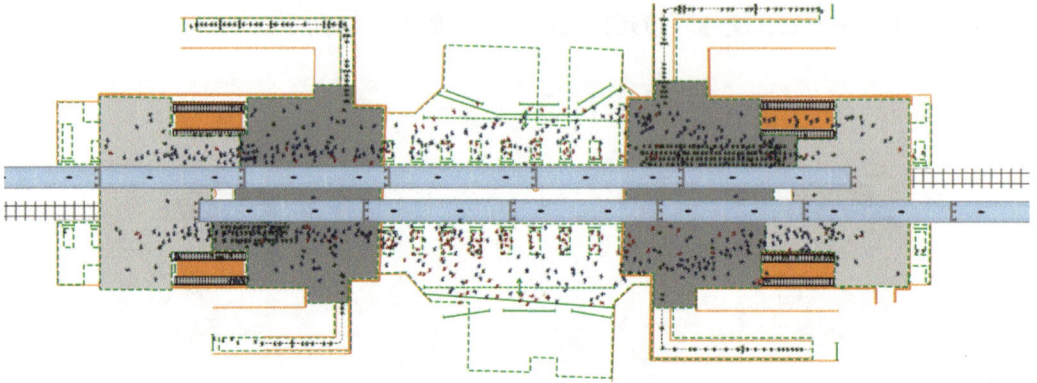

图7-16 试验运行二维图

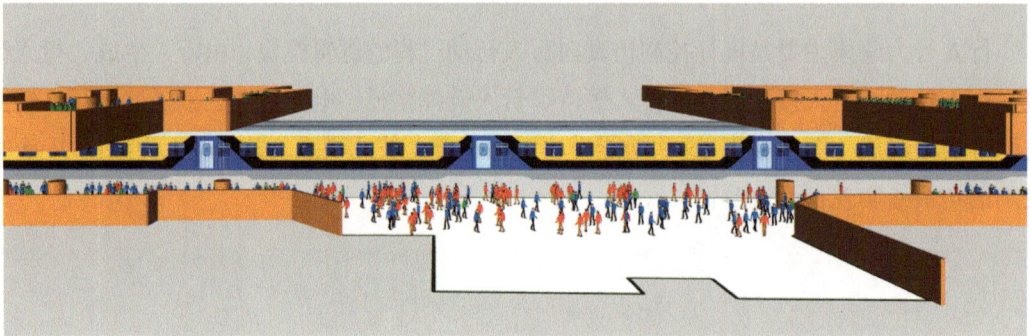

图7-17 试验运行三维图

为保证仿真结果比较的普遍适用性，更贴近实际情况中的客流聚集—消散过程，以及探究模型数据变化的规律仿真模型客流输入按时间表进行，具体的流量输入如图7-18所示。

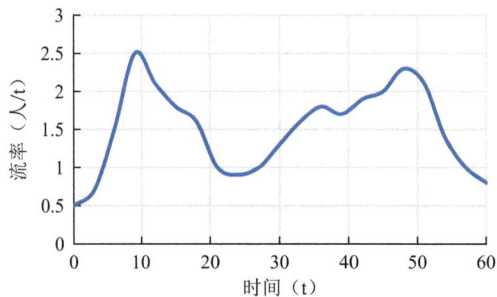

图7-18 流量输入图

二者输入相同的流率后，以相同仿真步长进行仿真（本文中取 0.2s），关键区域仿真结果对比见表 7-2。

仿真结果对比（单位：人数） 表 7-2

区域	取值	系统动力学	微观仿真
售票处	均值	0.14	0.18
	峰值	2	7
安检处	均值	84	86
	峰值	227	233
站厅非付费区域	均值	113	118
	峰值	255	267
站厅付费区域	均值	27	29
	峰值	96	103
站台	均值	187	191
	峰值	431	446

由表 7-2 结果对比可看出，本节所用的系统动力学模型与 AnyLogic 微观仿真结果数量上相当，均值与峰值基本保持一致。整体上看，系统动力学模型仿真结果偏小一些，但误差均在 5% 以内，结果可以接受，证明该系统动力学模型有效。

第 8 章

城市轨道交通智能运维安全——

星载 InSAR 形变监测

智慧城轨
关键技术研究与应用

8.1 InSAR 技术国内外发展现状与趋势

雷达干涉测量技术（InSAR）是在 20 世纪 60 年代末出现的高精度空间对地观测技术，截至目前，其数据质量和研究方法方面都不断发展，应用也越来越受到各行各业的认可。起初，InSAR 技术主要用于地形制图生成 DEM（数字高程模型），在此基础上发展起来的 D-InSAR 技术，该技术早期主要用于地震形变、火山活动、冰川移动等大面积的比较明显的形变研究，随着时间序列 D-InSAR 技术的不断成熟和相关应用研究的不断深入，又逐渐转向为对地面沉降、山体滑坡、矿区形变等持续缓慢微小形变的监测。

1989 年，Gabriel 等首次利用 D-InSAR 技术获取了美国加州 Imperial 峡谷的地面收缩和膨胀特性，证实了 D-InSAR 技术在地表形变监测方面的可行性。1993 年，D-InSAR 技术又成功地应用于提取地震形变场，由此开始受到相关学科领域的广泛关注和认可，并凭借其全天时、全天候获取大范围观测数据的独特优势，逐步发展成测量表面形变的新技术。大量研究结果表明，D-InSAR 技术在地震形变、冰川移动、火山活动、山体滑坡、地表沉降等方面都得到了广泛的应用。然而，在实际应用中，两幅成像时间间隔较长的 SAR 影像会由于地表散射特性发生变化而产生时间失相干；同时，过长的空间基线也会导致空间失相干；此外，不同时间获取的 SAR 信号在传播过程中，由于大气层状态有所不同会产生不同程度的大气延迟相位。受上述因素的影响，D-InSAR 技术的测量精度和应用都有一定的局限性。

为了提高 D-InSAR 技术的测量精度，研究人员提出了一系列时间序列 D-InSAR 技术，其基本思想是通过累积时间序列上重复观测的 SAR 影像来消除大气效应的影响，并提取时间序列 SAR 影像上不受时间/空间去相干影响的点目标（如人工建筑物、裸露的岩石、人工布设的角反射器等），在这些点目标上完成形变量的建模和反演，并估算这些点位上的时间序列形变量，其理论精度可以达到毫米级。其中，最具代表性的主要包括 1999 年意大利米兰理工大学的 Ferretti、Prati 和 Rocca 等学者共同提出的永久散射体干涉测量（PSI）方法，和 2002 年 Berardino 等学者提出的小基线集干涉测量（SBAS）方法。

除上述两种经典方法之外，还有一些基于这两种方法改进的时间序列分析方法也在多项研究中得到很好的应用。例如，2003 年，Werner 等提出的干涉点目标分析方法（Interferometric Point Target Analysis，IPTA），通过二维线性回归对点目标进行时间序列分析，并应用于相关的商业软件（瑞士 Gamma）中；Mora 等学者在 2003 年提出高相干点目标（High Coherent Target，HCT）方法，其借鉴了 SBAS 方法的多主影像方式和 PSI 方法的二维周期函数模型，有效减少了误差对形变结果的影响；2004 年，Hooper 等提出的 StaMPS（Standford Method for Persistent Scatterer）方法，利用时空相干性来选择 PS（永久散射体）点，无须对地面形变进行先验的模型假设，成功应用于火山形变监测中；2008 年，Hooper 等又提出了融合 PSI 和 SBAS 方法的多时相 D-InSAR 方法，其能够在研究区域内获取更多具有高信噪比的点目标，并提取形变信息；2011 年，Ferretti 等提出了 SqueeSAR 技术，通过同时分析 PS 点和分布式散射体（Distributed Scatterer，DS），克服了常规 PSI 技术在植被覆盖区域的应用困难。

纵观时间序列 D-InSAR 技术的发展历史，国内对 D-InSAR 技术的研究虽然起步较晚，但已取得了一些显著的研究成果。王超、刘国祥、单新建、廖明生、李志伟等学者率先在国内开展了时间序列 D-InSAR 技术的研究，去除了误差因素的影响，并成功将 D-InSAR 技术应用于地震形变、城市地表沉降、矿区坍塌、山体滑坡等地质灾害的研究中。

在城市基础设施沉降监测方面，随着 SAR 影像分辨率的不断提高和形变监测方法的不断发展，近年来国内许多科研单位及个人也取得了较好的研究成果。西南交通大学的刘国祥等对上海和天津的道路、高铁沿线，及香港国际机场的沉降都进行了监测和分析；武汉大学廖明生等利用时间序列 InSAR 技术上海和天津地区的道路、高铁、建筑物及桥梁等基础设施开展了沉降研究，其精度在自 2004 年以来多年的上海市地表沉降监测研究中达到毫米级的国际领先水平，已被纳入上海市地面沉降业务化监测体系中。

国外的研究起步较早，德国宇航中心、德国慕尼黑工业大学、意大利 e-GEOS 公司、瑞士 Gamma 公司、荷兰代尔夫特大学等科研机构和院校都在时间序列 D-InSAR 技术的研究和应用上取得了显著的成果。Hilley、Hoope、Wegmuller 等众多学者已经将该技术广泛应用于由采矿、天然气等引起的矿区沉降，和由地震、火山及滑坡引起的地壳形变研究中。Costantini、Cigna、Schunert 等学者率先在城市地区利用该技术开展大范围的沉降监测研究。

随着 SAR 影像分辨率的不断提高，城市基础设施的形变监测也逐渐成为研究热点，Perissin、Stefania、Tapete、Matthew、Corsetti 等利用高分辨率 SAR 影像监测了城市地区主要线状基础设施沿线的形变情况；德国的 Adam、Eineder 和 Gernhardt，西班牙的 Crosetto，意大利的 Costantini、Antonio 和 Tapete 等利用高分辨率数据实现了对城市单体建筑物的形变监测，甚至可以直接从干涉条纹中观察到建筑物上细微的温度形变，充分展示建筑物形变细节，该技术在城市古建筑的保护以及预报地下工程对周边环境的影响方面都发挥了很大的作用。

综上所述，随着 SAR 卫星影像质量的不断提高以及 InSAR 数据处理方法的不断发展，时间序列 D-InSAR 技术在城市基础设施的形变监测领域表现出了极大的应用前景，越来越多的研究也逐步转向城市基础设施的形变测量，但由于城市基础设施结构复杂，对其进行结构层面的详细形变分析将对 InSAR 形变监测精细度提出更高的要求，给常规的时间序列 InSAR 技术带来了新的挑战。

8.2　大跨度城市轨道交通线网形变监测与时空特征分析

城市轨道交通是大众化公共客运交通的主要力量，每天运输的乘客密度高、流量大，与社会经济的发展和居民的人身财产安全密切相关，因此，进行定期的形变监测是预防灾害发生、保障乘客人身安全的重要前提。尽管时间序列 InSAR 技术在道路网沉降监测方面表现出较大的优势，但是，在去相干较严重的郊区路段，提取的点目标数量仍然有限，且高分辨率 SAR 数据中道路网和周围地物之间的信号叠掩，会增加目标解译和点目标识别的难度。此外，高分辨率数据（特别是 C 波段 TerraSAR-X 数据）的单幅影像覆盖范围比中低分辨率数据小得多，难以满足对道路网这种范围大、距离长的结构进行总体形变监测的需求。

　　针对常规方法实际应用中具体研究对象和实验数据的差异分析，目前大范围道路网形变测量主要存在两方面的关键问题，即对结构点目标的准确提取和对多轨道 InSAR 结果的融合分析。本节将针对这两个关键问题进行改进，提出创新的解决方案，并将其应用于上海、粤港澳大湾区地区的城市轨道交通线网沉降监测中。

8.2.1　语义约束的结构点目标精细化识别方法研究

　　本节为了更准确地提取道路上的点目标，一方面，融合 PSI 和 SBAS 技术进行点目标的识别，最大化结构点目标的提取密度，另一方面，引入结构的语义信息将点目标与结构进行时空关联分析，并进行点目标的后验筛选，消除点目标的不确定性，最大化点目标的识别精度，具体流程如图 8-1 所示。

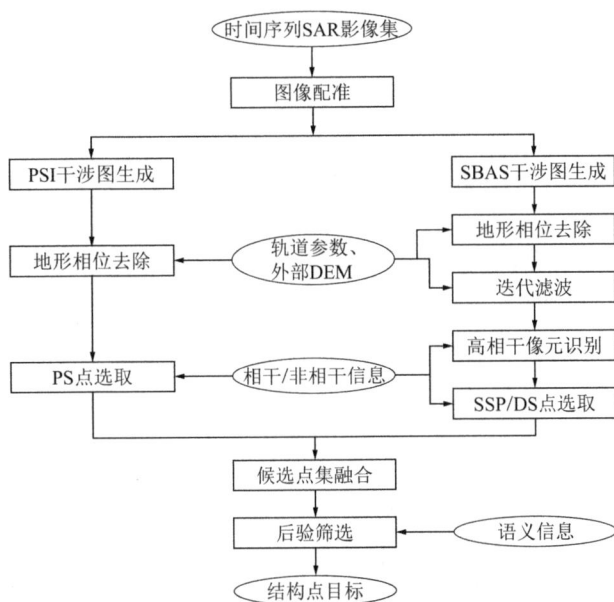

图 8-1　语义约束的结构点目标精细化识别方法流程图

　　在时间序列 SAR 图像上通过平均幅度、振幅离差等非相干指标选择 PS 点候选集，同时，具有较小时空基线的干涉图集也用于最小化时间/空间去相干的影响，使得研究对象上的半稳定散射体（Semi-Stable Points，SSP）和 DS 点也能够被识别。整合这些从不同干涉图集中选择的部分重叠的点目标候选集，比单独使用任何一种方法提取到的高信噪比

（Signal-to-Noise Ratio，SNR）点目标都多，可以从更多的信号中提取更可靠的形变信息。

对于每个重叠点，通过对两个干涉图集的相位求和来计算相位的加权平均值，以每个干涉图集的 SNR 为权重：

$$SNR = \frac{1}{\gamma_m^{-1} - 1} \tag{8-1}$$

$$\gamma_m = \frac{1}{N}\left|\sum_{i=1}^{n} e^{j(\varphi_{m,i} - \tilde{\varphi}_{m,i} - \Delta\varphi_{\theta,m,i})}\right| \tag{8-2}$$

式中：γ_m——第 m 个点的相位稳定性；

　　$\varphi_{m,i}$——第 m 个点的干涉相位；

　　$\tilde{\varphi}_{m,i}$——估算的空间相关相位分量；

　　$\Delta\varphi_{\theta,m,i}$——空间非相关视角误差；

　　N——干涉图集的数量。

整合上述点目标候选集以后，将结构的语义信息，包括它们的地理位置、高程、材料和结构特性等，与选择的点目标进行时空关联分析，以对选择的点目标进行约束，并进行后验筛选，比如道路网点目标通常按照道路网的地理位置沿线分布，高架道路点目标高于地面道路点目标，道路点目标的高程值和形变量是连续的。在地理位置上，剔除位于道路网沿线缓冲区之外的点目标，在高程方向上，滤除高度估计值超过周围点目标高程标准偏差两倍的点目标，以保证道路沿线的点目标在高度上是连续的，这样可以提高对结构点目标的认知和识别能力，去掉不可靠的点目标，消除点目标的不确定性，提高点目标识别精度。

8.2.2　多轨道 InSAR 点目标的配准与融合分析方法研究

为了实现大范围的道路网沉降监测，需要进行相邻多轨道道路网 D-InSAR 点目标的配准与融合分析，首先对不同的 InSAR 数据集分别处理，然后对道路网沿线的点目标进行几何配准与观测值融合，以相邻两轨影像为例，具体的解决方案如图 8-2 所示。

（1）按照上述方法，分别对各个 InSAR 数据集进行独立处理，得到每个数据集的初始 InSAR 形变监测结果。

（2）利用重叠区域的地面观测数据（如水准数据、GPS 测量值等），将不同轨道的 InSAR 结果校正到同一参考框架下。以重叠区域水准点或 GPS 测量点为参考点，将水准点或 GPS 测量点 50m 缓冲区域内点目标的平均值校正到与中心参考点一致，并将非重叠区域的观测值进行相应的整体变换。

（3）重叠区域道路网点目标的几何配准。由于不同的 InSAR 数据集具有不同的观测角度，它们提取的 PS 点即使在重叠区域也不完全相同。为了进行不同数据集的匹配，首先选择道路结构上的同名点，然后进行重叠区域道路网点目标的几何配准，其本质是准确地融合同名点的几何位置和高程信息，因此，几何配准包括水平和竖直两个方向。在水平方向上，计算同名点几何位置的平均偏差，并对这个偏差进行补偿和迭代计算，直到同名点水平方向上的经纬度直方图达到匹配，或者对于具体研究对象来说，使得它们的轮廓相互匹配。在竖直方向上，同理，通过空间平移变换使得同名点的高程直方图达到匹配。

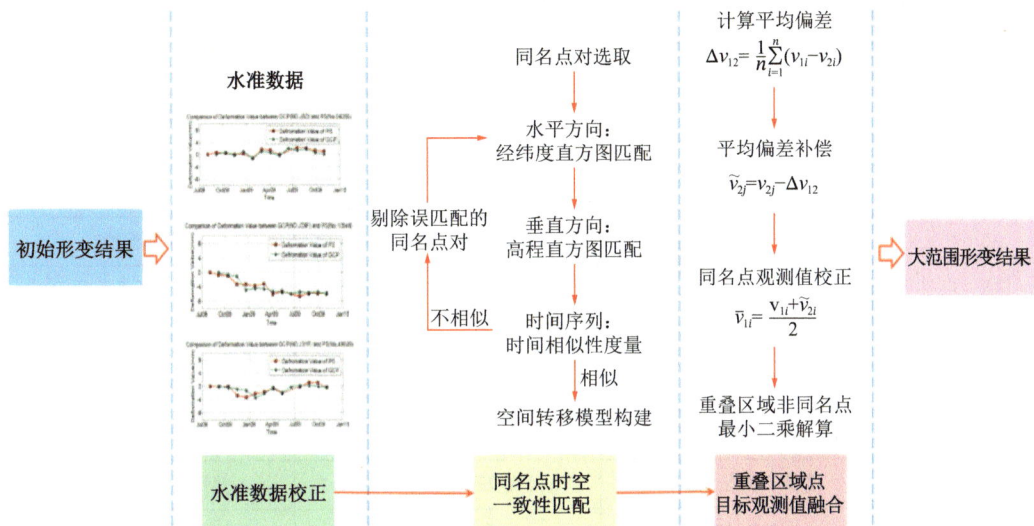

图 8-2　多轨道 InSAR 点目标的配准与融合分析方法流程图

（4）重叠区域道路网点目标观测值的融合，其本质是准确地融合同名点的形变信息。首先计算道路结构同名点上两个数据集监测结果的平均偏差，假设以第 1 个数据集为主轨道，并对第 2 个数据集的点目标形变观测量进行补偿：

$$\Delta v_{12} = \frac{1}{n} \sum_{i=1}^{n} (v_{1i} - v_{2i}) \tag{8-3}$$

$$\tilde{v}_{2j} = v_{2j} - \Delta v_{12} \tag{8-4}$$

式中：Δv_{12}——重叠区域内道路网同名点上观测值的平均偏差；

　　　　n——同名点的数量；

　　v_{1i}、v_{2i}——分别为第 i 个同名点在第 1 和第 2 个数据集中的速率值；

　　　　$\tilde{v}_{2j}$——第 j 个点目标速率的补偿值。

进行补偿以后，最终估算的同名点上的形变速率 $\bar{v}_i$ 为：

$$\bar{v}_i = \frac{v_{1i} + \tilde{v}_{2i}}{2} \tag{8-5}$$

对于重叠区域的非同名点，应用最小二乘法解算出它们的形变速率，作为融合以后的观测值。

8.2.3　实验区概况和实验数据

上海市道路都建立在 250～350m 厚的第四系松散土体上，尤其是沿海平原区。上海的软土可以按照起源、地质年代、土壤的物理特性等划分为 9 个工程地质层，见表 8-1。这些淤泥质软土层通常工程地质条件差，如果发生局部不均匀固结或过量形变，很可能破坏道路结构并导致频繁维护，威胁城市道路网的运营安全，因此，对上海市道路网进行定期沉降监测对保障其安全运营和及时发现潜在危害至关重要。

上海市软土层的工程地质分区　　　　　　　　　　　　　　　表 8-1

深度（m）	层数和岩性	分布范围	基础条件
0～5	①平原土壤 ②₁②₂黏土层	整个区域	较差的浅层持力层
−5～0	②₃砂质淤泥层	河口岛、东海岸带、冲积平原	容易流沙
−8～3	③粉质黏土层	除河口岛外广泛分布	工程地质条件差
−20～3	④淤泥质黏土层	广泛分布	较差的基础持力层
−45～12	⑤黏土层	广泛分布，特别是古河流域	较差的基础持力层
−25～20	⑥第一硬土层	广泛分布除了古河流域	不适合作为基础层
−40～15	⑦第二砂质土层	除古河流域和河口岛外广泛分布	建筑物的良好持力层
−60～35	⑧黏土层	湖泊和平原	建筑物的良好持力层
−100～75	⑨第三砂质土层	广泛分布	摩天大楼的良好持力层

为了提取道路沿线完整的沉降情况，本节收集了 2013 年 7 月—2016 年 12 月期间，重叠面积约为 300km² 的相邻两个覆盖范围内（红色为中心城区，绿色为浦东新区）的 70 景 TerraSAR-X Stripmap 数据（中心城区 36 景，浦东新区 34 景），空间分辨率为 3m。TerraSAR-X 卫星系统的主要参数见表 8-2，数据集的详细信息见表 8-3～表 8-5。长时间序列上的数据集被分成三个一年周期的子集，且在两个连续的子集之间都有 1～2 景重复的影像，这样既可以获得每种类型道路网每个年度的沉降情况，又可以通过重复影像获得长时间序列上的形变演化趋势，且所有的子集都能生成时空基线较小的干涉对，保证了结果的可靠性。

TerraSAR-X 卫星系统的主要参数表　　　　　　　　　　　　表 8-2

卫星种类	高分辨率 X 波段商业 SAR 卫星
轨道高度	542.8km
轨道类型	太阳同步轨道
重访周期	11d
入射角	20°～50°
脉冲重复频率	300～150MHz
方位向带宽	2765Hz
距离向带宽	最大 300MHz
分辨率	最高分辨率 1m，最低分辨率 16m

2013—2014 年上海 TerraSAR-X 数据集　　　　表 8-3

中心城区				浦东新区			
序号	日期	垂直基线（m）	时间基线（d）	序号	日期	垂直基线（m）	时间基线（d）
1	2013 年 7 月 13 日	78.7	−242	1	2013 年 8 月 15 日	34.3	−220
2	2013 年 8 月 4 日	31.6	−220	2	2013 年 9 月 28 日	−194.5	−176
3	2013 年 8 月 26 日	9.7	−198	3	2013 年 11 月 11 日	70.7	−132
4	2013 年 9 月 17 日	−236	−176	4	2013 年 12 月 3 日	16.5	−110
5	2013 年 10 月 9 日	−78.6	−154	5	2013 年 12 月 25 日	47.5	−88
6	2013 年 11 月 22 日	−87.4	−110	6	2014 年 1 月 5 日	217.2	−77
7	2013 年 12 月 14 日	74.1	−88	7	2014 年 3 月 23 日	0	0
8	2014 年 3 月 12 日	0	0	8	2014 年 5 月 28 日	106.4	66
9	2014 年 5 月 17 日	69.2	66	9	2014 年 6 月 30 日	190.1	99
10	2014 年 7 月 11 日	58.7	121	10	2014 年 7 月 22 日	117.4	121
11	2014 年 8 月 2 日	125.8	143	11	2014 年 8 月 13 日	36.5	143
12	2014 年 8 月 24 日	149.8	165	12	2014 年 9 月 4 日	18.5	165
13	2014 年 9 月 15 日	−116	187	13	2014 年 9 月 26 日	−52	187

2014—2015 年上海 TerraSAR-X 数据集　　　　表 8-4

中心城区				浦东新区			
序号	日期	垂直基线（m）	时间基线（d）	序号	日期	垂直基线（m）	时间基线（d）
1	2014 年 9 月 15 日	134.2	−176	1	2014 年 8 月 13 日	98.3	−176
2	2014 年 10 月 7 日	−132.2	−154	2	2014 年 9 月 4 日	21.3	−154
3	2014 年 10 月 29 日	−38.8	−132	3	2014 年 9 月 26 日	3.6	−132
4	2014 年 12 月 1 日	86.8	−99	4	2014 年 10 月 18 日	−72.5	−121
5	2014 年 12 月 23 日	43.6	−77	5	2014 年 11 月 9 日	105.4	−99
6	2015 年 3 月 10 日	0	0	6	2014 年 12 月 12 日	158.3	−66
7	2015 年 4 月 1 日	301.2	22	7	2015 年 2 月 16 日	0	0
8	2015 年 5 月 15 日	−6.1	66	8	2015 年 5 月 4 日	66.1	66
9	2015 年 6 月 17 日	33.1	99	9	2015 年 6 月 6 日	−4.1	99
10	2015 年 7 月 20 日	−25.3	132	10	2015 年 7 月 9 日	−47	132
11	2015 年 8 月 22 日	−96.6	165	11	2015 年 8 月 11 日	24.7	165
12	2015 年 9 月 24 日	−83.8	198	12	2015 年 10 月 16 日	−11.1	231
13	2015 年 10 月 27 日	72.6	231	13	2015 年 11 月 18 日	−89.3	264

2015—2016 年上海 TerraSAR-X 数据集   表 8-5

中心城区				浦东新区			
序号	日期	垂直基线（m）	时间基线（d）	序号	日期	垂直基线（m）	时间基线（d）
1	2015 年 9 月 24 日	−78.1	−220	1	2015 年 10 月 16 日	−151.5	−209
2	2015 年 10 月 27 日	−65.5	−187	2	2015 年 11 月 18 日	−185.5	−176
3	2015 年 11 月 29 日	25.5	−154	3	2015 年 12 月 10 日	−82	−154
4	2015 年 12 月 21 日	13	−132	4	2016 年 1 月 1 日	−119.9	−132
5	2016 年 3 月 29 日	110.2	−33	5	2016 年 2 月 3 日	−212.6	−99
6	2016 年 5 月 1 日	0	0	6	2016 年 4 月 9 日	−56.9	−33
7	2016 年 6 月 3 日	78.6	33	7	2016 年 5 月 12 日	0	0
8	2016 年 7 月 6 日	208.3	66	8	2016 年 6 月 14 日	9.1	33
9	2016 年 8 月 8 日	171.3	99	9	2016 年 7 月 17 日	−132.5	66
10	2016 年 9 月 10 日	47.4	132	10	2016 年 8 月 19 日	14.1	99
11	2016 年 10 月 13 日	73.6	165	11	2016 年 9 月 21 日	−103	132
12	2016 年 11 月 15 日	−90.1	198	12	2016 年 10 月 24 日	−100	165
13	2016 年 12 月 18 日	−112.2	231	13	2016 年 11 月 26 日	66.5	198

8.2.4　上海城市轨道交通形变监测案例分析

本节对上海高架道路、地面公路和地下城市轨道交通沿线的沉降分别进行了提取，得到三种基础设施在三个不同观测时期内的形变速率分布，这些基础设施沿线的沉降在时间和空间上变化很大。从时间上看，每一类基础设施的总体沉降趋势从左往右（2013—2016年）逐渐减缓，虽然后期在浦东新区出现了一些新的沉降路段，但早期中心城区的主要沉降路段都逐渐变得稳定。从空间上看，在相同的时期内，整体的沉降水平是从上到下（从高架道路到城市轨道交通）逐渐增大的。

为确保监测结果的可靠性，利用每年的水准监测数据对 InSAR 监测结果进行两方面的对比验证：①广泛分布的水准数据与周围 PS 点形变速率的对比验证；②道路网沿线水准数据与道路网 PS 点形变时间序列的对比验证。

图 8-3 为在三个观测时期 23 个水准点与其 50m 缓冲区内点目标的平均沉降速率对比。其中，蓝色三角形代表水准数据的观测值，红色圆点代表缓冲区内点目标的形变速率平均值,红色误差线表示缓冲区内点目标的形变速率标准偏差,绿色方形表示水准数据和 InSAR 数据监测值的偏差。在每个观测期间，这两种数据的监测结果在大范围上保持了较好的一致性，速率估算值的平均偏差几乎都在 3mm/年以内，证实了测量结果的可靠性。值得注意的是，以 F 和 FS 命名的水准点是浅层分层标，它们没有基岩基准，观测值代表的是这些点与最深基准之间的沉降值。而以 BM 和 D 命名的水准点是与基岩基准相关的表面水准点，它们测量的是从地表到基岩的总沉降值。由于 InSAR 技术也是监测的地表沉降量，所

以 InSAR 监测结果与表面水准点的监测结果更接近，而它与浅层分层标监测的形变速率差异相比于表面水准点会更大一些。

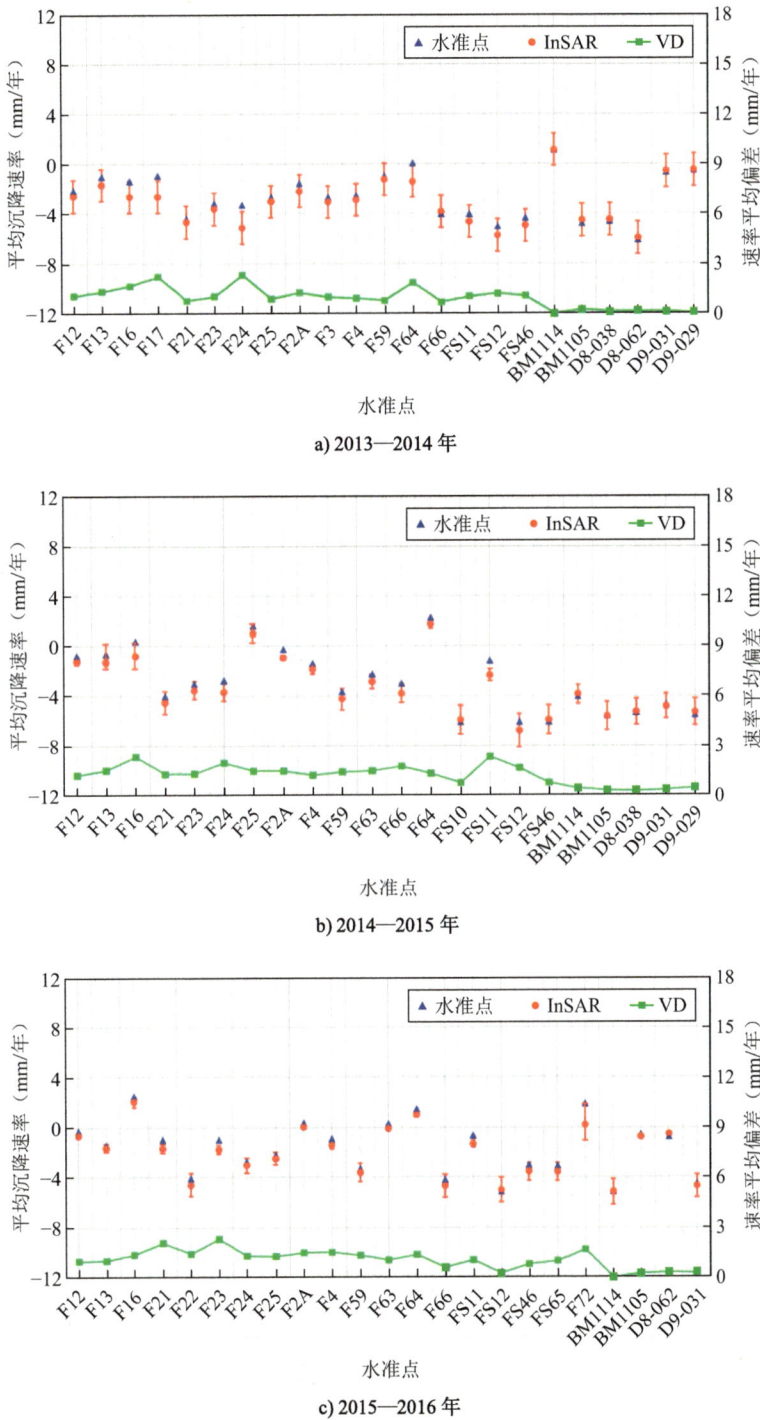

a) 2013—2014 年

b) 2014—2015 年

c) 2015—2016 年

图 8-3　水准数据和 InSAR 观测值的平均形变速率对比

为了准确验证道路沿线的沉降监测结果，本节将沿线 6 个水准点的时间序列形变与结构上点目标的时间序列形变进行对比,如图 8-4 所示,无论是在稳定路段(沉降值约为 5mm)还是在沉降较明显的路段(沉降值接近 40mm),InSAR 估算的时间序列形变都与沿线水准点监测的时间序列形变保持了很好的一致性,沉降量的差异小于 3mm,证实了实验结果的可靠性。

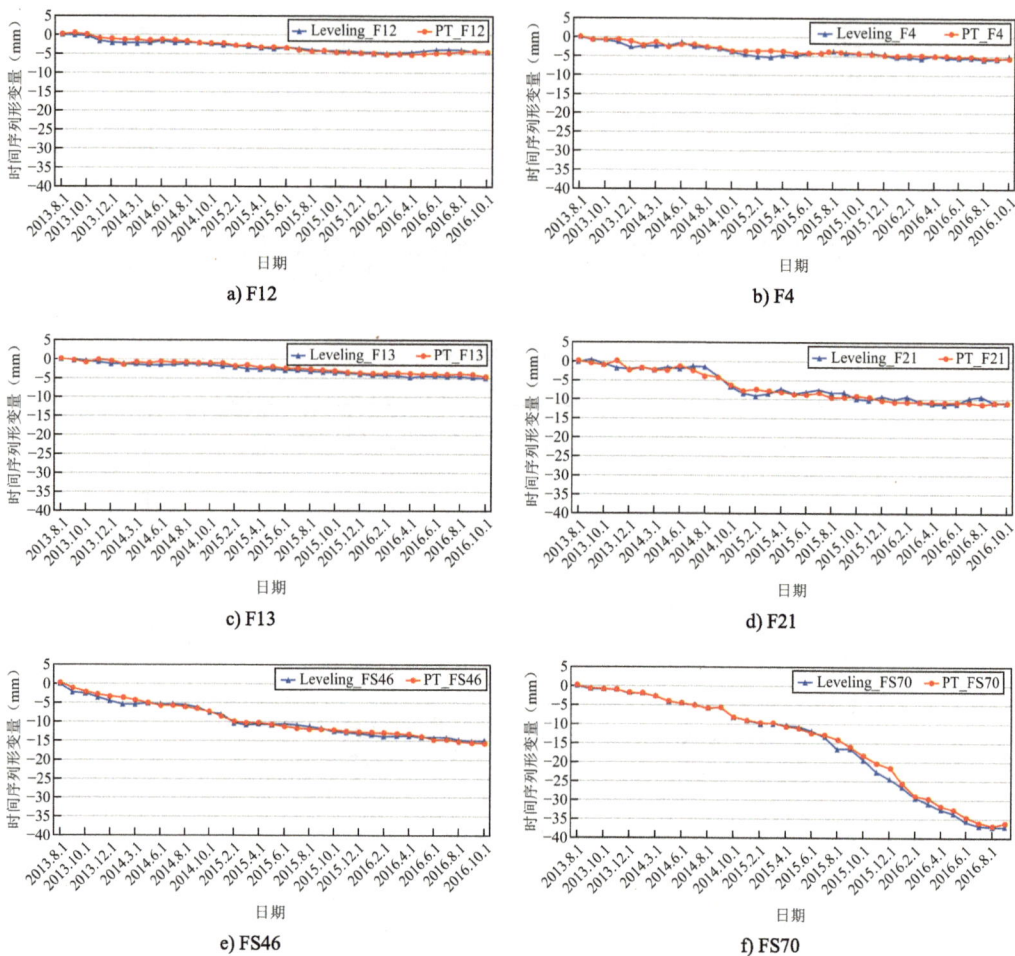

图 8-4　水准数据与 InSAR 观测值的时间序列形变对比

　　为探究道路网的形变时空演化规律,建立形变演化与结构特性之间的相关关系,进一步对不同类型上海市道路网进行时空形变解译,为其安全监测与维护管理提供可靠依据。

(1)高架道路网

　　上海市高架道路主要由三条环形高架路(内环、中环和外环)、南北高架路、延安高架路以及逸仙高架路组成。2013—2016 年,这些高架路沿线主要的沉降路段随着时间的推移由南向北慢慢移动。2013—2014 年,路段 A(内环高架路的东南路段)和路段 B(中环高架路的东南路段)发生了接近−12mm/年的快速沉降,而在北边和西南边观测到了略微抬升(速率小于 6mm/年)的路段。调研发现,路段 A、路段 B 这两个沉降路段位于连接上海地铁 7 号线、2 号线、16 号线和磁浮线的交通枢纽处,加上 16 号线在施工建设,所以这个时期此处的沉降很可能是受到了地下空间建设和相互叠加的交通荷载的共同影响。在接下来两年中，高架道路沿线的总体沉降速率略有下降，路段 A 和 B 都变得更稳定，到 2016 年，形变速率都减小到−5mm/年以内。西南部路段 C（虹梅路立交桥附近）的平均形变速率在 2015 年增大至约−6mm/年以后，又在 2016 年趋于稳定。2016 年，在北部郊区出现了三个新的沉降路段（D、E 和 F），这几个路段都靠近两条高架路的十字路口，很可能是受到日益增加的行车荷载的影响而发生沉降。

为了挖掘更多有用信息，本节分别计算了路段 A～F 上点目标（PT1～PT6）在这三年期间的时间序列形变，如图 8-5 所示，其中虚线表示拟合的各个观测时期内的线性形变趋势。可以看出，路段 A、B 和 F 在整个观测期间内表现出不同程度的连续下沉，其中，路段 A、B 的沉降速率逐渐减小，但累积沉降量较大，约为 13mm 和 16mm，而路段 F 的沉降速率逐渐增加至约−5mm/年，但累积沉降量小得多，约为 8mm。另外，路段 C、D 和 E 相对比较稳定，在观测期间表现出微小的下沉和抬升趋势，累积沉降量均小于 6mm。因此，在高架道路管理维护中重点关注路段 A、B 和 F，虽然路段 F 的累积沉降量较小，但是逐渐发展的沉降速率将带来的不利影响也不容忽视。

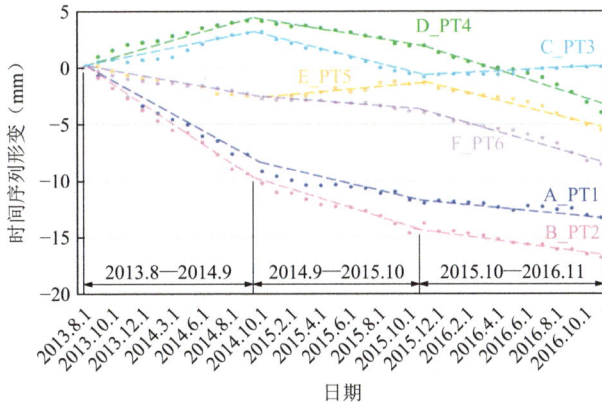

图 8-5　2013—2016 年上海高架道路沉降风险路段（A～F）的时间序列形变

（2）地面公路网

上海市地面公路主要分布在浦东新区，由上海绕城高速、沪芦高速、沪金高速、申嘉湖高速、沪南公路、浦新公路等组成。在地质上，研究区域内的第四纪沉积物的厚度和压缩性是从西向东逐渐增大的，导致东部的地质基础比较薄弱，可以看到大部分沉降路段位于公路网的东部。

2013—2016 年上海市地面公路的沉降监测中，提取沿线沉降最严重的路段B′和D′，计算其沉降速率高达−14mm/年，其次是路段A′和C′，表现出中等沉降，速率约为−8mm/年。路段A′和B′都位于郊区两条公路的交汇处，周围还有一些新开发的居民区，因此，地表的建筑物和交通荷载可能是导致这些路段下沉的主要原因。路段C′和D′都位于填海造陆地区的软土上，这些土体非常不稳定，容易压缩导致表面沉降。总体来说，路段A′～D′虽然最初表现出的沉降较大，但在接下来的两年内沉降速率有所下降，而出现了新的沉降路段E′和F′，沉降速率随着时间的推移显著增加。

本节从上述六个路段中各选一个点目标（PT1～PT6）计算其时间序列形变，如图8-6所示。可以看出，除了路段E′在第一年有小幅的抬升以外，所有路段在所有时间段内都发生了不同程度的沉降。从累积沉降量来看，首先靠近浦东机场的路段D′最大，达到25mm，其次是路段B′略小于它，约为20mm，再次是路段C′和E′都表现出约12mm的累积沉降值，最后，路段A′和F′的累积沉降值最小，约8mm。因此，我们认为总体沉降值超过20mm的路段D′和B′，以及后续沉降速率逐渐增加的路段E′和F′是相关部门在管理维护中需要重点关注的路段。

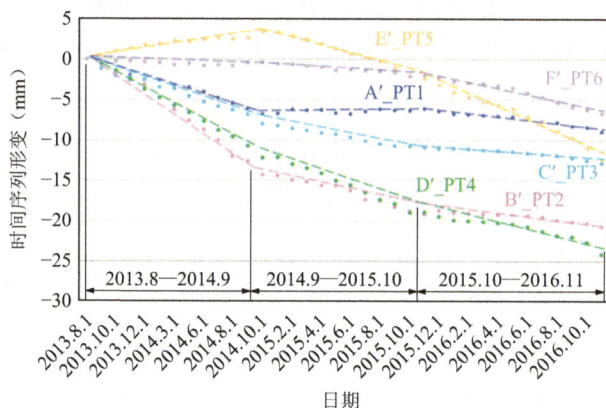

图8-6　2013—2016年上海地面公路沉降风险路段（A′～F′）的时间序列形变

（3）城市轨道交通网

上海大部分城市轨道交通以隧道形式穿过地下极软的粉质黏土层，该土层具有渗透性差、压缩性高等特点，增加了城市轨道交通线路发生沉降的风险。虽然这些地下隧道结构在SAR影像中是不可见的，但可以通过观察其上覆地表的沉降来追踪隧道路径上的形变情况，因为地下隧道的结构缺陷很可能影响上覆地层的自然支撑，导致地表发生形变。

上海市2013—2016年城市轨道交通沿线的沉降速率分布在空间上表现出了从中心城区到郊区的沉降发展趋势。超过一半的路段发生了不同程度的下沉，其中，提取沉降最严重的路段A″和B″，其沉降速率分别为−16mm/年和−12mm/年，调研发现，路段A″位于磁浮线、7号线、2号线和16号线的交汇处，地下隧道施工和相互叠加的交通荷载会不可避免地扰乱局部地质环境，导致沉降的发生。路段C″和D″的沉降速率显著增大，而路段A″和B″的沉降速率逐渐减小，趋于稳定。路段D″位于上海迪士尼乐园附近，位于11号线的三期项目范围内，2013—2014年它正处在建设时期，由施工引起的表面散射特性变化导致它在第一年提取的点目标比较少，施工结束后，这个路段上有更多的点目标被提取出来，并且表现出逐渐增大的沉降速率，这很可能是地下隧道施工完成后短期内的工后沉降。此外，两个新建的城市轨道交通路段E″（16号线）和F″（18号线）也从2015年开始表现出一定量的沉降。

　　为了更深入地了解其沉降的时间演化趋势，本节在路段A″～F″上选择了 6 个点目标，并计算它们的时间序列形变，如图 8-7 所示。其中，路段A″和B″都在第一年表现出了显著的沉降，并在接下来的两年内逐渐稳定下来，累积沉降量约为 18mm 和 15mm。由于路段C″是后来建设的，它的形变比路段A″和B″晚了一年，先发生了连续两年的沉降，在第三年趋于稳定。路段E″和F″在第一年相对比较稳定，从第二年开始沉降速率逐渐增大。综合分析城市轨道交通线路的施工和开放时间，发现经过 1～2 年的工后沉降和土壤固结以后，路段A″、B″和C″变得更加稳定。而路段D″的沉降速率没有下降，是由于 11 号线刚刚运营不久，还处在工后沉降阶段。此外，新建的路段E″和F″还处在沉降增加的阶段。由上述分析可以推断，新开挖的隧道首先会受到施工后 1～2 年的工后沉降影响，然后逐渐变得稳定。

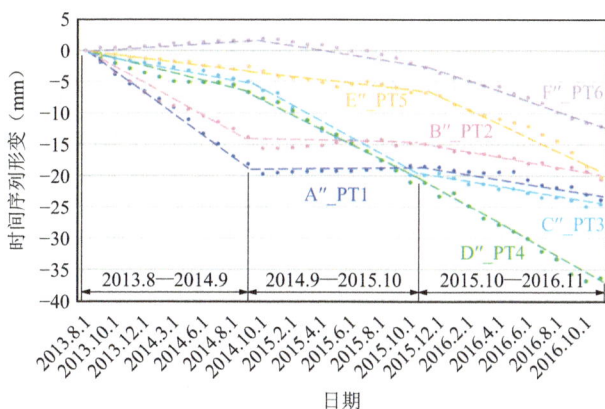

图 8-7　2013—2016 年上海城市轨道交通沉降风险路段（A″～F″）的时间序列形变

　　对不同建成年份和建设形式的轨道交通线路进行分类探讨。针对不同的建成年份，以上海地铁 2 号线、8 号线、13 号线和 16 号线为例进行分析，这几条线路中不同工期建成的路段沉降程度不完全相同，早期建成的路段（2010 年以前）由于经过了长期的工后沉降和持续的管理维护，在观测期间比较稳定，沉降速率约在−2～3mm/年之间；而后期建成的路段（2010—2013 年）还表现出一定程度的沉降，这是由于它们的运营时间较短，还处在工后固结沉降的阶段，通常表现出 1～2 年的沉降，然后逐渐稳定；13 号线和 16 号线在观测期间还有部分路段正在建设，这些路段受到施工建设的影响，散射特性变化较快，提取的点目标比较稀疏，且施工扰动会破坏土体原有的平衡状态，从而导致沿线的沉降速率较大，甚至还有进一步增大的趋势。

　　根据不同的建设形式，上海城市轨道交通线路可以划分为高架路段和地下隧道段，以4 号线、6 号线和 9 号线为例进行分析，这几条城市轨道交通线路沿线的高架路段由于设计规范和管理维护比较成熟，桩基深厚，表现出较强的稳定性，相对而言，地下隧道段由于处于上海松软的土质环境中，受到表面工程施工和动静荷载的相互叠加作用，表现出沉降速率较大现象，尤其是位于浦东新区的路段，受到频繁的城市化建设影响，容易产生沉降。

对比上海市高架道路、地面公路和城市轨道交通沿线的沉降情况（结构点目标的沉降速率范围和沉降点目标的比例），见表 8-6，可知高架道路上的总体沉降速率范围从−12～6mm/年下降为−10～5mm/年，同时，发生沉降的点目标比例从 54.46%下降至 36.54%，因此，总体上是趋于更稳定的状态。地面公路的沉降速率范围也从−16～6mm/年略微减小至−14～6mm/年，监测到的沉降点目标比例从 2013 年的 58.2%下降至 2016 年的 42.5%。城市轨道交通沿线的沉降速率范围和沉降点目标的比例也分别从−22～4mm/年和 60.29%下降至−20～4mm/年和 45.92%。显然，这些道路结构的沉降速率范围和沉降点目标比例均在逐渐下降，表明整个交通网络的稳定性呈上升趋势。相比之下，高架道路的沉降情况最轻微，而城市轨道交通沿线的沉降最严重，造成这种现象的原因如下。

①道路的建设和运营时间。由于上海市大部分高架道路建于 2002 年以前，经过长期的工后沉降和有效的管理维护以后，它们的沉降速率相对较小。只有部分路段沉降较严重，主要受到地下施工建设和相互叠加的交通荷载影响，仍然在经历施工后的土壤固结压缩过程；建设于 2008 年左右的地面公路网在观测期间则表现出比高架道路略严重的沉降；上海大部分城市轨道交通线路都是 2007 年以后建成的，且每年都还在不断地扩建，频繁的隧道开挖和交通荷载导致它们的沉降最严重。因此，道路网的沉降与其建设和开放运营的时间密切相关，通常较早建成的路段比后期建成的路段更稳定。

②道路的结构类型。高架道路通常有深厚的桩基础作为支撑，不仅可以承受较大的上部结构荷载，而且可以减缓沉降速率，因此，高架道路沿线的沉降量最小，甚至表现出比周围地表更强的稳定性；而主要位于可压缩冲积平原上的地面公路会随着地表的形变发生变化，形变主要是由相互叠加的地面荷载和交通荷载造成的软土层固结压缩引起的，因此，地面公路沿线的沉降比高架道路更严重；然而，它仍然比埋在地下的城市轨道交通沿线的沉降量小，因为大部分的浅层地下软土层不能作为良好的持力层，本身就会因为隧道的开挖而容易发生沉降，同时，来自上覆地层的附加应力也会加快城市轨道交通沿线地层的固结压缩。因此，道路网沿线的沉降与其结构类型也密切相关，通常具有深厚桩基础的高架道路比基于浅层基础的地面公路更稳定，而埋入软土中的城市轨道交通路段沿线的沉降最为严重。

2013—2016 年上海不同类型道路网沉降情况对比　　　　　　　　表 8-6

时间	高架道路		地面公路		城市轨道交通	
	速率范围（mm/年）	沉降点比例（%）	速率范围（mm/年）	沉降点比例（%）	速率范围（mm/年）	沉降点比例（%）
2013.8—2014.9	−12～6	54.46	−16～6	58.2	−22～4	60.29
2014.9—2015.10	−12～5	41.31	−16～5	47.1	−20～4	50.57
2015.10—2016.11	−10～5	36.54	−14～6	42.5	−20～4	45.92

8.2.5 深圳城市轨道交通形变监测案例分析

本节使用 2022 年 1 月 9 日—2022 年 12 月 23 日共 30 景 Sentinel-1A 数据,对广东省深圳市南部城市轨道交通线路的沉降情况进行监测和分析。

以区域内城市轨道交通线路为中心建立半径 200m 的缓冲区,并提取城市轨道交通线路沿线缓冲区内的 PS 点,提取 2022 年深圳市城市轨道交通线路沿线 LOS 沉降速率发现深圳市城市轨道交通沿线区域整体呈抬升趋势,主要沉降路段分布于西部和南部沿海区域以及北部部分内陆区域,主要的抬升区域位于南部区域。沿线共选取了 39515 个 PS 点,其沉降量最大为 26.978mm,抬升量最大约为 23.022mm,平均沉降量约为 0.062mm,标准差约为 4.337mm。70%左右的路段沉降较为稳定(沉降速率位于−5~5mm/年范围内),约 10% 的路段沉降较为严重(沉降速率大于−5mm/年)。

2022 年的监测结果显示,仅有深圳地铁 2 号线和 5 号线沿线出现沉降较为严重且集中的区域。5 号线沿线共提取了 4409 个 PS 点,其中,约 12.5%的 PS 点累积沉降量超过−5mm,沿线 PS 点最大沉降量为−26.211mm,平均沉降量为−1.230mm。2 号线沿线共提取了 4080 个 PS 点,其中 3.31%的 PS 点累积沉降量超过−5mm,沿线 PS 点最大沉降量为−22.301mm,平均沉降量为 1.639mm。

本节提取的 PS 点平均相干系数为 0.825,监测结果可靠性较高。5 号线沿线沉降分布不均衡,大部分 PS 点的沉降速率位于−4~4mm/年之间,其中沉降比较严重的区域主要分布在塘朗站和前湾站附近,沉降速率约−10mm/年,以上述两个车站区域内发生主要沉降(沉降量大于−5mm)的 PS 点为例,计算其全年沉降时间序列,如图 8-8 所示。由图 8-8 可知,塘朗站与前湾站的沉降范围大致为−10~0mm,且整体上沉降量随时间推移呈递增趋势。其中塘朗站于 12 月达到沉降峰值,最高平均沉降量达−10.710mm,全年平均沉降量为−4.624mm。前湾站于 7 月上旬左右发生较大沉降,并持续至年末,最高平均沉降量达−9.219mm,全年平均沉降量为−6.004mm。

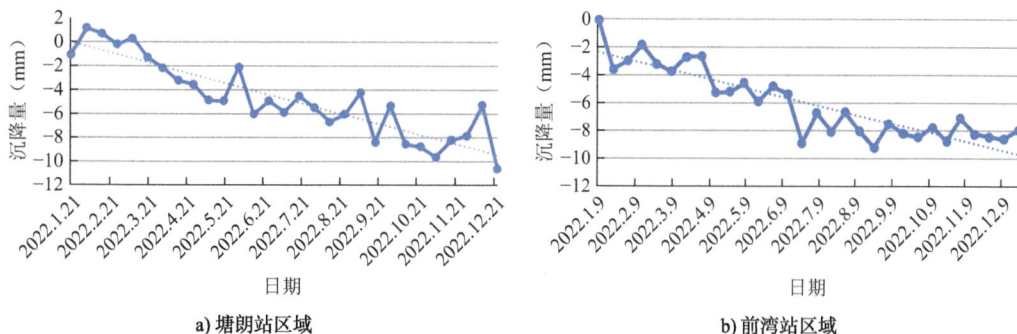

a) 塘朗站区域　　　　　　　　　　b) 前湾站区域

图 8-8 深圳地铁 5 号线塘朗站、前湾站区域沉降时间序列图

深圳地铁 2 号线沿线沉降总体稳定,沉降量基本在−4mm 以内。较为显著的沉降区域主要位于水湾站—湾厦站区间以及蛇口港站附近,其全年的沉降时间序列如图 8-9 所示。2

号线水湾站—湾厦站区间于当年 12 月发生显著沉降，最高平均沉降量达−13.883mm，全年平均沉降量为−7.977mm。而蛇口港站附近同样也是在年末达到沉降量的顶峰，最高平均沉降量为−13.022mm，平均沉降量达−5.420mm。

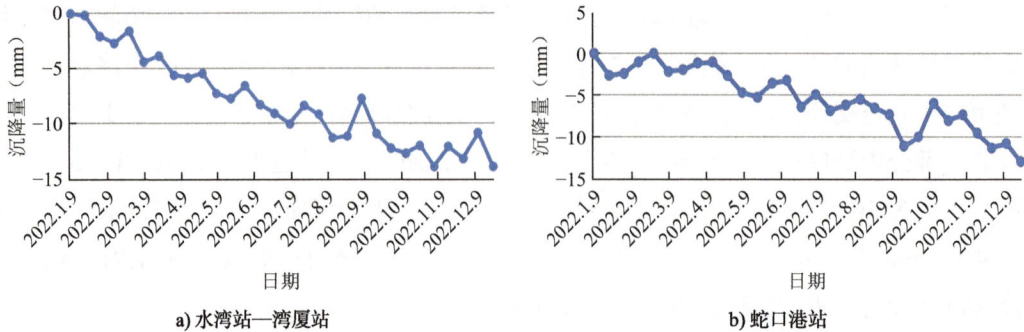

a) 水湾站—湾厦站　　　　　　　　　b) 蛇口港站

图 8-9　深圳地铁 2 号线水湾站—湾厦站区间、蛇口港站附近沉降时间序列图

深圳地区的土质主要为第四纪海相沉积层的海相淤泥，淤泥层含水率高，一般呈黑灰色的流塑状，孔隙比大，厚 3～10m，因此具有很高的压缩性。同时燕山期侵入的花岗岩覆盖了深圳一半面积以上的地区，在亚热带地区湿热且多雨气候的长期作用下，花岗岩发生了不同程度的风化，其性质介于岩石和土之间，具有遇水软化、水稳性差等特点。

深圳地铁 5 号线沿线的地质条件复杂，不良地质如软土、填土、地震液化土、花岗岩等分布于全线范围。沿线地层主要为Ⅴ～Ⅵ级围岩，全线多穿过全风化、强风化花岗岩地层。强风化花岗岩与弱风化花岗岩相比，黏土矿物的含量显著增加，这大大降低了强风化花岗岩的力学强度和水稳性。同时该地层含水量较高，在隧道开挖过程中存在渗漏情况，且由于该隧道无隔水层，该地区的风化花岗岩容易在地下水作用下软化从而发生沉降。位于南山后填海区的深圳地铁 5 号线前湾站因邻接前海湾，底下的沿海软土受到长时间浸泡，含水率很高，呈流塑状态，相比其他地段沉降量也更高。

深圳地铁 2 号线穿越了总长接近 10km 的填海区，且多次下穿既有运营线路。其工程环境条件复杂，沿线穿越了淤泥软弱地层和微风化花岗岩层。深圳地铁 2 号线的上覆地层以第四系全新统人工填筑土、冲洪积砂土、卵石土及第四系残积黏性土为主。地下水大体分为孔隙水和基岩裂隙水两类，埋深约为 3.1～9.2m。深圳地铁 2 号线的蛇口港—湾厦站区段由于受到深圳湾海水的影响，沉降格外显著。

2000—2010 年期间，深圳市的年均降雨量约为 1863.9mm，不同月份的降雨分布存在较大的差异。一般全年降雨集中在 5—8 月，于 6 月或 7 月到达峰值，年末到春节期间降水量约占全年 1/10。2022 年降水量为 1935.0mm，其中 1 月、4 月、7—9 月和 10 月降水量不足 100mm。受"拉尼娜"影响，2022 年深圳夏季暴雨较集中，尤其集中在 8 月，其强降水量打破了深圳市自 2009 年以来的历史纪录。

2022 年 8 月发生的台风和降雨增加了地铁沿线软土的含水率，同时加剧了沿线隧道渗水漏水的情况，在台风暴雨发生 1 个月后，城市轨道交通沿线的沉降量呈现出突然增大的趋势，如图 8-10 所示，表明短期强降雨对城市轨道交通沿线沉降会产生较大影响。

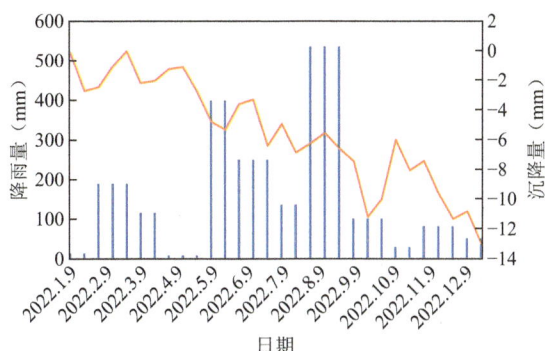

图 8-10　2022 年深圳市逐月降雨量及逐月地铁沉降量变化图

8.3　轨道温度形变测量与风险等级分析

金属架构基础设施在气温变化时容易产生明显的温度形变，温度形变过大甚至会引起结构开裂等问题，威胁它们的运营安全，因此，金属架构基础设施的温度形变不容忽视，需要对其进行定期观测。随着时间序列 InSAR 技术在监测毫米级的微小形变中发挥出独特优势，且高分辨率 X 波段 SAR 影像的分辨率和重访周期都大大提高，X 波段 SAR 数据对结构的温度形变具有更高的灵敏度，突显了该技术在金属架构基础设施温度形变测量中的优势。

前期研究是在常规二维分析模型中添加与温度相关的相位项，依赖点目标的线性形变模型假设，很可能造成相位的估算偏差；而 TomoSAR 技术的可靠性和精度则是以大量的高分辨率数据和复杂的计算量为代价，在很多地区无法普遍适用；此外，大多数研究停留在温度形变的分离上，而没有深入研究结构温度形变的特性，使得用户不能对温度形变的形成机理有一个全面了解。

本节提出相干性加权的最小二乘温度形变建模与分析方法，并将其应用于建筑物、高速铁路、城际铁路的温度形变测量中，并联合温度形变参数和其他形变参数共同进行高速铁路、城际铁路沿线的沉降风险等级评估，利用估算的线性热膨胀系数对温度形变进行验证，探究金属架构基础设施的温度形变特征与其结构和材料特性之间的潜在关联。

8.3.1　相干性加权的最小二乘温度形变建模与分析方法

本节提出一种考虑温度形变的时间序列 InSAR 方法，旨在准确地估算金属架构基础设施的温度形变，并探究不同类型结构温度形变的分布和演化规律，具体方法如图 8-11 所示。

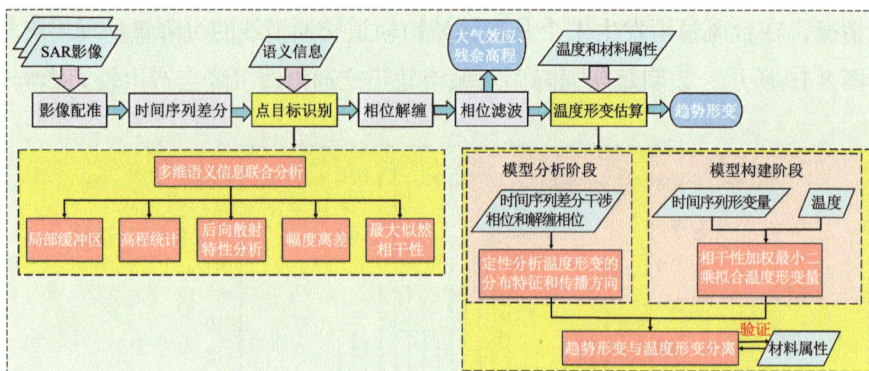

图 8-11　金属架构基础设施温度形变监测方法

与常规方法相比，该方法在点目标识别的过程中综合考虑了 SAR 影像中的相干、非相干信息，以及结构的语义信息，提高了结构上可探测的点目标密度和精度，具体思路与点目标精细化识别类似，不再赘述。本节主要介绍针对金属架构基础设施温度形变这一特性提出的相干性加权的最小二乘温度形变建模与分析方法，其形变信号是采用 StaMPS 方法通过时空滤波估算的，不依赖点目标线性形变模型的假设，在分离其他相位后，再对形变相位进行额外的温度形变分析。该方法主要分为两个阶段：模型分析阶段和模型构建阶段。

在模型分析阶段，先通过对时间序列差分干涉图和解缠相位图的分析，定性地判断结构温度形变的时空特性，通常可以从这些时间序列信息中获取的关键特征包括温度形变的传播方向、空间分布和时间演化等。

然后，将上述定性分析的结果应用于模型构建阶段。假设结构上温度的分布是均匀的，利用相干性加权的最小二乘回归分析方法定量地建立沿温度形变传播方向的时间序列形变与温度变化之间的相关关系模型。大多数先前的经验线性模型是基于最小二乘回归分析法估算使得误差函数最小化的模型：

$$\min\left\{\frac{1}{n}\sum_{i=1}^{n}(E_i-\hat{E}_i)^2\right\} \tag{8-6}$$

式中：n——观测数量；

　　　E_i——测量值；

　　　$\hat{E}_i$——由模型拟合的估算值。

然而，这个标准对数据集中存在的异常值非常敏感，可能造成模型估计不可靠，可利用相干性加权的最小二乘函数来解决这个问题，即认为具有较高相干性的干涉使得到的观测值更可靠，由此利用干涉图的相干性来确定相应时间序列观测值的权重：

$$\min\left\{\frac{\hat{\gamma}_i}{n}\sum_{i=1}^{n}(E_i-\hat{E}_i)^2\right\} \tag{8-7}$$

式中：$\hat{\gamma}_i$——第 i 个干涉对的平均相干性。

时间序列上主影像对应的权重值定义为 $1/n$。前期大量研究表明，结构的温度形变都是线性变化的，基于这一经验性的结论，我们也对温度形变进行线性回归分析。假设拟合得到的温度形变模型为：

$$\Delta D = k \cdot \Delta T + b \tag{8-8}$$

式中：ΔD——温度变化ΔT时沿温度形变传播方向发生的温度形变量，

　　k、b——常数。

基于这一模型，还可以探究更多关于结构温度形变的有用信息。当ΔD等于零时，ΔT为$-b/k$，假设主影像获取时的温度为T_m，可以计算出结构的参考温度T_r，即不发生温度形变时的温度：

$$T_r = -b/k + T_m \tag{8-9}$$

此外，结构材料的线性热膨胀系数α_T可以表示为：

$$\alpha_T = \Delta D/(L \cdot \Delta T) \tag{8-10}$$

式中：L——温度形变传输的有效长度。

本文估计的温度形变以两种方式得到验证，定性地，将它的空间分布与基于结构力学原理预测的温度形变空间分布进行对比；定量地，将模型估计的线性热膨胀系数与材料的实际物理属性进行对比。估算出温度形变以后，将其从总体形变中分离，即可得到金属架构基础设施的温度形变和趋势形变。

8.3.2　实验区概况和实验数据介绍

京津城际铁路（以下简称"京津城际"）和京沪高速铁路（以下简称"京沪高铁"）分别是中国最早建设和最繁忙的高速铁路，而沪杭高铁也是中国最快的高铁线路之一，然而，它们都位于中国东部沿海地区脆弱的可压缩冲积平原上，其安全运营时刻受到地面沉降等地质灾害的威胁，因此，定期对它们进行稳定性监测对于确保它们的运营安全至关重要。

本节选取天津市 2008—2009 年的 17 景 ASAR 升轨影像，用于监测京津城际和京沪高铁的沉降情况，ASAR 升轨影像的基本信息见表 8-7；同时选取了上海市 2008—2010 年的 20 景 TerraSAR-X 降轨影像、2011—2012 年的 15 景 TerraSAR-X 降轨影像，以及 2008—2010 年的 24 景 ASAR 升轨影像，用于检测沪杭高铁沉降情况，TerraSAR-X 影像的基本信息见表 8-8、表 8-9，ASAR 影像的基本信息见表 8-10。

天津 ASAR（2008—2009 年）影像基本信息　　表 8-7

序号	日期	垂直基线（m）	时间基线（d）	温度（℃）
1	2008.02.08	128.2	−350	2.3
2	2008.03.14	−237.5	−315	6.1
3	2008.04.18	109.4	−280	16.9
4	2008.05.23	−139.2	−245	22.7

续上表

序号	日期	垂直基线（m）	时间基线（d）	温度（℃）
5	2008.06.27	−17.6	−210	27.2
6	2008.08.01	−35.4	−175	29.5
7	2008.09.05	152.3	−140	24.4
8	2008.10.10	−167.4	−105	17.8
9	2008.12.19	−347.5	−35	0.6
10	2009.01.23	0	0	−4.2
11	2009.02.27	79.7	35	3.1
12	2009.05.08	−209.8	105	23.2
13	2009.06.12	147.7	140	26.8
14	2009.07.17	−33.7	175	28.3
15	2009.08.21	−108.5	210	23.6
16	2009.10.30	−200.7	280	9.7
17	2009.12.04	8.9	315	1.9

上海 TerraSAR-X（2008—2010 年）影像基本信息　　表 8-8

序号	日期	垂直基线（m）	时间基线（d）	温度（℃）
1	2008.04.21	−139.1	−517	20.4
2	2008.08.20	176.4	−396	25.7
3	2009.03.28	23.8	−176	9.2
4	2009.04.08	103.2	−165	16.5
5	2009.04.19	3.6	−154	17.9
6	2009.05.11	23.7	−132	26.4
7	2009.05.22	87.7	−121	21.5
8	2009.06.02	91.4	−110	22.5
9	2009.06.24	−64.1	−88	26.3
10	2009.08.29	−158.7	−22	26.6
11	2009.09.20	0	0	24.7
12	2009.10.12	−18.3	22	19.1
13	2009.10.23	−92.7	33	20.5
14	2009.11.14	44.8	55	7.9
15	2009.12.06	138	77	6.2
16	2009.12.17	148.5	88	3.8
17	2009.12.28	206.1	99	0.6
18	2010.01.08	30.5	110	1.4
19	2010.01.19	33.6	121	12.8
20	2010.01.30	−68.5	132	10.2

上海 TerraSAR-X（2011—2012 年）影像基本信息　　　　表 8-9

序号	日期	垂直基线（m）	时间基线（d）	温度（℃）
1	2011.09.16	−35.9	−176	28.3
2	2011.10.08	48	−154	22.7
3	2011.10.30	396.2	−132	18.4
4	2011.11.21	224.5	−110	13.9
5	2011.12.13	−56.5	−88	8.8
6	2012.01.04	114.2	−66	2.1
7	2012.02.06	95.8	−33	5.2
8	2012.03.10	0	0	7.5
9	2012.04.01	−35	22	16.3
10	2012.05.15	−39.9	66	23.1
11	2012.06.28	−24	110	25.9
12	2012.07.20	226.1	132	30.6
13	2012.08.11	41.7	154	31.4
14	2012.09.02	−22.8	176	28.1
15	2012.10.05	237.1	209	22.3

上海 ASAR（2008—2010 年）影像基本信息　　　　表 8-10

序号	日期	垂直基线（m）	时间基线（d）	温度（℃）
1	2008.01.07	−209.6	−315	4.6
2	2008.02.11	113.2	−280	2.7
3	2008.03.17	−104.3	−245	10.9
4	2008.04.21	99.4	−210	16.1
5	2008.05.26	−195.1	−175	21.4
6	2008.06.30	−315.6	−140	28.7
7	2008.08.04	−174.3	−105	29.6
8	2008.09.08	152.6	−70	28.2
9	2008.10.13	−429.9	−35	20.8
10	2008.11.17	0	0	17.4
11	2008.12.22	−358.6	35	4.9
12	2009.01.26	36.8	70	4.1
13	2009.03.02	−301.7	105	5.6
14	2009.04.06	−32	140	15.2
15	2009.05.11	−470.1	175	20.5
16	2009.07.20	−295.1	245	30.1
17	2009.08.24	−40.7	280	24.7
18	2009.09.28	−35.6	315	26.3

序号	日期	垂直基线（m）	时间基线（d）	温度（℃）
19	2009.11.02	−290.3	350	20.3
20	2009.12.07	44	385	11.8
21	2010.01.11	−399.6	420	4.7
22	2010.02.15	24.9	455	5.1
23	2010.04.26	47.4	525	19.8
24	2010.05.31	−150.1	560	26.3

8.3.3　实验结果与分析

计算京津城际沿线的趋势形变和温度形变分布可以发现，京津城际沿线表现出不均匀的形变，沉降速率约为−16～4mm/年，且在双街镇附近探测到一个明显的沉降段，这是由于双街镇经济的快速发展和工业的现代化进程都需要大量抽取地下水，导致地下水水位下降，含水层压缩，引起地面沉降。温度形变参数在空间上变化很大，大部分路段可忽略不计，而双街镇附近的路段表现出轻微的温度形变，达到−0.5mm/℃，负值代表夏季温度升高时，轨道向远离卫星的方向运动，而冬季温度下降时，又有朝向卫星运动的趋势。这是由于温度升高和蒸发效应会导致沥青路基软化和地下水水位下降，所以，在相同荷载情况下，轨道沉降随地面的沉降量增加。反之，较冷情况下，沥青路基会固结硬化，为保持沿线的稳定性提供一个更好的支撑。

计算京沪高铁沿线的趋势形变和温度形变分布可以发现，形变分布在空间上依然差异较大，沿线监测到了双街镇和大丰堆镇两个沉降路段，进一步探究发现，这两个沉降路段都位于工业区和住宅区集中的区域，而稳定的路段大多为农业用地。京沪高铁沿线大部分路段都没有明显的温度形变，只是在密集工业区和住宅区存在对温度变化较敏感的路段，这可能与沥青路基硬度和地下水水位随温度的变化相关。

在京津城际沿线建立 5km 的缓冲区，发现双街镇沉降路段的沉降漏斗，可见该路段的沉降受到周围地表沉降的影响。京津城际沿线的不均匀沉降可能会改变路面坡度，从而影响线路的平顺性和运营安全，相邻像素之间的差异形变可以通过沉降梯度来描述，根据京津城际沿线沉降梯度的计算方法，两点之间的沉降梯度（G）可以表示为：

$$G = \Delta d / L \tag{8-11}$$

式中：Δd——地面沉降差；

L——两点之间的距离。

当 L 无限接近于零时，沉降梯度可以用沉降曲率代替。因此，为分析沿线的非均匀沉降情况，计算沿线的沉降曲率如图 8-12 所示。从沉降曲率曲线可以看出，曲率较大的路段通常不在沉降中心区，而在沉降区域的边缘。由图 8-12 可知，京津城际沿线的沉降梯度约为0.01‰，仍然在最大允许值 20‰ 的范围内。

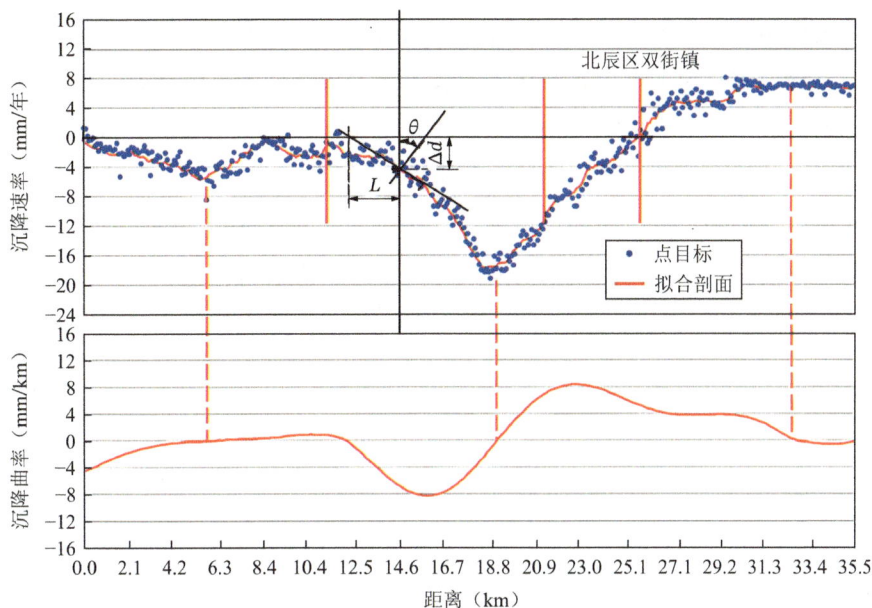

图 8-12　京津城际沿线沉降剖面和沉降曲率图

计算京沪高铁沿线 5km 缓冲区的沉降速率可知，发现缓冲区内地表的沉降速率主要集中在 −24～8mm/年之间，其中，主要包括双街镇和大丰堆镇这两个明显沉降区域。其沿线的沉降剖面和沉降曲率如图 8-13 所示，上述两个沉降区域对应了沉降剖面中的两个深谷。同样地，沉降和抬升峰值处的沉降曲率为零，而沉降和抬升的过渡区域通常具有较大的沉降梯度，因此，在进行高铁沿线的灾害风险等级评估时，不仅应该考虑沿线的沉降速率，还要考虑沿线的沉降梯度。

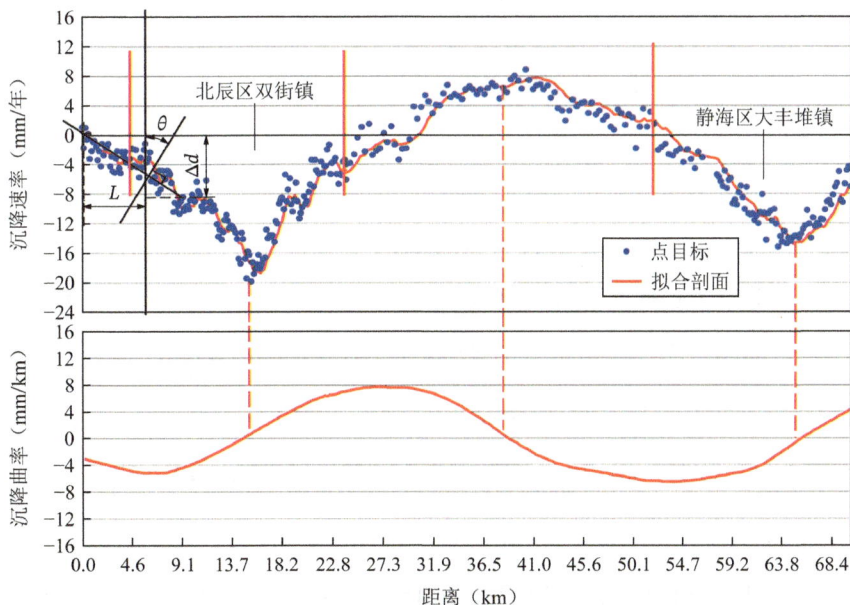

图 8-13　京沪高铁沿线沉降剖面和沉降曲率图

由于高速铁路形变主要受不均匀沉降、地面沉降增长和温度形变效应的影响，本节将沉降梯度、沉降速率和温度形变参数作为沿线风险等级评估的主要指标。为了进行比较，每一个指标划分成 1～10 的风险系数（表 8-11），更大的数字代表影响程度更高。根据每个路段上三个指标的综合得分，将京津城际和京沪高铁沿线划分为 9 个风险等级，其中京津城际沿线双街镇路段的沉降风险等级最高，其次是武清站附近的路段。而在京沪高铁中，除了上述两个路段，大丰堆镇路段在长期的维护管理中也值得注意。

高铁沿线风险等级评估的影响因素分级标准　　　　表 8-11

评价指标	权重	范围	等级
沉降梯度（mm/km）	0.6	≥4	10
		2～4	5
		≤2	1
沉降速率（mm/年）	0.3	≥10	10
		4～10	5
		≤4	1
温度形变参数（mm/℃）	0.1	≥0.3 或 ≤-0.3	10
		0.1～0.3 或 -0.3～-0.1	5
		≤0.1 或 ≥-0.1	1

应用 ASAR 和 TerraSAR-X 数据集解算沪杭高铁沿线 2008—2010 年的沉降速率可以发现两个结果都得到了相似的沉降分布，都探测到路段 A 的沉降较为明显。

利用升降轨的观测数据，可以求解轨道的三维形变速率：

$$V_{\text{LOS}} = \cos\theta\, V_{\text{V}} + \sin\theta \sin\left(\varphi - \frac{3\pi}{2}\right) V_{\text{E}} + \sin\theta \cos\left(\varphi - \frac{3\pi}{2}\right) V_{\text{N}} \tag{8-12}$$

式中：　　θ——入射角；

　　　　　φ——卫星方位向与北方向的夹角；

　　　　　V_{LOS}——D-InSAR 观测的 LOS 形变速率；

V_{V}、V_{E}、V_{N}——分别为目标在垂直、东西和南北方向上的形变速率。对于上海 TerraSAR-X 数据，其 θ 为 26.42°，φ 为 -10°，代入式(8-12)可得：

$$V_{\text{LOS}} = 0.896 V_{\text{V}} - 0.436 V_{\text{E}} + 0.077 V_{\text{N}} \tag{8-13}$$

对于上海 ASAR 数据，其 θ 为 22.77°，φ 为 13.22°，代入式(8-12)可得：

$$V_{\text{LOS}} = 0.922 V_{\text{V}} + 0.377 V_{\text{E}} + 0.089 V_{\text{N}} \tag{8-14}$$

其几何关系如图 8-14 所示，其中 S 和 O 分别代表卫星和观测对象，$S'O$ 是 SO 在水平面上的投影。然而，依靠式(8-13)和式(8-14)两组观测值来求解三个未知数，如果不进行合理的外部条件约束或假设,会造成求解的不确定性。由于 SAR 观测值在南北方向上的灵敏度最低,且沪杭高铁是近似南北走向,因而南北方向上的形变对其运营安全性影响较小,我们假设南北方向的形变量为零,即形变主要发生在垂直和东西方向,则上述方程组可写成:

$$R = A \cdot V \tag{8-15}$$

$$A = \begin{bmatrix} \cos\theta_A \sin\theta_A \sin\left(\varphi_A - \dfrac{3\pi}{2}\right) \\ \cos\theta_D \sin\theta_D \sin\left(\varphi_D - \dfrac{3\pi}{2}\right) \end{bmatrix} \tag{8-16}$$

$$V = \left[A^T \cdot P \cdot A\right]^{-1} \cdot A^T \cdot P \cdot R \tag{8-17}$$

式中:R——LOS 的升降轨形变速率观测值,$R = [R_A\ R_D]^T$;

$\qquad V$——待估算的二维形变速率,$V = [V_V\ V_E]^T$;

$\qquad A$——与 SAR 影像观测几何相关的矩阵;

θ_A、θ_D——分别为升降轨数据的入射角;

φ_A、φ_D——分别为升降轨数据方位向与北方向的夹角;

$\qquad P$——权重矩阵。

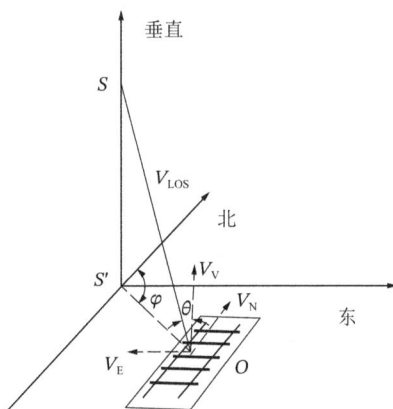

图 8-14 SAR 观测几何示意图

解算其二维形变速率可知,沿线的形变由垂直方向形变主导,东西方向的形变速率小得多,在 −4～4mm/年之内。且沉降路段 A 也以垂直方向形变为主,水平方向形变不明显。

虹桥枢纽(包括上海虹桥站和上海虹桥国际机场)作为全国最大的交通枢纽站,年旅客吞吐量达到 9500 万,它的运营安全也备受各界关注。由于 2008—2010 年,虹桥枢纽正处于扩建阶段,提取的点目标较少,不能详细反映其形变情况,本节利用 2011—2012 年的 TerraSAR-X 数据对扩建完成后的虹桥枢纽进行温度形变分析,发现大部分地物没有表现出明显的与温度相关的位移,而一些密集的工厂区和虹桥枢纽表现出了周期性的温度形变。

虹桥枢纽中央高 30m,两侧高 20m,长度 1km,宽度 220m,其温度形变是沿着最长的边(东西方向)传播的,解算的温度形变参数在同一个站厅上从中间向两侧逐渐增大,范围为$-2\sim2$mm/℃，在不同的站厅之间温度形变不连续，这样的空间分布也提供了研究目标的静态结构信息，比如结构的固定点、站厅之间的分界位置等。利用温度形变参数估算的材料线性热膨胀系数为 9.8×10^{-6}/℃，也在金属材料物理属性的合理范围内。

同时，利用 2011—2012 年 TerraSAR-X 的监测结果对沪杭高铁沿线的灾害风险等级进行评估，首先，虹桥枢纽由于刚刚完成扩建，土体还没有完全固结稳定，灾害风险等级最高，其次是路段 A，它的沉降与附近工厂大量抽取地下水导致的地面沉降相关。因此，这两个路段都是今后在沪杭高铁的维护和管理中需要定期监测和重点关注的路段。

参 考 文 献

[1] ADAM N, EINEDER M, YAGUE-MARTINEZ N, et al. High resolution interferometric stacking with TerraSAR-X[C]//IGARSS 2008-2008 IEEE International Geoscience and Remote Sensing Symposium. IEEE, 2008.

[2] AHMED M S, COOK A R. Analysis of freeway traffic time-series data by using Box-Jenkins techniques[M]. 1979.

[3] PEPE A, BONANO M, ZHAO Q, et al. The use of C-/X-band time-gapped SAR data and geotechnical models for the study of Shanghai's ocean-reclaimed lands through the SBAS-DInSAR technique[J]. Remote Sensing, 2016, 8(11): 911.

[4] BERARDINO P, FORNARO G, LANARI R, et al. A new algorithm for surface deformation monitoring based on small baseline differential SAR interferograms[J]. IEEE Transactions on Geoscience and Remote Sensing, 2003, 40(11): 2375-2383.

[5] BOLES W. The effect of density, sex, and group size upon pedestrian walking velocity[J]. Man-Environment Systems, 1981.

[6] BORN G H, DUNNE J A, LAME D B. Seasat mission overview[J]. Science, 1979, 204(4400): 1405-1406.

[7] BOX G E P, JENKINS G M, REINSEL G C, et al. Time series analysis: forecasting and control[M]. John Wiley & Sons, 2015.

[8] BREIMAN L. Random forests[J]. Machine Learning, 2001, 45: 5-32.

[9] BRŠČIĆ D, ZANLUNGO F, KANDA T. Density and velocity patterns during one year of pedestrian tracking[J]. Transportation Research Procedia, 2014, 2: 77-86.

[10] CHANG H, LEE Y, YOON B, et al. Dynamic near-term traffic flow prediction: system-oriented approach based on past experiences[J]. IET Intelligent Transport Systems, 2012, 6(3): 292-305.

[11] CIGNA F, OSMANOĞLU B, CABRAL-CANO E, et al. Monitoring land subsidence and its induced geological hazard with Synthetic Aperture Radar Interferometry: A case study in Morelia, Mexico[J]. Remote Sensing of Environment, 2012, 117: 146-161.

[12] CORSETTI M, FOSSATI F, MANUNTA M, et al. Advanced SBAS-DInSAR technique for controlling large civil infrastructures: An application to the Genzano di Lucania dam[J]. Sensors, 2018, 18(7): 2371.

[13] COSTANTINI M, FALCO S, MALVAROSA F, et al. Method of persistent scatterer pairs

(PSP) and high resolution SAR interferometry[C]//2009 IEEE International Geoscience and Remote Sensing Symposium. IEEE, 2009.

[14] COSTANTINI M. A novel phase unwrapping method based on network programming[J]. IEEE Transactions on Geoscience and Remote Sensing, 1998, 36(3): 813-821.

[15] CROSETTO M, MONSERRAT O, CUEVAS-GONZÁLEZ M, et al. Measuring thermal expansion using X-band persistent scatterer interferometry[J]. ISPRS Journal of Photogrammetry and Remote Sensing, 2015, 100: 84-91.

[16] CROSETTO M, MONSERRAT O, CUEVAS-GONZÁLEZ M, et al. Persistent scatterer interferometry: A review[J]. ISPRS Journal of Photogrammetry and Remote Sensing, 2016, 115: 78-89.

[17] CURTIS S, MANOCHA D. Pedestrian simulation using geometric reasoning in velocity space[M]//Pedestrian and Evacuation Dynamics 2012. Cham: Springer International Publishing, 2013: 875-890.

[18] DONG S, SAMSONOV S, YIN H, et al. Time-series analysis of subsidence associated with rapid urbanization in Shanghai, China measured with SBAS InSAR method[J]. Environmental Earth Sciences, 2014, 72: 677-691.

[19] DUAN Y, LV Y, LIU Y L, et al. An efficient realization of deep learning for traffic data imputation[J]. Transportation Research Part C: Emerging Technologies, 2016, 72: 168-181.

[20] EINEDER M, ADAM N, BAMLER R, et al. Spaceborne spotlight SAR interferometry with TerraSAR-X[J]. IEEE Transactions on Geoscience and Remote Sensing, 2009, 47(5): 1524-1535.

[21] FERRETTI A, FUMAGALLI A, NOVALI F, et al. A new algorithm for processing interferometric data-stacks: SqueeSAR[J]. IEEE transactions on Geoscience and Remote Sensing, 2011, 49(9): 3460-3470.

[22] FERRETTI A, PRATI C, ROCCA F. Nonlinear subsidence rate estimation using permanent scatterers in differential SAR interferometry[J]. IEEE Transactions on Geoscience and Remote Sensing, 2002, 38(5): 2202-2212.

[23] FERRETTI A, PRATI C, ROCCA F. Permanent scatterers in SAR interferometry[J]. IEEE Transactions on Geoscience and Remote Sensing, 2002, 39(1): 8-20.

[24] ZANLUNGO F, IKEDA T, KANDA T. A microscopic "social norm" model to obtain realistic macroscopic velocity and density pedestrian distributions[J]. PloS One, 2012, 7(12): e50720.

[25] FRUIN J J. Pedestrian planning and design[R]. 1971.

[26] GABRIEL A K, GOLDSTEIN R M, ZEBKER H A. Mapping small elevation changes over large areas: Differential radar interferometry[J]. Journal of Geophysical Research: Solid

Earth, 1989, 94(B7): 9183-9191.

[27] GERNHARDT S, BAMLER R. Deformation monitoring of single buildings using meter-resolution SAR data in PSI[J]. ISPRS Journal of Photogrammetry and Remote Sensing, 2012, 73: 68-79.

[28] Gloor C, Stucki P, Nagel K. Hybrid techniques for pedestrian simulations[C]//6th International Conference on Cellular Automata for Research and Industry, 2004.

[29] Guo J, Huang W, Williams B M. Adaptive Kalman filter approach for stochastic short-term traffic flow rate prediction and uncertainty quantification[J]. Transportation Research Part C: Emerging Technologies, 2014, 43: 50-64.

[30] HUANG H, JIANG M, DING Z, et al. Forecasting emergency calls with a Poisson neural network-based assemble model[J]. IEEE Access, 2019, 7: 18061-18069.

[31] HAN H, ZHANG J, MENG G, et al. Research on Forecast of Passenger Flow of high speed railway in competitive market based on XGBoost model[C]//2020 13th International Symposium on Computational Intelligence and Design (ISCID). IEEE, 2020: 110-113.

[32] HELBING D, MOLNAR P. Social force model for pedestrian dynamics[J]. Physical Review E, 1995, 51(5): 4282.

[33] HILLEY G E, BURGMANN R, FERRETTI A, et al. Dynamics of slow-moving landslides from permanent scatterer analysis[J]. Science, 2004, 304(5679): 1952-1955.

[34] Hoogendoorn S P, Bovy P H L. Pedestrian route-choice and activity scheduling theory and models[J]. Transportation Research Part B: Methodological, 2004, 38(2): 169-190.

[35] HOOPER A, ZEBKER H, SEGALL P, et al. A new method for measuring deformation on volcanoes and other natural terrains using InSAR persistent scatterers[J]. Geophysical Research Letters, 2004, 31(23).

[36] HOOPER A J. Persistent scatter radar interferometry for crustal deformation studies and modeling of volcanic deformation[D].Stanford: Stanford University, 2006.

[37] HOOPER A. A multi-temporal InSAR method incorporating both persistent scatterer and small baseline approaches[J]. Geophysical Research Letters, 2008, 35(16).

[38] ROOS J, GAVIN G, BONNEVAY S. A dynamic Bayesian network approach to forecast short-term urban rail passenger flows with incomplete data[J]. Transportation Research Procedia, 2017, 26: 53-61.

[39] JIANG X, ZHANG L, CHEN X M. Short-term forecasting of high-speed rail demand: A hybrid approach combining ensemble empirical mode decomposition and gray support vector machine with real-world applications in China[J]. Transportation Research Part C: Emerging Technologies, 2014, 44: 110-127.

[40] JIAO P, AN Y, BAI Z, et al. Short-term traffic flow forecasting based on XGBoost[J]. Journal of Chongqing Jiaotong University. Natural Science, 2022, 41(8): 17-23, 66.

[41] KAMARIANAKIS Y, PRASTACOS P. Space－time modeling of traffic flow[J]. Computers & Geosciences, 2005, 31(2): 119-133.

[42] KARAMOUZAS I, HEIL P, VAN BEEK P, et al. A predictive collision avoidance model for pedestrian simulation[C]//Motion in Games: Second International Workshop, 2009.

[43] KLÜGL F, RINDSFÜSER G. Large-scale agent-based pedestrian simulation[C]//German Conference on Multiagent System Technologies. Berlin, Heidelberg: Springer Berlin Heidelberg, 2007: 145-156.

[44] KROON L, MARÓTI G, NIELSEN L. Rescheduling of railway rolling stock with dynamic passenger flows[J]. Transportation Science, 2015, 49(2): 165-184.

[45] KUMAR S V, VANAJAKSHI L. Short-term traffic flow prediction using seasonal ARIMA model with limited input data[J]. European Transport Research Review, 2015, 7: 1-9.

[46] LEVIN M, TSAO Y D. On forecasting freeway occupancies and volumes (abridgment)[J]. Transportation Research Record, 1980 (773).

[47] LI L, HE S, ZHANG J, et al. Short-term highway traffic flow prediction based on a hybrid strategy considering temporal-spatial information[J]. Journal of Advanced Transportation, 2016, 50(8): 2029-2040.

[48] LI X H, ZHANG W D, CHEN F, et al. Analysis of Rail Transit Station Passenger Capacity Based on System Dynamics[J]. Applied Mechanics and Materials, 2013, 409: 1277-1286.

[49] LIU Y, LIU Z, JIA R. DeepPF: A deep learning based architecture for metro passenger flow prediction[J]. Transportation Research Part C: Emerging Technologies, 2019, 101: 18-34.

[50] LV Y, DUAN Y, KANG W, et al. Traffic flow prediction with big data: A deep learning approach[J]. IEEE Transactions on Intelligent Transportation Systems, 2014, 16(2): 865-873.

[51] MA X, TAO Z, WANG Y, et al. Long short-term memory neural network for traffic speed prediction using remote microwave sensor data[J]. Transportation Research Part C: Emerging Technologies, 2015, 54: 187-197.

[52] MA X, YU H, WANG Y, et al. Large-scale transportation network congestion evolution prediction using deep learning theory[J]. PloS One, 2015, 10(3): e0119044.

[53] CASTRO-NETO M, JEONG Y S, JEONG M K, et al. Online-SVR for short-term traffic flow prediction under typical and atypical traffic conditions[J]. Expert Systems with Applications, 2009, 36(3): 6164-6173.

[54] NORTH M, FAREWELL T, HALLETT S, et al. Monitoring the response of roads and railways to seasonal soil movement with persistent scatterers interferometry over six UK

sites[J]. Remote Sensing, 2017, 9(9): 922.

[55] MORA O, MALLORQUI J J, BROQUETAS A. Linear and nonlinear terrain deformation maps from a reduced set of interferometric SAR images[J]. IEEE Transactions on Geoscience and Remote Sensing, 2003, 41(10): 2243-2253.

[56] OKUTANI I, STEPHANEDES Y J. Dynamic prediction of traffic volume through Kalman filtering theory[J]. Transportation Research Part B: Methodological, 1984, 18(1): 1-11.

[57] OLDER S J. Movement of pedestrians on footways in shopping streets[J]. Traffic Engineering & Control, 1968, 10(4): 160.

[58] PERISSIN D, WANG Z, LIN H. Shanghai subway tunnels and highways monitoring through Cosmo-SkyMed Persistent Scatterers[J]. ISPRS Journal of Photogrammetry and Remote Sensing, 2012, 73: 58-67.

[59] ROOS J, GAVIN G, BONNEVAY S. A dynamic Bayesian network approach to forecast short-term urban rail passenger flows with incomplete data[J]. Transportation Research Procedia, 2017, 26: 53-61.

[60] SCHUNERT A, SOERGEL U. Grouping of persistent scatterers in high-resolution SAR data of urban scenes[J]. ISPRS Journal of Photogrammetry and Remote Sensing, 2012, 73: 80-88.

[61] SEYFRIED A, STEFFEN B, KLINGSCH W, et al. The fundamental diagram of pedestrian movement revisited[J]. Journal of Statistical Mechanics: Theory and Experiment, 2005(10): P10002.

[62] SHI R, XU X. A train arrival delay prediction model using xgboost and bayesian optimization[C]//2020 IEEE 23rd International Conference on Intelligent Transportation Systems (ITSC). 2020.

[63] ARANGIO S, CALÒ F, DI MAURO M, et al. An application of the SBAS-DInSAR technique for the assessment of structural damage in the city of Rome[J]. Structure and Infrastructure Engineering, 2014, 10(11): 1469-1483.

[64] SUN S, ZHANG C, YU G. A Bayesian network approach to traffic flow forecasting[J]. IEEE Transactions on Intelligent Transportation Systems, 2006, 7(1): 124-132.

[65] TANG Z, LIU W. Study on velocity and density of pedestrians flow in metro transfer station[C]//2009 International Conference on Measuring Technology and Mechatronics Automation. 2009.

[66] TAPETE D, MORELLI S, FANTI R, et al. Localising deformation along the elevation of linear structures: An experiment with space-borne InSAR and RTK GPS on the Roman Aqueducts in Rome, Italy[J]. Applied Geography, 2015, 58: 65-83.

[67] VAPNIK V N, CHERVONENKIS A. A note on one class of perceptrons[J]. Automation and

Remote Control, 1964, 25(1): 821-837.

[68] WANG X, ZHANG N, CHEN Y, et al. Short-term forecasting of urban rail transit ridership based on ARIMA and wavelet decomposition[C]//AIP Conference Proceedings, 2018.

[69] WERNER C, WEGMULLER U, STROZZI T, et al. Interferometric point target analysis for deformation mapping[C]//2003 IEEE International Geoscience and Remote Sensing Symposium, 2003.

[70] WILLIAMS B M, HOEL L A. Modeling and forecasting vehicular traffic flow as a seasonal ARIMA process: Theoretical basis and empirical results[J]. Journal of Transportation Engineering, 2003, 129(6): 664-672.

[71] XIE G, WANG S, LAI K. Short-term forecasting of air passenger by using hybrid seasonal decomposition and least squares support vector regression approaches[J]. Journal of Air Transport Management, 2014, 37: 20-26.

[72] XUE J, SHEN B. A novel swarm intelligence optimization approach: sparrow search algorithm[J]. Systems Science & Control Engineering, 2020, 8(1): 22-34.

[73] ZAREI N, GHAYOUR M A, HASHEMI S. Road traffic prediction using context-aware random forest based on volatility nature of traffic flows[C]//Intelligent Information and Database Systems: 5th Asian Conference, 2013.

[74] ZHANG Q, HAN B, LI D. Modeling and simulation of passenger alighting and boarding movement in Beijing metro stations[J]. Transportation Research Part C: Emerging Technologies, 2008, 16(5): 635-649.

[75] ZHAO Z, CHEN W, WU X, et al. LSTM network: a deep learning approach for short-term traffic forecast[J]. IET Intelligent Transport Systems, 2017, 11(2): 68-75.

[76] ZHOU T, JIANG D, LIN Z, et al. Hybrid dual Kalman filtering model for short-term traffic flow forecasting[J]. IET Intelligent Transport Systems, 2019, 13(6): 1023-1032.

[77] ZOLFAGHARI M R, ROBERTS C, SCHMID F. Application of system dynamics tools to model 24-hour metro systems: Integration of system engineering and operation management[C]//2016 IEEE International Conference on Intelligent Rail Transportation, 2016.

[78] 杰里·莱瑟林, 王新. BIM 的历史[J]. 建筑创作, 2011(6): 146-150.

[79] 陈深进, 薛洋. 基于改进卷积神经网络的短时公交客流预测[J]. 计算机科学, 2019, 46(5): 175-184.

[80] 单新建, 马瑾, 王长林, 等. 利用差分干涉雷达测量技术(D-InSAR)提取同震形变场[J]. 地震学报, 2002(4): 413-420.

[81] 方正, 袁建平, 王晓刚, 等. 火车站客流密度与移动速度的观测研究[J]. 消防科学与技

术, 2007(1): 12-15.

[82] 付宇, 翁剑成, 钱慧敏, 等. 基于 XGBoost 算法的大型活动期间轨道进出站量预测[J]. 武汉理工大学学报(交通科学与工程版), 2020, 44(5): 832-836.

[83] 傅晨琳, 黄敏, 沙志仁. 基于 EEMD-BP 方法的城市轨道交通进站客流短期预测[J].铁道运输与经济, 2020, 42(3): 105-111.

[84] 傅贵, 韩国强, 逯峰, 等. 基于支持向量机回归的短时交通流预测模型[J]. 华南理工大学学报(自然科学版), 2013, 41(9): 71-76.

[85] 宫晓燕, 汤淑明. 基于非参数回归的短时交通流量预测与事件检测综合算法[J]. 中国公路学报, 2003(1): 83-87.

[86] 顾佳羽, 包丹文, 贾俊华. 航站楼出发大厅行人交通特性研究[J].武汉理工大学学报(交通科学与工程版), 2018, 42(2): 318-322.

[87] 郭鹏, 徐瑞华. 城市轨道交通客流量增长的系统动力学研究[J]. 都市快轨交通, 2006(6): 38-41.

[88] 郭文, 肖为周, 秦菲菲. 基于支持向量机模型的地铁进站客流量预测[J]. 河北工业科技, 2019, 36(1): 31-35.

[89] 北京市规划委员会. 地铁设计规范: GB 50157—2013[S]. 北京: 中国建筑工业出版社, 2013.

[90] 中华人民共和国国民经济和社会发展第十四个五年规划和 2035 年远景目标纲要[R/OL]. (2021-03-13) [2025-07-01]. https://www.gov.cn/xinwen/2021-03/13/content_5592681.htm.

[91] 国家统计局. 中华人民共和国 2022 年国民经济和社会发展统计公报[R/OL]. (2023-02-28) [2025-07-01]. http://www.stats.gov.cn/xxgk/sjfb/zxfb2020/202302/t20230228_1919001.html.

[92] 韩超, 宋苏, 王成红. 基于 ARIMA 模型的短时交通流实时自适应预测[J].系统仿真学报, 2004(7): 1530-1532, 1535.

[93] 侯丰山. 物联网技术研究与应用[D]. 北京: 北京邮电大学, 2013.

[94] 胡洪滔. 基于 LGB-LSTM-DRS 的对外客运枢纽城市轨道交通客流短时预测[D]. 北京: 北京交通大学, 2020.

[95] 胡明伟, 史其信. 城市轨道交通车站客流组织的仿真和评价[J]. 交通信息与安全, 2009, 27(3): 39-42.

[96] 胡明伟, 施小龙, 吴雯琳, 等. 城市轨道交通车站短时客流机器学习预测方法[J]. 深圳大学学报(理工版), 2022, 39(5): 593-599.

[97] 黄俊松, 曾琪明, 高胜, 等. 适用于自然地表形变反演的小基线集方法[J]. 地球信息科学学报, 2018, 20(4): 440-451.

[98] 姜向荣. 短时间序列预测建模及应用研究[D]. 北京: 北京邮电大学, 2009.

[99] 李得伟, 颜艺星, 曾险峰. 城市轨道交通进站客流量短时组合预测模型[J]. 都市快轨

交通, 2017, 30(1): 54-58, 64.

[100] 李黄曼, 张勇, 张瑶. 基于 ISSA 优化 SVM 的变压器故障诊断研究[J]. 电子测量与仪器学报, 2021, 35(3): 123-129.

[101] 李洁, 彭其渊, 文超. 基于 LSTM 深度神经网络的高速铁路短期客流预测研究[J].系统工程理论与实践, 2021, 41(10): 2669-2682.

[102] 李梅, 李静, 魏子健, 等. 基于深度学习长短期记忆网络结构的地铁站短时客流量预测[J]. 城市轨道交通研究, 2018, 21(11): 42-46, 77.

[103] 李若怡. 基于改进时空 LSTM 模型的城市轨道交通系统 OD 客流短时预测[D]. 北京: 北京交通大学, 2019.

[104] 李月, 郭仁拥, 陈亮, 等. 穿越瓶颈的双向行人流微观建模及仿真[J]. 系统仿真学报, 2018, 30(4): 1245-1252, 1259.

[105] 李兆丰, 倪少权, 孙克洋, 等. 基于多特征融合的城市轨道交通短时客流预测[J].交通运输工程与信息学报, 2020, 18(4): 93-102.

[106] 廖明生, 林珲. 雷达干涉测量: 原理与信号处理基础[M]. 北京: 测绘出版社, 2003.

[107] 廖明生, 王腾. 时间序列 InSAR 技术与应用[M]. 北京: 科学出版社, 2014.

[108] 廖明生. 由 INSAR 影像高精度生成干涉图的关键技术研究[D]. 武汉: 武汉测绘科技大学, 2000.

[109] 廖文强, 王江宇, 陈焕新, 等. 基于长短期记忆神经网络的暖通空调系统能耗预测[J].制冷技术, 2019, 39(1): 45-50, 54.

[110] 刘国祥, 丁晓利, 陈永奇, 等. 使用卫星雷达差分干涉技术测量香港赤腊角机场沉降场[J]. 科学通报, 2001(14): 1224-1228.

[111] 刘国祥, 丁晓利, 李志林, 等. 星载 SAR 复数图像的配准[J]. 测绘学报, 2001(1): 60-66.

[112] 刘静雅. 基于 AFC 数据的城市轨道交通客流特征分析及短时预测研究[D]. 北京:北京交通大学, 2022.

[113] 刘钊, 杜威, 闫冬梅, 等. 基于 K 近邻算法和支持向量回归组合的短时交通流预测[J].公路交通科技, 2017, 34(5): 122-128, 158.

[114] 罗向龙, 焦琴琴, 牛力瑶, 等. 基于深度学习的短时交通流预测[J]. 计算机应用研究, 2017, 34(1): 91-93, 97.

[115] 罗向龙, 李丹阳, 杨彧, 等. 基于 KNN-LSTM 的短时交通流预测[J]. 北京工业大学学报, 2018, 44(12): 1521-1527.

[116] 孟品超, 李学源, 贾洪飞, 等. 基于滑动平均法的轨道交通短时客流实时预测[J].吉林大学学报(工学版), 2018, 48(2): 448-453.

[117] FLACH. 机器学习[M]. 段菲, 译. 北京: 人民邮电出版社, 2016.

[118] 秦晓琼, 廖明生, 杨梦诗, 等. 应用高分辨率PS-InSAR技术监测上海动迁房歪斜形变[J]. 测绘通报, 2016(6): 18-21, 86.

[119] 秦晓琼, 杨梦诗, 王寒梅, 等. 高分辨率PS-InSAR在轨道交通形变特征探测中的应用[J]. 测绘学报, 2016, 45(6): 713-721.

[120] 邵一珉. 基于系统动力学的地铁车站客流量影响因素分析[J]. 科技创新与应用, 2014(11): 241.

[121] 深圳地铁. 深圳地铁罗宝线(1 号线)续建工程开通试运营[EB/OL]. (2011-06-24)[2025-07-01]. https://www.szmc.net/home/xinwenzhongxin/gongsixinwen/201106/786. html.

[122] 石曼曼. 基于卡尔曼滤波的短时交通流预测方法研究[D]. 成都: 西南交通大学, 2012.

[123] 史其信, 郑为中. 道路网短期交通流预测方法比较[J]. 交通运输工程学报, 2004(4): 68-71, 83.

[124] 孙世炜, 李海鹰, 许心越. 地铁站内不同类型设施结合处行人速度变化规律研究[J]. 铁道科学与工程学报, 2016, 13(3): 570-576.

[125] 孙晓黎, 马超群, 朱才华. 基于 XGBoost 的轨道交通短时客流预测精度分析[J]. 交通科技与经济, 2021, 23(1): 54-58.

[126] 谭满春, 冯荦斌, 徐建闽. 基于 ARIMA 与人工神经网络组合模型的交通流预测[J].中国公路学报, 2007(4): 118-121.

[127] 汤旻安, 张凯, 刘星. 基于模糊信息粒化和 CPSO-LS-SVM 的城市轨道交通客流量组合预测[J]. Journal of Measurement Science and Instrumentation, 2018, 9(1): 32-41.

[128] 王超, 张红, 刘智, 等. 苏州地区地面沉降的星载合成孔径雷达差分干涉测量监测[J]. 自然科学进展, 2002(6): 63-66, 115.

[129] 王锦添, 蔡延光, 黄何列, 等. 基于 K 近邻非参数回归的短时公交客流预测[J]. 东莞理工学院学报, 2017, 24(3): 1-5.

[130] 王夏秋, 张宁, 王健. 基于季节指数的城市轨道交通月度客流预测方法[J]. 城市轨道交通研究, 2018, 21(10): 25-28.

[131] 王子甲, 陈峰, 施仲衡. 基于 Agent 的社会力模型实现及地铁通道行人仿真[J]. 华南理工大学学报(自然科学版), 2013, 41(4): 90-95.

[132] 王子洋, 刘小霞, 赵忠信, 等. 基于系统动力学模型的地铁车站客流预测分析[J].物流技术, 2010, 29(12): 90-92.

[133] 翁小雄, 谭国贤, 姚树申, 等. 城市交叉口交通流特征与短时预测模型[J]. 交通运输工程学报, 2006(1): 103-107.

[134] 武小康, 周利锋. 行人仿真在轻轨车站应急疏散领域的应用[J]. 重庆交通大学学报(自然科学版), 2012, 31(4): 772-776.

[135] 夏慧维. 基于决策树集成和宽度森林的网络流量分析与预测研究[D]. 南京: 南京邮

电大学, 2020.

[136] 熊杰, 关伟, 孙宇星. 基于 Kalman 滤波的地铁换乘客流预测[J]. 北京交通大学学报, 2013, 37(3): 112-116, 121.

[137] 许俊峰. 行人仿真模拟在地铁换乘站设计中的应用[J]. 隧道建设, 2010, 30(1): 24-32.

[138] 薛霏, 方卫宁, 郭北苑. 基于系统动力学的轨道交通车站客流演变算法[J]. 铁道学报, 2014, 36(2): 1-10.

[139] 颜雯钰, 王静虹, 徐寒, 等. 基于实测数据的南京地铁换乘楼梯流量系统动力学分析[J]. 安全与环境学报, 2017, 17(2): 630-635.

[140] 杨信丰, 刘兰芬. 基于 AP 聚类的支持向量机公交站点短时客流预测[J]. 武汉理工大学学报(交通科学与工程版), 2016, 40(1): 36-40.

[141] 叶建红, 陈小鸿. 行人交通流三参数基本关系式适用性研究[J]. 西南交通大学学报, 2016, 51(1): 138-144.

[142] 岳昊, 邵春福, 陈晓明, 等. 基于元胞自动机的对向行人交通流仿真研究[J]. 物理学报, 2008(11): 6901-6908.

[143] 张琛. 基于时空耦合特性的城市轨道交通车站通道断面客流量实时预测[D]. 北京: 北京交通大学, 2017.

[144] 张凯. 基于改进最小二乘 SVM 的城市轨道交通客流量预测研究[D]. 兰州: 兰州交通大学, 2019.

[145] 张庆君. 高分三号卫星总体设计与关键技术[J]. 测绘学报, 2017, 46(3): 269-277.

[146] 张蕊, 杨静, 韩冬, 等. 基于 NOMAD 模型的交通枢纽行人仿真研究[J]. 交通运输系统工程与信息, 2011, 11(2): 52-57.

[147] 张淑玉. 基于贝叶斯理论的铁路短期客流预测方法研究[D]. 北京: 北京交通大学, 2018.

[148] 张智勇, 张丹丹, 贾建林, 等. 基于改进卡尔曼滤波的轨道交通站台短时客流预测[J]. 武汉理工大学学报(交通科学与工程版), 2017, 41(6): 974-977.

[149] 赵光华. 行人仿真在奥运地铁站的应用研究[D]. 北京: 北京工业大学, 2007.

[150] 赵鹏, 李璐. 基于 ARIMA 模型的城市轨道交通进站量预测研究[J]. 重庆交通大学学报(自然科学版), 2020, 39(1): 40-44.

[151] 赵欣. 基于 GPR 与 KRR 的城市轨道交通短时客流预测研究[D]. 武汉: 武汉理工大学, 2018.

[152] 中国城市轨道交通协会. 快报: 2020 年中国内地城轨交通线路概况[J]. 城市轨道交通, 2021(1): 10-15.

[153] 中国城市轨道交通协会. 城市轨道交通 2022 年度统计和分析报告[J]. 城市轨道交通, 2023(4): 13-15.

[154] 中国城市轨道交通协会. 中国城市轨道交通智慧城轨发展纲要[R/OL]. (2020-03-12) [2025-07-01]. https://www.camet.org.cn/gzbg/cgfz/14658.shtml.

[155]《中国公路学报》编辑部. 中国交通工程学术研究综述·2016[J]. 中国公路学报, 2016, 29(6): 1-161.

[156] 朱娜娜, 王江燕, 史建港. 行人仿真在奥运场馆中的应用[J]. 交通运输系统工程与信息, 2008, 8(6): 85-90.

[157] 朱倩. 基于大数据的城市轨道交通客流预测方法研究[D]. 成都: 西南交通大学, 2019.